Dr. Doris Quinten-Graef
Was fehlt denn meiner Katze?

W0177614

Dr. Doris Quinten-Graef

Was fehlt denn meiner Katze?

Krankheiten erkennen, behandeln, vermeiden

Die Deutsche Bibliothek –
CIP-Einheitsaufnahme

Quinten-Graef, Doris:
Was fehlt denn meiner Katze?:
Krankheiten erkennen, behandeln,
vermeiden / Doris Quinten-Graef.-
München; Wien; Zürich: BLV, 1993
ISBN 3-405-14562-7

Bildnachweis

Bender: Seite 203
Herrmann: Seite 41
Niehoff: Seite 163
Reinhard: Seite 94
Wenzel Seite 36
Alle andern Fotos stammen vom Autor.

Zeichnungen: Lothar Quinten
Umschlagfoto: Bavaria Bildagentur

BLV Verlagsgesellschaft mbH
München Wien Zürich
80797 München

© 1993 BLV Verlagsgesellschaft mbH,
München

Umschlaggestaltung: Studio Schübel,
München
Lektorat: Dr. Friedrich Kögel
Herstellung und DTP: Sylvia Hoffmann
Druck und Bindung: F. Pustet, Regensburg

Gedruckt auf chlorfrei gebleichtem Papier

Printed in Germany · ISBN 3-405-14562-7

Wichtiger Hinweis
Die Ratschläge und Behandlungsmethoden in diesem Buch beruhen auf
langjährigen Erfahrungen des Autors.
Jeder Fall kann jedoch individuelle
Unterschiede aufweisen, so daß nicht
jede Aussage uneingeschränkt gültig ist.
Bei der Vielzahl an Einzelaspekten und
den sich daraus ergebenden Verknüp-
fungen kann das Werk trotz sorgfältiger
und umfassender Darstellung keinen
Anspruch auf Vollständigkeit erheben.
Bei Unsicherheiten oder Komplikationen ist deshalb unbedingt der Besuch
beim Tierarzt angezeigt.

Inhalt

Inhalt

Inhalt

Für Wolfgang

Einleitung

Wenn wir uns entschließen, eine Katze zu uns ins Haus oder in die Wohnung zu nehmen, so übernehmen wir damit gleichzeitig eine rechtliche und moralische Verpflichtung einem Lebewesen gegenüber. Die rechtliche Verpflichtung ergibt sich aus dem Tierschutzgesetz. Dort heißt es in § 1: »Zweck dieses Gesetzes ist es, aus der **Verantwortung** des Menschen für das Tier als Mitgeschöpf dessen Leben und Wohlbefinden zu schützen ...«. Dazu gehören neben der wohl selbstverständlichen liebevollen Behandlung auch gesunde Ernährung, regelmäßige Gesundheitskontrollen, Impfungen gegen Infektionskrankheiten sowie eine sachgemäße tierärztliche Behandlung bei Erkrankungen.

Die moralische Verpflichtung geht noch einen Schritt weiter. Durch die Domestikation haben wir unseren Haustieren jede Entscheidungsgewalt über ihre Lebenssituation abgenommen. Sie sind uns völlig ausgeliefert. Die Verantwortung, die wir dadurch übernommen haben, gilt für gute **und** für schlechte Zeiten – auch wenn es unbequem wird. Es gibt nämlich keine Sicherheit dafür, daß ein junges und lebensfrohes Kätzchen auch ein Leben lang gesund bleibt. Gesundheitliche Krisen wie z. B. Unfälle, Infektionen oder einfach altersbedingte Körperveränderungen können die Mensch-Tier-Beziehung belasten. Ein krankes Tier kann die Wohnung durch Kot, Urin, Blut oder Erbrochenes verunreinigen. Hohe Tierarztrechnungen und zeitlicher Mehraufwand durch häusliche Pflege und Betreuung können auf uns zukommen. Aber gerade dann, wenn unsere vierbeinigen Gefährten unsere Hilfe und Liebe ganz besonders brauchen, dürfen wir sie nicht im Stich lassen.

Die nachfolgenden Kapitel geben Ihnen Informationen, wie Sie die Gesundheit Ihres Vierbeiners erhalten oder bei auftretenden Erkrankungen mit Unterstützung des Tierarztes nach Möglichkeit wiederherstellen können. Durch eine frühzeitige **tierärztliche** Behandlung und **kompetente** häusliche Pflege durch den Tierhalter werden viele Gesundheitsstörungen relativ schnell überwunden. Der »Lohn« für den Einsatz ist die wiedergewonnene Lebensfreude des kleinen Patienten.

Anzeichen von Erkrankungen

Häufig werden kranke Katzen dem Tierarzt erst vorgestellt, wenn die Krankheit bereits weit fortgeschritten ist. Weder Gleichgültigkeit noch böse Absicht des Tierbesitzers sind daran Schuld. Da er die ersten Anzeichen und Symptome der verschiedenen Krankheiten vielfach nicht kennt, bemerkt er eine krankhafte Veränderung erst, wenn schwere Störungen des Allgemeinbefindens vorliegen. Dann jedoch gestaltet sich die Behandlung des kleinen Patienten oft recht schwierig und langwierig. In manchen Fällen kommt sogar jede Hilfe zu spät.

Aber wie erkennt man, ob mit der Katze etwas nicht in Ordnung ist? Um das zu beurteilen, muß man die Körperdaten einer **gesunden** Katze kennen und eventuelle Änderungen interpretieren können. Bei der Untersuchung eines vierbeinigen Patienten hat sich folgender 15-Punkte-Check-up bewährt:

• Verhalten
• Körperhaltung
• Körpergewicht
• Körpertemperatur
• Farbe der Schleimhäute
• Hautelastizität
• Atmung
• Herzfrequenz
• Futteraufnahme
• Wasseraufnahme

• Urinabsatz
• Kotabsatz
• Augen und Nase
• Haut und Fell
• Zähne und Mundhöhle

Wenn der Gesundheitszustand der Katze auch nur in einem Punkt von der Norm abweicht, sollten Sie einen Tierarzt aufsuchen. Je früher eine Erkrankung erkannt und behandelt wird, desto höher sind die Heilungschancen. Machen Sie sich zu jedem der 15 Punkte Notizen,und nehmen Sie diese bei Ihrem Tierarztbesuch mit.

Verhalten

Alarmierend sind Verhaltensänderungen, die dem Charakter des Tieres nicht entsprechen.

Katzen sind kleine Persönlichkeiten und als solche nicht jeden Tag gleich aufgelegt. Schlechte Laune gibt es bei diesen intelligenten Tieren ebenso wie bei uns Menschen – manchmal ohne offensichtlichen Grund. Besonders sensible Kätzchen können tagelang beleidigt sein, wenn ihr »Geregeltes« z. B. durch Umstellen von Möbeln oder durch Besucher gestört wird. Wer jedoch seinen vierbeinigen Freund kennt, lernt sehr schnell, solche Stimmungen von wirklichen Verhaltensänderungen zu unterscheiden. Alarmierend sind Veränderungen ohne äußeren Anlaß, die dem Charakter des Tieres nicht entsprechen. Eine sanftmütige Katze reagiert plötzlich außergewöhnlich nervös und aggressiv. Ein lebensfrohes, menschenfreundliches Tier verkriecht sich nur noch ängstlich. Ein junges verspieltes Kätzchen schläft ungewöhnlich viel, und eine »gesetzte« erwachsene Katze findet keinen Schlaft und läuft die ganze Nacht unruhig in der Wohnung herum.

Das sind nur einige Beispiele für Verhaltensänderungen, die Anlaß zur Sorge geben. Hier sollten Sie genau beobachten und sich auch Notizen über alle Begleitumstände machen. Es kann für den behandelnden Tierarzt sehr hilfreich sein, wenn Sie ihm neben einer Beschreibung der Veränderungen auch Angaben darüber machen können, bei welchen Gelegenheiten sie auftreten; kontinuierlich, nachts häufiger als am Tage oder etwa in Abhängigkeit vorangegangener Mahlzeiten. Auch die kleinste Veränderung kann für die Diagnose von großer Bedeutung sein.

Ein aufgekrümmter Rücken kann ein Zeichen für Schmerzen in der Bauchhöhle sein.

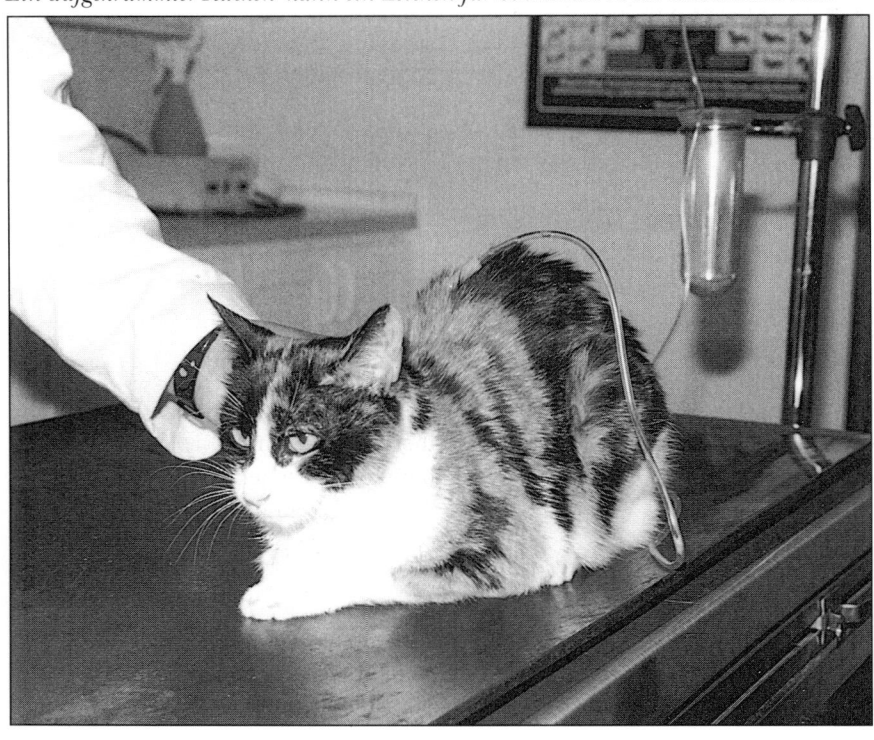

11

Körperhaltung

Die Körperhaltung verrät viel über den Sitz der Erkrankung. Ungewöhnliche Haltungen wie z.b. Hocken mit aufgekrümmtem Rücken, Kopfschiefhalten, Hochziehen einer Gliedmaße sind Krankheitszeichen.

Die Adspektion (das genaue Betrachten) eines Patienten steht beim tierärztlichen Untersuchungsgang in der Reihenfolge an erster Stelle. Der Tierarzt betrachtet dabei das Tier mit etwas Abstand und beurteilt unter anderem auch die Körperhaltung. Sie verrät einem erfahrenen Beobachter schon vieles über den Sitz einer Erkrankung. Wenn der kleine Patient ständig den Kopf nach einer Seite hält, kann das ein Hinweis auf eine Mittelohrentzündung sein. Wenn das Tier mit aufgekrümmten Rücken auf dem Untersuchungstisch hockt, deutet das auf Schmerzen im Bauchraum oder der Wirbelsäule hin (siehe Abb. Seite 11). Ein Tierarzt wird selbstverständlich nach der Körperhaltung allein keine Diagnose stellen. Sie ist nur **ein** Mosaiksteinchen bei der Krankheitssuche.

Bitte verfallen Sie nicht in den Fehler vieler Tiermedizinstudenten in den ersten Semestern, die aufgrund eines Symptoms eine Krankheit in das Tier »hineininterpretieren«. Solche voreiligen Diagnosen verbauen die Sicht auf andere Symptome, die vielleicht in das von Ihnen vorgefaßte Bild nicht hineinpassen. Versuchen Sie ohne Wertung oder Deutung, die Körperhaltung zu beschreiben. Das ist vor allem dann besonders wichtig, wenn sich die Katze nur ab und zu ungewöhnlich hält und beim Tierarzt keine Veränderungen zeigt. In diesem Fall ist der Tierarzt auf Ihre objektive Darstellung angewiesen.

Körpergewicht

Idealgewicht
weibliche Katze: 2,5–4 kg
männliche Katze: 2,5–5 kg

Das Idealgewicht einer ausgewachsenen weiblichen Katze liegt zwischen 2,5 und 4 kg. Bei einem großen männlichen Tier kann man auch 5 kg noch akzeptieren. Jedes weitere Pfund darüber ist in den meisten Fällen auf zu üppiges Essen zurückzuführen. Hormonelle Erkrankungen, die mit Zunahme des Körpergewichts einhergehen, sind bei Katzen sehr selten. Über die Gefahren von Übergewicht wird in einem späteren Kapitel noch gesondert eingegangen (siehe Seite 173). Untergewicht dagegen ist immer ein Alarmzeichen. Die Ursachen reichen vom relativ harmlosen Wurmbefall bis hin zu zehrenden Tumoren oder chronischen Organerkrankungen. Wenn man mit einem Tier jedoch Tag für Tag zusammenlebt, bemerkt man einen schleichenden Gewichtsverlust oft erst spät, wenn der Patient schon stark abgemagert ist. Als objektive Kontrolle

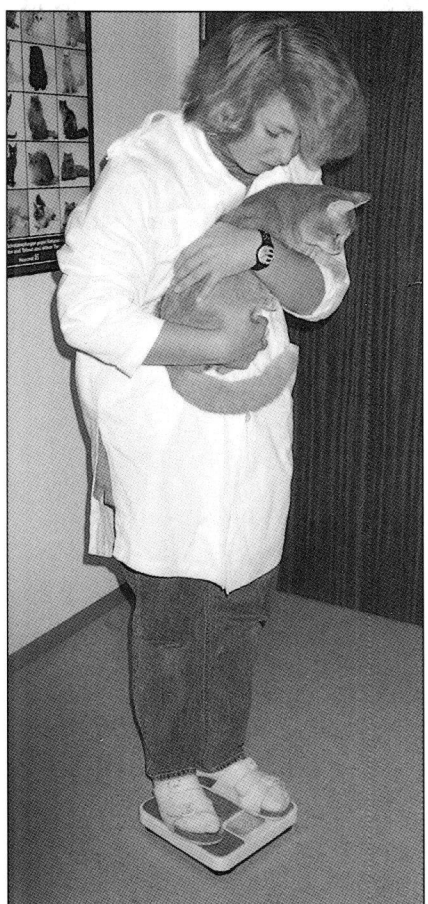

Regelmäßiges Wiegen gibt Aufschluß über schleichende Gewichtsveränderungen.

Beispiel: Gewicht mit Katze = 56 kg
minus Gewicht ohne Katze = 53 kg
Gewicht der Katze = 3 kg

Gewichtsveränderungen von 1 kg und mehr nach oben oder unten innerhalb des Kontrollzeitraums von 14 Tagen sind Grund für einen Tierarztbesuch.

Körpertemperatur

Innere Körpertemperatur

erwachsene Katze
Normalwert   38,0 °C–39,3 °C
Untertemperatur   <38,0 °C
Fieber   >39,5 °C

junge Katze
Normalwert   38,5 °C–39,5 °C
Untertemperatur   <38,5 °C
Fieber   >39,5 °C

empfiehlt sich daher regelmäßiges Wiegen, etwa alle 14 Tage. Nehmen Sie dazu die Katze auf den Arm und stellen Sie sich zusammen mit ihr auf eine Personenwaage. Notieren Sie sich das Gesamtgewicht. Danach stellen Sie sich ohne die Katze auf die Waage und ziehen nun Ihr Gewicht vom Gesamtgewicht ab.

Die innere Körpertemperatur wird rektal, d. h. im Enddarm gemessen. Verwenden Sie bitte kein Glasthermometer mit Quecksilberfüllung. Bei starker Abwehrbewegung des kleinen Patienten könnte es zerbrechen und die Katze verletzen. Es gibt heute praktische und recht preiswerte digitale Fieberthermometer zu kaufen. Sie haben einen nur geringen Durchmesser und lassen sich, mit etwas Vaseline gleitfähig gemacht, leicht in den After des Tiers einführen. Die Meßzeit beträgt etwa 1 Minute. Das Ende der Meßzeit wird, je nach Fabrikat, durch Blinkzeichen oder Signalton angezeigt. Tem-

13

peraturen zwischen 38,0 °C und 39,3 °C liegen im Normalbereich. Bei Werten unter 38,0 °C spricht man von Untertemperatur. Meßwerte über 39,3 °C bedeuten erhöhte Temperatur, Werte über 39,5 °C Fieber. Junge Kätzchen haben in der Regel leicht erhöhte Temperatur (bis 39,5 °C), ohne daß eine Krankheit besteht. Auch bei Aufregung, nach körperlicher Anstrengung oder nach einer ausgiebigen Mahlzeit kann die innere Körpertemperatur um 0,1 °C – 0,2 °C ansteigen. Diese Faktoren muß man bei der Beurteilung berücksichtigen.

Farbe der Schleimhäute

Schleimhäute	
gesunde Katze	
Farbe	blaß-rosa
KFZ (vgl. Text)	1–2 Sekunden
Katze im Schock	
Farbe	porzellanweiß
KFZ (vgl. Text)	> 2 Sekunden

Die Körperöffnungen Mundhöhle, Augen, Nase, Scheide und After sind mit Schleimhaut überzogen. Bei einem gesunden Tier ist die Schleim-

Digitale Thermometer lassen sich durch ihren kleinen Durchmesser leicht in den After einführen.

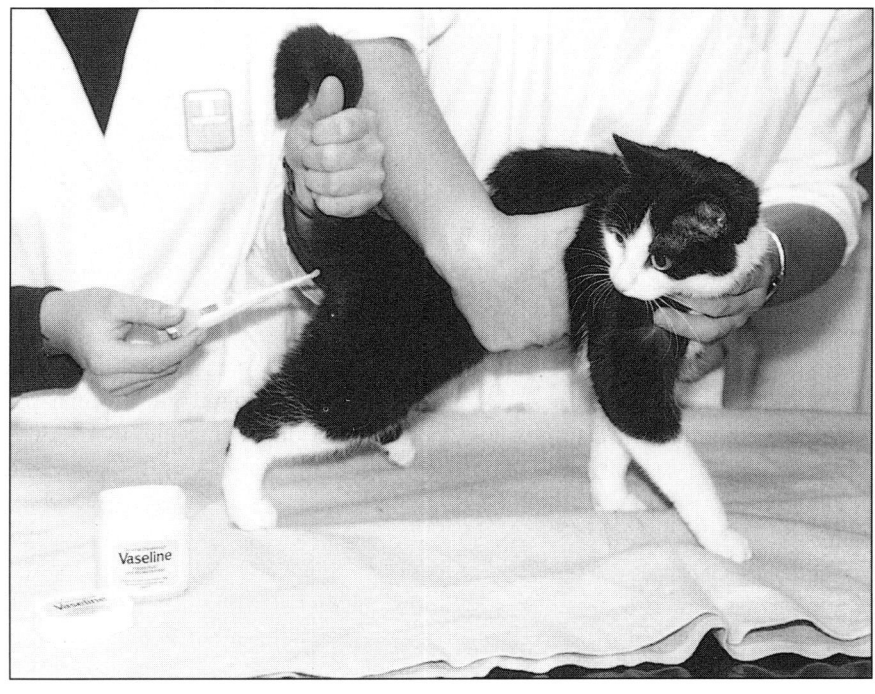

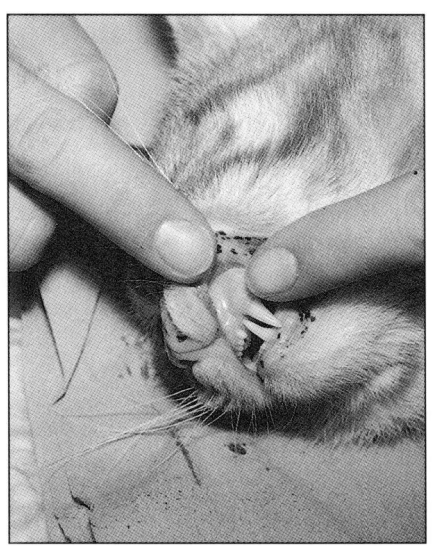

Durch Druck mit dem Finger auf das Zahnfleisch wird die Kapillarfüllungszeit ermittelt.

Schleimhaut zurück. Nach 1–2 Sekunden färbt sich die Druckstelle bei einer gesunden Katze wieder rosa. Die Zeitspanne, bis die Schleimhaut wieder normal gefärbt ist, nennt man Kapillarfüllungszeit (KFZ). Sie darf nicht länger als 1–2 Sekunden dauern. Helle bis porzellanweise Schleimhäute und/oder eine KFZ von mehr als 1–2 Sekunden findet man bei akutem Kreislaufversagen (Schock). Ein solcher Untersuchungsbefund erfordert sofortiges Handeln, denn es besteht akute Lebensgefahr (siehe Seite 196).

Hautelastizität

Anhand der Hautelastizität kann man den Austrocknungsgrad des Organismus prüfen. Verstreicht eine mit den Fingern angehobene Hautfalte nur langsam oder bleibt sogar wie ein Höcker bestehen, spricht das für fortgeschrittene Austrocknung.

hautfarbe blaß-rosa. Am besten erkennt man das am Zahnfleisch. Sehen Sie sich doch öfter einmal zu Hause das Zahnfleisch Ihrer Katze an, damit Sie sich genau einprägen, wie es bei einer gesunden Katze auszusehen hat. Wenn das Zahnfleisch dunkel pigmentiert ist, können Sie auch die Zungenunterseite oder die Augenbindehäute für Ihre Untersuchungen heranziehen.

Drücken Sie mit dem Daumen kurz aber kräftig auf das Zahnfleisch (die Zungenunterseite oder die Augenbindehaut). Dadurch wird Blut aus den oberflächlichen kleinsten Gefäßen (Kapillaren) gedrängt. Wenn Sie den Finger wieder wegnehmen, bleibt für kurze Zeit ein weißer Fleck auf der

Der Organismus einer Katze besteht zu 60–70% aus Wasser. Der größte Teil davon befindet sich im Innern der Körperzellen. Die restliche Menge verteilt sich im Blut (Serum), im Gehirn (Liquor), in den Lymphgefäßen (Lymphe), in den Gelenken (Synovia) und in den Körperhöhlen (Serosaflüssigkeit). Obwohl das Wasser einem ständigen Austausch unterliegt, wird der Gesamtgehalt an Körperflüssigkeit durch verschiedene Regulationsmechanismen konstant gehalten.

15

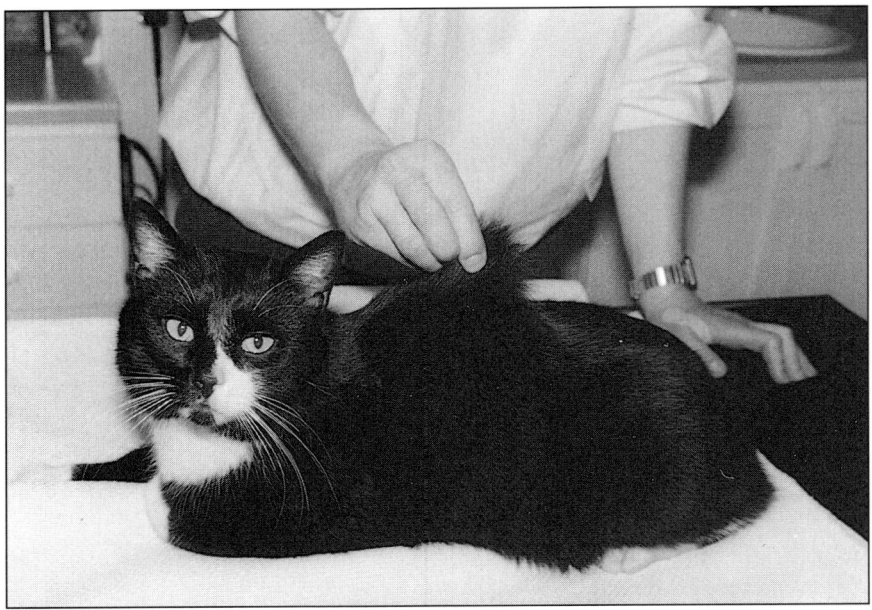

Durch Anheben einer Hautfalte wird der Austrocknungsgrad des Körpers überprüft.

Man spricht von einer ausgeglichenen Wasserbilanz, wenn die aufgenommene Flüssigkeitsmenge genau der ausgeschiedenen entspricht. Wasser gelangt durch feste Nahrung, durch Trinken und als Oxydationswasser infolge von Stoffwechselvorgängen in den Körper. Ausgeschieden wird es durch den Kot, durch Urin und durch Verdunstung (bei der Katze über die Mundschleimhaut). Wenn im Sommer durch vermehrtes Hecheln viel Wasser verdunstet, so empfindet das Tier Durst und wird mehr trinken. Das ist beim Menschen ganz genauso, und jeder von uns kennt das Gefühl durstig zu sein. Auf der anderen Seite der Bilanz wird ein zuviel an aufgenommener Flüssigkeitsmenge (z. B. ein Bier »über den Durst«) durch vermehrte Harnabsonderung wieder ausgeschieden.

Dieser Regulationsmechanismus funktioniert bei einem gesunden Organismus perfekt. Er kann jedoch durch verschiedene Erkrankungen gestört werden, wobei der Körper »austrocknet«. Erbrechen, Durchfall, chronisches Nierenversagen oder starker Blutverlust können die Wasserbilanz aus dem Gleichgewicht bringen. Trinken allein genügt bei großen Flüssigkeitsverlusten nicht mehr. Hier muß der Tierarzt eingreifen und durch Infusionen die verlorene Wassermenge ersetzen. Anhand der Hautelastizität

16

(Hautturgor) können Sie zu Hause den Austrocknungsgrad bei Ihrer Katze prüfen. Nehmen Sie dazu eine Hautfalte an der seitlichen Brustwand oder am Rücken des Tieres zwischen Daumen und Zeigefinger und ziehen Sie sie ein Stück vom Körper weg. Wenn Sie die Haut wieder loslassen, glättet sie sich bei ausgeglichener Wasserbilanz innerhalb 1–2 Sekunden. Verstreicht die Hautfalte jedoch nur ganz langsam oder bleibt sie sogar wie ein Höcker bestehen, so ist das ein Zeichen für fortgeschrittene Austrocknung.

Atmung

Atemfrequenz (in Ruhe):	20–30/Minuten
Atemtyp:	costoabdominal

Als Atemfrequenz bezeichnet man die Anzahl der Atemzüge pro Minute. Sie wird von vielen Faktoren (körperliche Anstrengung, erhöhte Umgebungstemperatur, Verdauung, Trächtigkeit u.a.) beeinflußt. Im Ruhezustand atmet eine gesunde Katze zwischen 20- und 30mal in der Minute ein und aus. Eine krankhafte Beschleunigung der Atmung finden wir z.B. bei Fieber. Für eine Verringerung der Atemfrequenz bis hin zum Atemstillstand können unter anderem Vergiftungen mit Chemikalien oder Medikamenten, die das Atemzentrum im Gehirn beeinflussen, oder auch Tumoren verantwortlich sein.

Katzen atmen costoabdominal. Das bedeutet, daß sich bei jedem Atemzug der Brustkorb (»Costa« = Rippe bzw. Brustwand) und der Bauch (»Abdomen« = Bauch) fast gleichzeitig heben. Auch das kann man sich bei der Diagnostik zu Nutze machen. Wenn nämlich die Atmung durch krankhafte Veränderungen im Bauchraum behindert wird, atmet der Patient überwiegend costal, wobei sich hauptsächlich der Brustkorb beim Einatmen hebt. Umgekehrt wird er die Bauchmuskulatur mehr einsetzen, wenn das Hindernis im Brustbereich liegt. Am besten kann man die Atmung beobachten, wenn die Katze schläft.

Herzfrequenz

Herzfrequenz	
gesundes Tier:	80–120/Minuten
Schock:	> 150/Minuten

Den Herzschlag der Katze spüren Sie, wenn Sie Ihre Fingerspitzen mit leichtem Druck auf die linke Seite des Brustkorbes, etwa in Höhe der 4. Rippe legen. Bei sehr schlanken Tieren kann man die rhythmischen Stöße des Herzens gegen die Brustwand manchmal auch sehen. Zählen Sie die Herzschläge 15 Sekunden lang. Sie brauchen dazu eine Uhr mit Sekundenzeiger. Wenn Sie dann die Anzahl der Schläge mit 4 multiplizieren, erhalten Sie die Herzfrequenz. Neben der bereits erwähnten Kapillarfüllungszeit (KFZ) und der Farbe der Schleim- **17**

*Auf der linken Brust-
seite etwa in Höhe der
4. Rippe spüren Sie
deutlich den Herz-
schlag.*

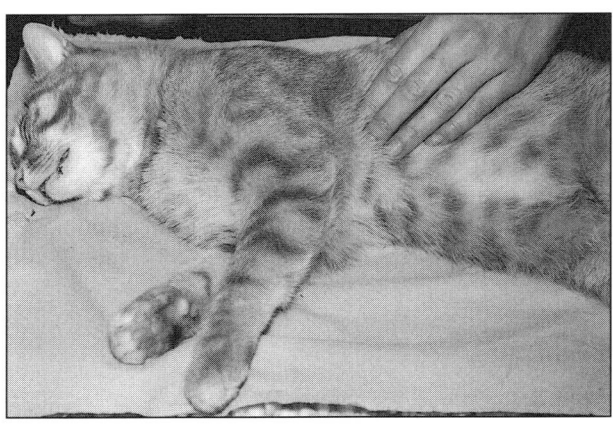

häute ist die Herzfrequenz einer der wichtigsten Parameter (Meßgröße) bei der Notfalldiagnostik (siehe auch Seite 196). Bei akutem Kreislaufversagen (Schock) steigt die Herzfrequenz auf 150 und mehr. Der Herzschlag, den Sie normalerweise mit den Fingerspitzen als kräftigen Stoß gegen die Brustwand spüren, ist im Schockzustand schwach und fahrig. Eine eventuell zu fühlende Unregelmäßigkeit im Herzschlagrhythmus ist bei Katzen kein Krankheitszeichen.

Futteraufnahme

Plötzlich auftretende Appetitlosigkeit oder übermäßiger Hunger sowie Schwierigkeiten bei der Aufnahme der Nahrung sollten Sie ernstnehmen und als eventuelles Krankheitzeichen werten.

Bei Katzen gibt es in Bezug auf die Futteraufnahme große individuelle Unterschiede. Während das eine Kätzchen gerne, viel und fast alles frißt, ist ein anderes sehr heikel in der Wahl des Futters und nimmt nur wenig zu sich. Viele Hauskatzen verfügen auch heute noch über eine gesunde angeborene Selbstregulation und nehmen nur soviel Nahrung zu sich, wie sie wirklich brauchen. Wenn sie satt sind, lassen sie die Reste einfach im Näpfen stehen. Andere wiederum haben einfach immer Hunger und können gar nicht aufhören zu fressen. Solche Tiere stehen, nachdem sie gerade erst eine Futterschüssel geleert haben, erneut erwartungsvoll und quengelnd vor dem Kühlschrank oder fressen einem im selben Haushalt lebenden Artgenossen alles weg. Die Ursachen eines solchen Benehmens sind meist psychisch bedingt und werden in einem späteren Kapitel noch eingehend erörtert (siehe Seite 173).
Als Krankheitszeichen sind Veränderungen des üblichen Verhaltens bei der Futteraufnahme zu werten. Wenn ein immer hungriges Kätzchen plötz-

lich die Nahrung verweigert oder ein sonst heikles Tier alles Angebotene mit Heißhunger verschlingt, sollten Sie Ihren Tierarzt zu Rate ziehen. Auch über die Art der Futteraufnahme kann man Rückschlüsse auf eventuelle Erkrankungen ziehen. So z. B. können Sie bei Katzen mit Zahnerkrankungen oder Entzündungen der Mundhöhle beobachten, daß sie freudig und offensichtlich hungrig auf den Futternapf zugehen. Wenn sie jedoch zu Fressen beginnen, erlahmt die Begeisterung. Es wird langsam gekaut und manche Bröckchen fallen aus der Mundhöhle wieder heraus. Nach einiger Zeit stellen diese Tiere die Nahrungsaufnahme ganz ein.

Wasseraufnahme

Übermäßigen Trinken ist ein Leitsymptom verschiedener Erkrankungen.

Wasser ist lebensnotwendig. Die meisten Katzen trinken jedoch sehr wenig, so daß sich die Frage stellt, wie diese Tiere ihre Wasserbilanz ausgleichen. Die Antwort darauf ist einfach. Die natürliche Nahrung unserer Katzen sind kleine Nager (Mäuse) und gelegentlich Vögel. Diese Beutetiere bestehen wie ihre Jäger ebenfalls zu 60–70% aus Wasser. Und damit ist klar: Katzen nehmen den größten Teil des lebensnotwendigen Wassers mit dem Futter auf. Auch industriell gefertigtes Dosenfutter oder Frischfleisch (z. B.

Rinderherz) enthalten viel Flüssigkeit. Lediglich bei der nicht ganz artgerechten Ernährung mit Trockenfutter oder stark gesalzener Nahrung müssen Katzen mehr trinken.

Sie brauchen sich also keine Sorgen zu machen, wenn Ihre Katze nur ab und zu einmal zu ihrem Wassernäpfchen geht und ein bis zwei Schluck trinkt. Bedenklicher ist das Gegenteil, wenn das Tier bei normaler Fütterung mit Fleisch oder Dosenfutter viel trinkt. Übermäßiges Tricken ist ein Leitsymptom verschiedener Erkrankungen, so z. B. von Diabetes mellitus oder chronischem Nierenversagen. Eine Katze, die viel trinkt muß unbedingt zum Tierarzt, der im Rahmen einer gründlichen Allgemeinuntersuchung auch eine Blutuntersuchung durchführen wird.

Urinabsatz

Urinmenge:	70–200 ml/Tag
Farbe:	hellgelb, klar
pH-Wert:	5,5–7

Der Urin unserer Katzen ist von hellgelber Farbe und ohne sichtbare Schwebestoffe klar und durchsichtig. Er hat eine pH-Wert von 5,5–7, d. h. er ist leicht sauer. Die Menge des täglich abgesetzten Urins ist starken Schwankungen unterworfen und wie beim Kotabsatz von der Fütterung und der Flüssigkeitsaufnahme (Trinken) abhängig. Im Durchschnitt scheidet eine Katze 70–200 ml Urin aus. Die Aus- **19** scheidung größerer Harnmengen wird als Polyurie, die einer extrem kleinen Harnmenge als Oligurie bezeichnet. Wird kein Urin ausgeschieden, spricht man von Anurie.

Polyurie, Oligurie und Anurie sind ernstzunehmende Krankheitszeichen, wobei letzteres einen lebensbedrohlichen Zustand darstellt (siehe auch Seite 118). Chronische oder akute Nierenerkrankungen, Entzündungen der harnabführenden Wege (Harnleiter, Blase, Harnröhre), Stoffwechselstörungen oder auch Steinerkrankungen könnten vorliegen. Eine Anurie muß innerhalb weniger Stunden behandelt werden, sonst ist das Leben des Patienten in Gefahr.

Auch wenn das Harnabsatzverhalten sich verändert, sollten Sie aufmerksam werden. Zum Beispiel dann, wenn die Katze ihre Toilette sehr häufig benutzt und dabei immer nur ein paar Tröpfchen Urin absetzt. Ebenso wenn Sie die Katzenkiste ganz meidet und die Wohnung mit Urin verunreinigt. Oft wird das als Protestverhalten interpretiert ohne vorher abzuklären, ob nicht eine Gesundheitsstörung vorliegt.

Kotabsatz

Häufigkeit: 2mal täglich bis
              alle 2 Tage
Form: wie ein »Würstchen«
Farbe: hell- bis dunkelbraun

Exakte Angaben darüber, wie oft und wieviel Kot Katzen absetzen sollten,

kann es nicht geben. Das hängt in erster Linie von der Menge und der Art der Nahrung ab. Bei überwiegender Fleischfütterung kommt es nur alle 2–3 Tage zur Entleerung des Darms. Bei ballaststoffreicher Futterzusammensetzung wird häufiger, manchmal bis zu zweimal täglich Kot abgesetzt. Da die Darmmuskulatur vom vegetativen Nervensystem beeinflußt wird, können auch Stimmungen wie Angst und Aufregung die Darmbewegungen (Darmperistaltik) und damit die Entleerung beschleunigen. Nervöse Tiere suchen daher ihre Katzentoilette häufiger auf als ruhige und behäbige. Will man das Kotabsatzverhalten beurteilen, so muß man diese Faktoren berücksichtigen.

Eine Koprostase (Darmverstopfung) liegt vor, wenn die Katze länger als 1–2 Tage über die für sie übliche Zeit der Darmentleerung keinen Stuhlgang hat. Erbricht der Patient im Zusammenhang mit einer Verstopfung, sollten Sie ihn sofort zum Tierarzt bringen. Es besteht die Gefahr eines Darmverschlusses.

Der Kot gesunder Katzen ist wie ein »Würstchen« geformt und, je nach Art des Futters, hell- bis dunkelbraun. Breiiger, wäßriger, blutiger oder übelriechender gelblich-weißer Durchfall ist ein deutliches Krankheitszeichen. Neben harmlosen Futterunverträglichkeiten können Infektionen mit Bakterien, Vieren, Parasiten oder Bauchspeicheldrüsenerkrankungen solche Durchfälle verursachen. Wenn

Die Augen einer gesunden Katze sind klar und ohne Ausfluß, die Nasenöffnungen frei und ohne Verklebung.

Sie wegen Kotveränderungen zum Tierarzt gehen, nehmen Sie nach Möglichkeit immer eine Stuhlprobe zur Untersuchung mit. Eine haselnußgroße Menge genügt.

Augen und Nase

Augenveränderungen sind oft Anzeichen für Allgemeinerkrankungen.

Obwohl Katzen auch über einen ausgeprägten Geruchs- und Tastsinn verfügen, ist das Augenlicht wohl das wichtigste Sinnesorgan dieser Tiere, um die Umwelt zu erkennen und sich darin zurechtzufinden. Jegliche Veränderungen an den Augen unserer vierbeinigen Freunde sollten daher Anlaß für eine gründliche tierärztliche Untersuchung sein.

Die Augen einer gesunden Katze sind klar und ohne Ausfluß. Die Pupillen ziehen sich bei Lichteinfall schlitzförmig zusammen. Die Augenbindehäute sind blaßrosa und das dritte Augenlid (Nickhaut, siehe Seite 148) ist im Wachzustand nicht zu sehen.

Primäre Augenerkrankungen, d.h. nur dieses Sinnesorgan betreffende Krankheiten, sind bei der Katze selten. Vielmehr spiegeln die Augen häufig den Allgemeingesundheitszustand wider. So ist zum Beispiel eine Bindehautentzündung oft mit Katzenschnupfen vergesellschaftet. Der Vorfall des dritten Augenlides kann Folge von Bandwurmbefall oder einer schwächenden Viruserkrankung sein. Eine frühzeitige Diagnose ist daher besonders wichtig, um eine Verschleppung von Systemkrankheiten und damit bleibende Gesundheitsschäden zu **21** verhindern. Auf folgende Symptome sollten Sie achten:

- Augenausfluß
- Rötung der Augenbindehäute
- Nickhautvorfall
- Farbveränderungen
- Trübungen und Auflagerungen auf der Hornhaut
- hervorquellende Augen
- Veränderungen an der Pupille (z. B. einseitige Größenveränderung)
- Verminderung der Sehkraft und Blindheit (das Kätzchen ist unsicher und stößt sich an Möbeln und Wänden)

Die Nase als oberster Teil des Atmungsapparates steht mit den Augen durch den Tränen-Nasen-Kanal in Verbindung. Sie sollte bei der Gesundheitskontrolle ebenfalls nicht vergessen werden. In der Nasenschleimhaut befinden sich Geruchsrezeptoren (Geruchsnerven). Das macht dieses Organ auch zum wichtigsten Teil des Geruchssinns.

Der Nasenspiegel ist meist etwas feucht und fühlt sich kalt an. Grund dafür ist die Verdunstung des Speichels, mit dem das Schnäuzchen durch die Zunge immer wieder benetzt wird. Gesunde Tiere haben keinen Nasenausfluß, keine Entzündungen, keine Verklebungen und keine Schwellungen auf dem Nasenrücken. Die Nasenöffnungen sollten sauber sein, damit die Atemluft frei ein- und ausströmen kann.

Zur Pflege von Langhaarkatzen gehört das tägliche Bürsten.

Haut und Fell

Gesunde Haut und glänzendes Fell sind äußere Zeichen für innere Gesundheit.

Das Fell einer gesunden Katze ist sauber und seidig glänzend. Mit Ausnahme der Fellwechselzeiten im Frühjahr und Herbst wird der Katzenhalter durch ausgefallene Haare kaum belästigt. Während Kurzhaarkatzen das Fell durch unermüdliche Körperpflege selbst sauberhalten, muß der Mensch bei langhaarigen Rassetieren mit Bürste und Kamm nachhelfen. Stumpfes Fell und schuppige Haut fallen einem aufmerksamen Beobachter sofort ins Auge. Oft sind es erste Anzeichen für Mangelerscheinungen oder innere Erkrankungen. Die Untersuchung der Haut und des Haarkleides können Sie bei Ihrer Katze spielerisch gestalten. Fast jeder Vierbeiner läßt sich eine Kontrolle beim »Kraulen« gerne gefallen. Streichen Sie dabei dem Tier ruhig auch einmal das Fell »gegen den Strich«. Hautveränderungen wie z.B. Kratz- oder Bißwunden, Pusteln oder Knötchen, Flohkot, Zecken oder andere Parasiten lassen sich dadurch besser aufspüren (siehe Seite 56). Verfilztes Fell sollte geschoren werden, da sich darunter Hauterkrankungen verstecken können.

Eine völlig verfilzte Perserkatze muß geschoren werden.

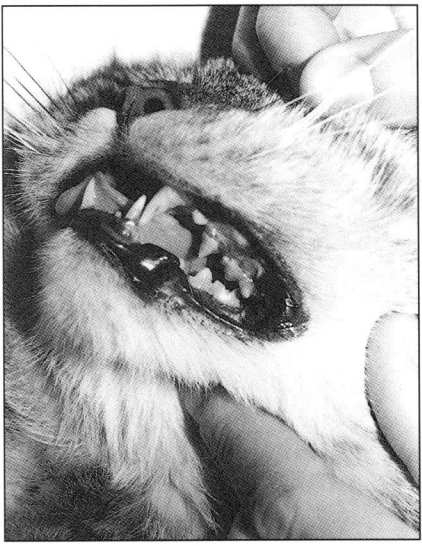

Zahnstein muß entfernt werden, um Paradontose und Zerstörung der Zähne entgegenzuwirken.

Mundhöhle und Zähne

Zahn- und Mundhöhlenerkrankungen belasten den gesamten Organismus.

Wenn auch dieses Kapitel am Ende unseres Gesundheits-Check-up steht, so ist das jedoch nicht wertend gemeint. Im Gegenteil, die Gesundheit von Mundhöhle und Zähnen ist für das Allgemeinbefinden von großer Bedeutung. Entzündungen des Zahnfleisches und kranke Zähne sind nicht nur sehr schmerzhaft, was die meisten von uns sicher aus eigener Erfahrung wissen, sondern belasten den gesamten Organismus. Nicht selten ist ein »un- **23**

ter Eiter stehender Zahn« Ursache für schwere Herz- und Nierenerkrankungen.
Kontrollieren Sie daher regelmäßig die Zähne und die Mundhöhle Ihrer Katze. Wenn Sie Zahnstein feststellen, sorgen Sie dafür, daß er schnellstmöglich entfernt wird. Zahnstein ist verantwortlich Paradontose und Zerstörung der Zähne. Abgebrochene oder kariöse Zähne müssen versorgt werden, um Wurzeleiterungen oder Kieferabszessen vorzubeugen. Viele Tierärzte sind heute von der Ausbildung und der technischen Ausrüstung der Praxis in der Lage, auch Zahnbehandlungen durchzuführen. Noch besser allerdings ist es, wenn Sie durch richtige Ernährung und Zahnpflege vorbeugen (siehe Seite 82).

Die Katze beim Tierarzt

Hinauszögern eines notwendigen Tierarztbesuches aus Rücksicht auf ein ängstliches Kätzchen ist falschverstandene Tierliebe.

Niemand geht gerne zum Arzt, auch Katzen nicht. Dennoch ist es falschverstandene Tierliebe, nur aus Rücksicht auf ein besonders ängstliches Kätzchen den notwendigen Tierarztbesuch hinauszuzögern. Wertvolle Zeit bis zum Beginn der Behandlung verstreicht; Zeit, die unter Umständen über Erfolg oder Nichterfolg einer Therapie entscheiden kann. Bestehen Sie bitte nicht auf einen Hausbesuch, wenn Ihr Tierarzt es nicht für richtig hält. Meist sind schon die Lichtverhältnisse in einer Privatwohnung für eine gründliche Untersuchung nicht ausreichend. Viele Diagnosetechniken (z. B. Röntgen und Endoskopie) können nur in der tierärztlichen Praxis durchgeführt werden. Wenn beim Hausbesuch eine ernste Erkrankung festgestellt wird, muß das Tier sowieso zu einer eingehenderen Untersuchung in die Praxis. Machen Sie daher am besten gleich »Nägel mit Köpfen« und bringen Sie den Patienten in die Praxis, damit keine Zeit bis zum Beginn der Therapie verlorengeht.

Der Transport zum Tierarzt

Katzen sollten nur in einem verschließbaren Behälter transportiert werden.

Tragen Sie Ihre Katze nicht auf dem Arm zum Tierarzt. Hupende oder ratternde Autos, die ungewohnte Umgebung, bellende Hunde oder andere unbekannte Dinge können das Tier so in Angst versetzen, daß es kratzt oder – noch schlimmer – davonspringt. Am einfachsten läßt sich der Patient in einem leichten Behälter transportieren, der luftdurchlässig, bequem und sicher verschließbar ist. Der Zoofachhandel bietet Transport-

Transportkörbe sind unpraktisch und unhygienisch.

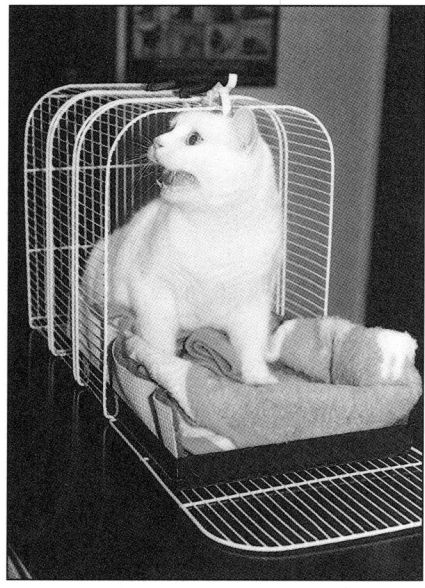

Aus Behältern mit ausschiebbarem Boden lassen sich auch ängstliche Katzen ohne Zwangsmaßnahmen herausnehmen.

stik oder Metall. Auch wenn dem kleinen Patienten auf dem Weg ein Malheur passiert, lassen sie sich leicht und vollständig von Kot, Urin oder Erbrochenem säubern. Am besten geeignet für einen Tierarztbesuch haben sich Behälter mit ausschiebbarem Boden erwiesen. Auch widerspenstige oder sehr ängstliche Tiere lassen sich ohne Zwangsmaßnahmen aus einer solchen Transportkiste herausnehmen. Legen Sie den Behälter mit saugfähigem oder waschbarem Material (Küchentücher oder Handtücher) aus. Viele, vor allem reine Wohnungskatzen koten oder urinieren vor Aufregung und Angst während des Transportes. Im Winter muß der Patient zusätzlich durch ein warme Decke oder, bei längeren Transporten, mit einer Wärmflasche vor Kälte geschützt werden.

In der Tierarztpraxis

Lassen Sie Ihre Katze im Wartezimmer im Transportbehälter. Kontakte zu anderen Patienten sollten Sie vermeiden. Nehmen Sie Ihre schriftlichen Aufzeichnungen über den Verlauf der Erkrankung Ihres Tieres in die tierärztliche Praxis mit.

körbe und -kisten in den unterschiedlichsten Formen und Preisen an. Transport**körbe** sind schlecht zu reinigen und noch schlechter zu desinfizieren. Eine gründliche Desinfektion kann jedoch erforderlich werden, wenn z. B. ein Kätzchen mit einer ansteckenden Krankheit in dem Korb transportiert wurde. Desinfektionsmittel sind scharf und beschädigen die lackierte Oberfläche des Korbgeflechtes, so daß der Behälter unbrauchbar wird. Schmutz und Krankheitserreger setzen sich in den Ritzen des Korbgeflechtes fest und bleiben eine ständige Infektionsquelle. **26** Besser sind Transport**kisten** aus Pla-

Vermeiden Sie jeglichen Kontakt (z. B. Streicheln) mit anderen Tieren im Wartezimmer der Tierarztpraxis. Lassen Sie Ihre Katze nicht im Wartezimmer herumlaufen oder mit Artge-

Vermeiden Sie Kontakte zu anderen Tieren im Wartezimmer.
Es besteht Ansteckungsgefahr.

nossen spielen. Vierbeiner, die zum Tierarzt kommen, sind in der Regel krank. Es besteht Ansteckungsgefahr! Versuchen Sie möglichst ruhig auf den kleinen Patienten einzuwirken. Hektik, schnelle ruckartige Bewegungen und laute Stimmen können eine Katze so in Panik versetzen, daß eine Untersuchung nicht mehr möglich ist. Nicht nur Katzen sind beim Tierarzt aufgeregt. Auch Frauchen und Herrchen befinden sich in einem Ausnahmezustand. Mitleid und Sorge mit dem kranken Vierbeiner lassen sie oft die wichtigsten Informationen vergessen. Für den Tierarzt ist jedoch ein exakter Vorbericht sehr hilfreich. Machen Sie sich daher zu Hause Notizen, und nehmen Sie diese schriftlichen Aufzeichnungen mit in die Praxis. Wichtige Details, die für eine Diagnose und eine erfolgreiche Therapie von Bedeutung sind, gehen damit nicht verloren.

Viruserkrankungen

Katzenseuche

Erreger:	Parvovirus
Symtpome:	Erbrechen, flüssiger, blutiger Durchfall, Abort oder Geburt behinderter Welpen
Behandlung:	Intensivbehandlung durch den Tierarzt, häusliche Pflege, Diät
Vorbeugung:	Impfung

Befragt man ältere Katzenbesitzer auf dem Lande über die häufigste Todesursache ihrer Tiere, so hört man nicht selten: die meisten Kätzchen, die sie im Laufe ihres Lebens besaßen, seien vergiftet worden. Und tatsächlich lassen die beschriebenen Symptome eine Vergiftung vermuten. Heute weiß man jedoch, daß die Tiere mit großer Wahrscheinlichkeit an der gefährlichen Katzenseuche erkrankten, der bis in die achtziger Jahre hinein noch unzählige Katzen zum Opfer fielen. Inzwischen ist die Seuche zum Glück etwas seltener geworden. Diese positive Entwicklung ist sicherlich auf eine bessere Gesundheitsvorsorge zurückzuführen. Die meisten Katzen werden heute gegen diese gefährliche Infektionskrankheit geimpft. Aber immer noch treten Fälle von Katzenseuche

Die Infektion mit dem Katzenseuchen-Erreger kann direkt von Katze zu Katze oder indirekt über Futterschüsselchen, Transportkörbe, Kleidung oder Schuhe erfolgen.

auf. Die Krankheit konnte trotz weltweiter Impfprophylaxe nicht völlig ausgerottet werden. Neben Katzenseuche werden auch irreführende Namen wie Katzenstaupe, Katzentyphus, Katzenpest, ansteckender Katzendurchfall, unstillbares Erbrechen der Katze und vieles mehr verwendet. Die medizinische Fachsprache hat zwei Bezeichnungen für die hochansteckende Seuche:
Feline Parvovirose, nach dem Erreger der Erkrankung, einem Parvovirus,

Panleukopenie, was soviel wie Verminderung der weißen Blutkörperchen bedeutet und ein Symptom der Krankheit beschreibt.

Der Erreger der Katzenseuche ist ein Parvovirus. Dieses Virus ist sehr widerstandsfähig und bleibt bei Zimmertemperatur in Wohnräumen bis zu einem Jahr infektionstüchtig. Zur Desinfektion verseuchter Räume und Gegenstände reichen handelsübliche Haushaltsdesinfektionsmittel nicht aus. Wirksamere Präparate zur Flächendesinfektion erhalten Sie beim Tierarzt. In eine Wohnung, in der einmal ein Tier an Katzenseuche erkrankte, sollte man nur geimpfte Kätzchen aufnehmen. Die Infektion wird direkt von Katze zu Katze, aber auch über Gegenstände wie z. B. Transportkörbe, Spielzeug, Futter- und Wasserschüsselchen oder Decken übertragen. Auch der Mensch kann mit der Kleidung oder den Schuhen das gefährliche Virus ins Haus schleppen. Damit sind auch reine Wohnungskatzen, ohne direkten Kontakt zu Artgenossen gefährdet.

Die Inkubationszeit, also die Zeit von der Ansteckung bis zum Ausbruch der Erkrankung, beträgt ungefähr ein bis zwei Wochen. Die ersten Anzeichen sind Müdigkeit, Appetitlosigkeit und hohes Fieber bis 41 °C. Während der ersten beiden Krankheitstage erbrechen die Kätzchen sehr viel; ihnen ist sichtbar übel. Danach setzen zunächst wäßrige und später blutige Durchfälle ein. Durch das Erbrechen und die fast unstillbaren Durchfälle verlieren die kleinen Patienten sehr viel Flüssigkeit. Sie trocknen regelrecht aus. Dadurch werden das Kreislaufsystem und die Nieren stark in Mitleidenschaft gezogen. Es besteht Schockgefahr!

Neben der Schädigung des Dünndarms, die sich durch die beschriebenen Durchfälle zeigt, verhindert das Virus auch die Bildung von weißen Blutkörperchen im Knochenmark. Die weißen Blutkörperchen (Leukozyten) sind unter anderem für die körpereigene Abwehr gegen Bakterien und andere Krankheitserreger verantwortlich. Bei der Katzenseuche sind zuwenig Leukozyten im Blut. Daher auch den Name Panleukopenie. Die Folge davon ist Abwehrschwäche. Krankmachende Keime können sich nun ungehindert vermehren und den Tod des Tieres verursachen. 80–100 % der an Katzenseuche erkrankten Kätzchen sterben am akutem Kreislaufversagen (Schock) oder bakteriellen Zusatzinfektionen, wenn keine geeignete Behandlung erfolgt.

Infiziert sich eine trächtige Katze mit dem Katzenseuchen-Virus, so kommt es zu Aborten, Totgeburten oder zur Geburt behinderter Kätzchen. Das Virus dringt über die Plazenta in die ungeborene Frucht und behindert die Entwicklung des Kleinhirns. Die Welpen werden mit einem unterentwickelten Kleinhirn geboren. Da das Kleinhirn hauptsächlich für Gleichgewicht und Koordination der Bewegungen verantwortlich ist, sind die Bewegungen der kleinen Kätzchen unkoordiniert, tapsig und stolpernd. Der Kopf pendelt nicht selten hin- und her, wodurch die Futter- und Wasseraufnahme gestört, wenn nicht sogar unmöglich ist. Die Intelligenz der Tiere ist dabei voll erhalten. Ist die Behinderung nicht so stark ausgeprägt, können die Katzen überleben und, durch ein verständnisvolles Frauchen unterstützt, lernen damit umzugehen. Wenn jedoch ein kleinhirngeschädigtes Kätzchen nicht in der Lage ist, allein zu fressen, so sollte man den Tierarzt bitten, es einzuschläfern, um es vor einem grausamen Hungertod zu bewahren.

Die Behandlung der Katzenseuche besteht zunächst aus der Zufuhr von Flüssigkeit. Am Anfang sind Infusionen nötig. Später kann der Wasserverlust durch Eingeben von Tee ausgeglichen werden. Der Tierarzt wird der Katze neben Infusionen auch Antibiotika zur Bekämpfung bakterieller Zusatzinfektionen, schmerz- und krampflösende Mittel, Medikamente gegen Erbrechen und vieles mehr verabreichen müssen.

Um Überleben zu können, braucht das Tier intensive Betreuung rund um die Uhr. Sind Sie berufstätig, sollten Sie sich Urlaub nehmen. Ist das nicht möglich, muß die Katze in eine Tierklinik. Sie hat sonst keine Chance. Das geschwächte Tier ist meist nicht mehr in der Lage, aus eigener Kraft die Katzentoilette aufzusuchen. Verwenden Sie daher, um Verschmutzungen

der Wohnung durch den starken Durchfall zu verhindern, Einmalunterlagen. Sobald sie verunreinigt sind, müssen sie sofort ausgewechselt und die Katze gesäubert werden. Die reinlichen Tiere leiden sehr darunter, in ihren Ausscheidungen liegen zu müssen. Eine liebevolle Betreuung ist lebensrettend. Katzen geben sich erfahrungsgemäß schnell auf und sterben, wenn sie sich alleingelassen fühlen.

Geben Sie der kranken Katze, bis sie wieder alleine trinken kann, jede Stunde (nachts alle 2–3 Stunden) mit einer 5-ml-Einmalspritze (ohne Nadel) Flüssigkeit ein. Dazu eignet sich dünner schwarzer Tee oder ein stilles Mineralwasser. Spritzen sie die Flüssigkeit in kleinen Portionen seitlich hinter dem Eckzahn in den Mund. Das geht ganz einfach, indem Sie die Lippen des Tieres etwas anheben. Lassen Sie dem Patienten Zeit, zwischen jeder Gabe zu schlucken und sich etwas auszuruhen.

Nach etwa 24–48 Stunden können sie langsam mit der Zufuhr von Nahrung beginnen. Dazu haben sich Reisflocken, mit Wasser und einem Suppenwürfel gekocht (ähnlich wie Haferschleim), gut bewährt. Der Reisschleim muß so flüssig sein, daß er mit der Spritze ohne Probleme tropfenweise in die Mundhöhle der Katze gegeben werden kann. Geben sie dem Tier etwa 2 Spritzen pro Mahlzeit (=10 ml pro Stunde), bis es wieder von alleine Nahrung aufnimmt. Verwenden Sie keine Haferflocken. Sie sind

Mit einer 5-ml-Einmal-spritze werden Flüssig-keiten und flüssige Nahrung problemlos schluckweise verab-reicht.

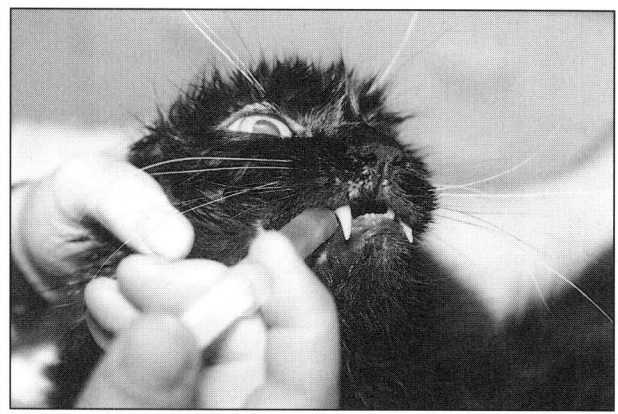

zu rohfaserreich und bewirken eine starke Bakterienvermehrung im geschädigten Darm.

Wenn der kleine Patient wieder alleine frißt, ersetzen Sie den Reisschleim durch weichgekochten geschälten Reis, vermischt mit Hüttenkäse und einem Eßlöffel Möhrengemüse. Damit es besser schmeckt, können Sie einige Fasern gekochtes Hühnerfleisch und Hühnerbrühe hinzugeben. Diese Diät sollte mindestens 2 Wochen durchgehalten werden. Solange braucht der Darm, um sich wieder zu regenerieren. Leider verweigern viele Katzen die Darmdiät. Als Ersatz gibt es inzwischen spezielle Astronautenkost für Katzen beim Tierarzt. Auch Rinderserum (Boviserin[R]) kann man bei geschädigter Darmschleimhaut verfüttern. Mit Hühnerbrühe vermischt kann es den Patienten mit einer Spritze eingegeben werden.

Vorbeugen ist besser als Heilen. Gegen Katzenseuche sollte daher jede Katze geimpft sein. Die Grundimmu-nisierung besteht aus **2 Impfungen** im Abstand von 3–4 Wochen. Katzenkinder können ab der 8. Lebenswoche erstmals geimpft werden. Nach der Grundimmunisierung muß die Schutzimpfung, je nach Impfstofftyp, jährlich oder alle 2 Jahre aufgefrischt werden.

Katzenschnupfen

Erreger:	Herpes-, Calici-, Reoviren, Mycoplasmen, Chlamydien u.a
Ansteckung:	direkt von Katze zu Katze, indirekt über Kleidung, Gegenstände
Symptome:	Entzündung der Atemwege
Behandlung:	Medikamente (Tierarzt), häusliche Pflege, Wärme
Vorbeugung:	Impfung

31

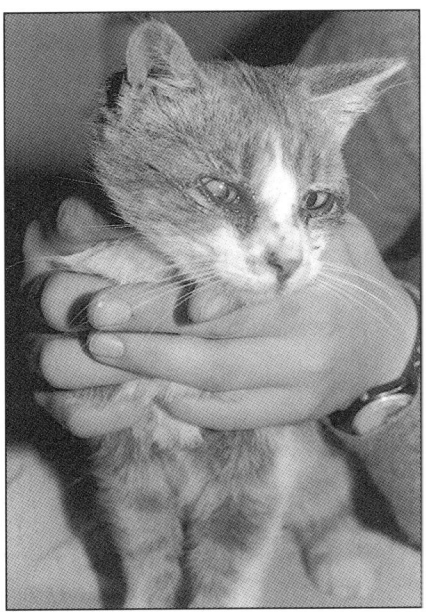

Entzündungen der oberen Luftwege mit Nasen- und Augenausfluß beim Katzenschnupfen.

Katzen werden häufig auf Wunsch ihrer Besitzer nur gegen Katzenseuche geimpft. Dem Tierarzt, der auch einen Impfschutz gegen Katzenschnupfen empfiehlt, wird entgegengehalten, daß sich das Tier ja nur in der Wohnung aufhalte. Und überhaupt – Schnupfen sind doch harmlos. Das ist aber leider nicht immer so. Besonders ganz junge Kätzchen oder ältere geschwächte Tiere erkranken meist sehr schwer an dieser Infektion der oberen Luftwege. Sie verweigern dann völlig die Nahrungs- und Flüssigkeitsaufnahme und können an Entkräftung sterben. Todesfälle sind bei schweren Verlaufsformen des Katzenschnupfens nicht selten.

Der Katzenschnupfen (Rhinitis) beginnt meist als akuter Katarrh mit Niesen und Nasenausfluß. Vielfach bestehen gleichzeitig ein- oder beidseitige Entzündungen der Augenbindehäute. In den Augenwinkeln findet man vor allem morgens eingetrocknete Sekretreste, sogenannte »Sandmännchen«. Nasen- und Augenausfluß sind zu Beginn der Erkrankung in der Regel wäßrig und klar, was auf eine Viruserkrankung schließen läßt. Oft aber setzen sich schon nach kurzer Zeit auf der durch Viren vorgeschädigten Schleimhaut des Atemtraktes Bakterien fest und verschlimmern das Krankheitsbild. Der Nasenausfluß wird schleimig-eitrig und verstopft die Atemwege des kleinen Patienten. Da die Tiere sich nicht wie Menschen schneuzen können, leiden sie oft unter schwerer Atemnot. Sie sind matt und teilnahmslos und haben keinen Appetit. Häufig besteht Fieber.

In manchen Fällen, wenn die Infektion durch ein Herpesvirus ausgelöst wird, ist die Mundschleimhaut mitbetroffen. Schmerzhafte Bläschen und Geschwüre auf der Zunge, am Zahnfleisch und am Gaumen sind neben der verstopften Nase Grund genug für die erkrankten Kätzchen, jegliches Fressen und Trinken zu verweigern. Und darin liegt unter anderem die große Gefahr der Katzenschnupfen-Infektion. Schon nach wenigen Tagen kann es zur Austrocknung der Tiere und daraus entstehendem Kreislaufversagen sowie Tod durch Entkräftung kommen.

Zugegeben, nicht immer verläuft die Infektion so dramatisch. Je nach Lage der körpereigenen Abwehr kann der Katzenschnupfen auch von selbst abheilen. Aber gar nicht so selten treten Komplikationen auf, wobei sich die Erkrankung auf Bronchien und Lungen ausdehnt. Erste Warnzeichen für die Beteiligung der tieferen Luftwege und die Gefahr der Entstehung einer schweren Lungenentzündung sind Husten und rasselnde Atemgeräusche. Aber so lange darf man natürlich nicht warten. Schon bei den ersten Anzeichen eines Katzenschnupfens sollten Sie einen Tierarzt aufsuchen, um durch geeignete Therapiemaßnahmen Komplikationen vorzubeugen.

Der Katzenschnupfen ist zunächst eine Viruserkrankung. Die entzünd-

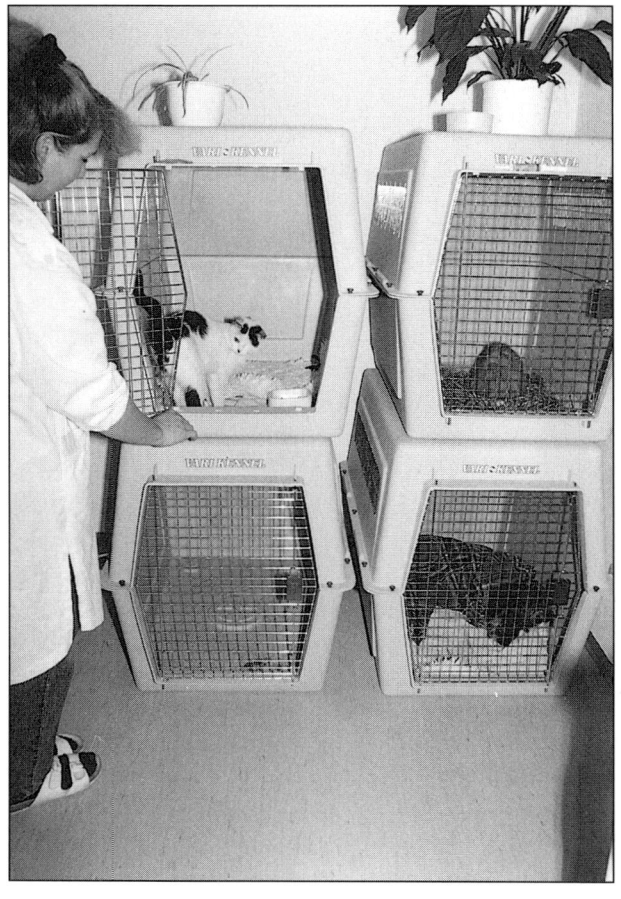

Eine liebevolle und kompetente Betreuung ist Voraussetzung für die Genesung eines katzenschnupfenkranken Tieres.

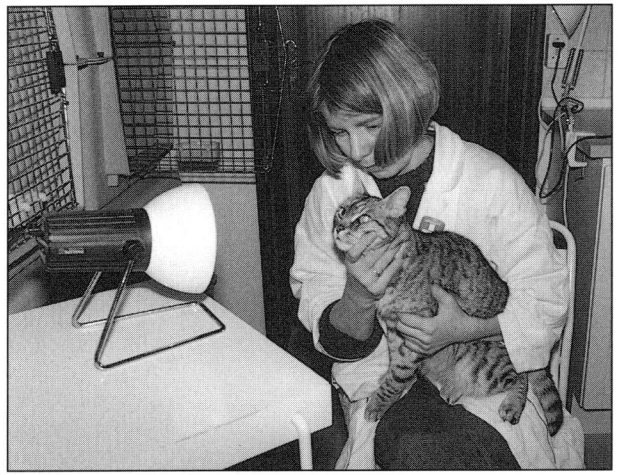

Zweimal täglich 10 Minuten Rotlichtbestrahlung zur Vorbeugung und Behandlung des Katzenschnupfens.

lichen Veränderungen der Atemwege und der Mundschleimhaut sind die Folgen einer Calici-, Reo- oder Herpesvirus-Infektion. Aber auch Mycoplasmen oder Chlamydien (das sind Zwischenformen zwischen Bakterien und Viren) werden zuweilen als Verursacher beobachtet. Die schweren Verlaufsformen der Erkrankung gehen jedoch auf das Konto von Calici- und Herpesviren. Gegen diese beiden gefährlichen Krankheitserreger kann man heute impfen. Bakterien spielen als sogenannte Sekundärerreger eine große Rolle im Krankheitsgeschehen. Oft sind es Eiterbakterien wie z.B. Staphylokokken, Streptokokken und Pneumokokken, die sich auf der vorgeschädigten Schleimhaut anheften und den Verlauf der Viruserkrankung komplizieren.

Die Grundbehandlung des Katzenschnupfens gehört in die Hand des Tierarztes. Durch geeignete Präparate wird er zunächst versuchen, die körpereigenen Abwehrkräfte der Katze gegen Viren zu mobilisieren. Der Einsatz von Antibiotika ist notwendig, um der gefährlichen Sekundärinfektion mit Bakterien entgegenzuwirken. Wenn die kleinen Patienten kein Futter und Wasser aufnehmen, sind Infusionen oder Zwangsernährung erforderlich. Nur in den Fällen, in denen akute Lebensgefahr besteht, empfiehlt es sich, eine Katze für kurze Zeit in eine Klinik zu geben. Erfahrungsgemäß geben sich kranke Katzen sehr schnell auf, wenn sie sich von ihrem Besitzer verlassen fühlen. Zu Hause in der vertrauten Umgebung gesunden die Tiere schneller. Voraussetzung ist allerdings eine kompetente und liebevolle Pflege.

Übrigens kann ein verschleppter oder nicht konsequent behandelter Katzenschnupfen auch chronisch werden. Ständige Augenentzündungen,

eine verstopfte Nase sowie Nasenausfluß und Niesen stören die Lebensfreude der betroffenen Kätzchen
ganz erheblich. Ein chronischer Katzenschnupfen ist schwierig zu behandeln.
Besonders wichtig ist die häusliche
Pflege. Katzen lieben ja bekanntlich
eine warme Umgebung. Eine an
Katzenschnupfen erkrankte Katze
braucht Wärme, um gesund zu werden. Wenn Sie nicht gerade über eine
Fußbodenheizung verfügen, so sollten Sie Ihrem Patienten eine Heiz-
decke, ein Heizkissen oder zumindest
eine Wärmflasche zur Verfügung stellen. Zweimal am Tag 10 Minuten Bestrahlung mit Infrarotlicht läßt sich
faßt jede Katze auf dem Schoß von
Herrchen oder Frauchen gefallen.
Achten Sie jedoch darauf, daß nur
fieberfreie Tiere mit Infrarotlicht
bestrahlt werden. Für den Transport
zum Tierarzt muß die Katze, vor allem
in der kalten Jahreszeit, gut in eine
Decke eingepackt werden, damit sie
nicht auskühlt.
Achten Sie darauf, daß bei dem Kat-
zenschnupfen-Patienten die Nasenöffnungen immer freibleiben. Verkru-
stungen können Sie mit einem in
Kamillenaufguß getränkten Wattebausch vorsichtig entfernen. Lassen
Sie das Tier einmal am Tag inhalie-
ren. Dadurch wird die verstopfte Nase
frei und die Katze kann wieder besser
durchatmen. Setzen Sie den Patienten dazu am besten in einen verschließbaren Katzenkorb und stellen

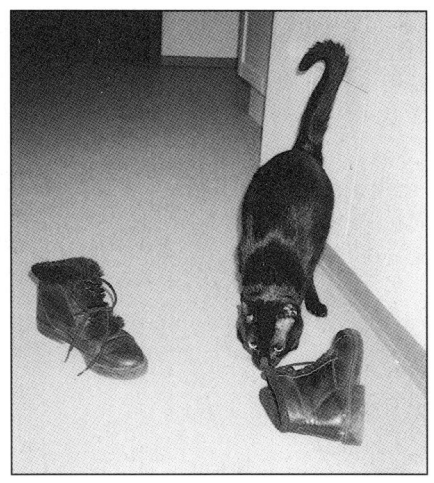

Die Erreger des Katzenschnupfens können mit den Schuhen ins Haus getragen werden.

Sie heißen, dampfenden Kamillenaufguß in einer Schüssel vor das Türchen
des Korbes. Leiten Sie den Dampf mit
einem Handtuch in den Korb, so daß
er von der Katze eingeatmet wird. Reden Sie dabei beruhigend auf das Tier
ein, damit es nicht in Panik gerät. Verwenden Sie **nur** Kamillenaufguß! Andere Mittel, z.B. ätherische Öle,
führen bei Katzen häufig zu einem
Stimmritzenkrampf, woran sie ersticken können.
Verweigert die Katze Nahrungs- und
Flüssigkeitsaufnahme, so müssen Sie
sie zwangsweise füttern. Dazu eignet
sich flüssig gekochter Haferschleim,
mit einem Brühwürfel schmackhaft
gemacht, eine Hühnerbrühe mit Ei,
Boviserin[R] oder eine andere beim
Tierarzt erhältliche Astronautenkost, **35**

die der Katze mit einer Spritze (ohne Nadel) schluckweise in den Mund gegeben wird. Die Zwangsernährung muß solange fortgesetzt werden, bis der Patient wieder selbstständig fressen kann.

Nach dem Tierschutzgesetz sind wir, wie bereits eingangs erwähnt, verpflichtet, das Leben und Wohlbefinden der uns anvertrauten Geschöpfe zu schützen sowie Schmerzen, Leiden oder Schäden von ihnen fernzuhalten. Ein Katzenschnupfen verursacht aber Schmerzen und Leiden. Daher sollte jede Katze in menschlicher Obhut gegen Katzenschnupfen geimpft werden. Es gibt eine **Schutzimpfung** gegen die gefährlichen Calici- und Herpesviren.

Da der Mensch die Erreger, wie bei der Katzenseuche, mit Schuhen und Kleidung in die Wohnung einschleppen kann, sollten auch reine Wohnungskatzen regelmäßig gegen Katzenschnupfen geimpft werden. Nach einer zweimaligen Grundimmunisierung im Abstand von 3–4 Wochen muß der Impfschutz jährlich aufgefrischt werden.

Eine Impfung schützt nur gegen die Erreger, gegen die geimpft wurde; in diesem Fall gegen Calici- und Herpesviren. Da für Katzenschnupfen auch andere Erreger verantwortlich sein können, ist es durchaus möglich, daß geimpfte Tiere dennoch an Schnupfen erkranken. Erfahrungsgemäß kommt es jedoch bei geimpften Katzen nur zu milden Verlaufsformen.

Tollwut

Erreger:	Rhabdovirus
Ansteckung:	durch den Biß eines tollwutkranken Tieres
Symptome:	Wesenveränderung, rasende oder stille Wut, Lähmungen
Behandlung:	nicht möglich
Vorbeugung:	jährliche Impfung

Ist die Tollwut heute eigentlich noch ein Thema? Dazu eine kleine, wenn auch fiktive Geschichte: »Es riecht nach Frühling. Fritz, ein kräftiger Tigerkater, nutzt die ersten warmen Sonnenstrahlen, um wieder einmal sein gesamtes Revier zu kontrollieren. Während des Winters hat er sich auf kleine Abstecher beschränken müssen. Es war einfach zu kalt, um weit vom Haus mit dem warmen Ofen wegzugehen. Und nasse Pfoten, wie man sie bei Regen und Schnee bekommt, mag Fritz schon gar nicht. Aber jetzt

Tollwutverdächtig ist jede Katze mit einer Bißverletzung, wenn sie in einem Tollwutsperrbezirk lebt und keine gültige Impfung nachweisen kann.

36

ist es ja warm und trocken. Das Revier, das Fritz schon während seines ersten Lebensjahres einem alten Kater mühsam abgekämpft hat und bis heute gegen Eindringlinge aus der Nachbarschaft erfolgreich verteidigen konnte, ist ein Waldgrundstück von etwa 4 ha. Zwei Wiesen mit einem ruhig fließenden Bach schließen sich an. Es ist keine belebte Autostraße in der Nähe. Ein Paradies für Katzen!

Da – die erste Maus für dieses Jahr. Fritz pirscht sich vorsichtig heran und ist so auf die Jagd konzentriert, daß er die Gefahr aus dem Gebüsch erst bemerkt, als es zu spät ist. Mit lautem kehligen Knurren springt ein Fuchs auf den überraschten und zu Tode erschrockenen Kater. Der Fuchs ist sehr viel größer und kräftiger als Fritz und beißt sofort zu. Nur die lange Kampferfahrung der Katze rettet ihr das Leben. Mit einem schnellen Sprung reißt sie sich los und bringt sich in Sicherheit. Die einzige Chance zum Überleben liegt in der Flucht. Und das tut Fritz auch, er flüchtet so schnell er kann.

Die Bißwunde an der seitlichen Brustwand ist schmerzhaft und blutet stark. Gott sei Dank ist Frauchen zu Hause. Sie wäscht die Wunde aus, desinfiziert und verbindet sie. Nach ein paar Tagen ist alles abgeheilt, und keiner denkt mehr an die unangenehme Begegnung im Wald.

Vier Wochen später fällt Frauchen eine Veränderung an ihrem Kater auf. Fritz hat keinen Appetit, er verkriecht sich unter der Ofenbank und erschrickt bei den kleinsten Geräuschen. Wenn man ihm zu nahe kommt, läuft er böse fauchend weg. Einmal sieht es sogar so aus, als ob der Kater angreifen will. »Was ist Dir denn über die Leber gelaufen« fragt Frauchen und geht der Katze die nächsten Tage aus dem Weg. Eine Woche später findet man Fritz tot hinter dem Haus. Er ist an Tollwut gestorben! Fritz war nicht dagegen geimpft!«

Zugegeben – das ist eine erfundene Geschichte. Aber so oder so ähnlich kann es sich jederzeit abspielen, denn Tollwut ist noch immer eine gefährliche Seuche.

Die Tollwut war schon im Altertum bekannt. Erste schriftliche Hinweise auf diese Erkrankung stammen aus dem Jahre 1700 v. Chr. Bis zum Ende des Mittelalters hat man die Tollwut mit bösen Geistern und Besessenheit in Verbindung gebracht. Diesem Aberglauben entsprechend waren auch die wenig erfolgreichen Behandlungsmethoden: Teufelsaustreibungen, Untertauchen in kaltes Wasser oder Herausschneiden eines imaginären Tollwurms aus der Bißwunde, um nur wenige der absurden Therapien zu nennen. 1885 entwickelte Louis Pasteur den ersten Impfstoff gegen Tollwut. Er züchtete das Impfvirus im Gehirngewebe lebender Kaninchen. Heute stehen uns bessere und vor allem besser verträglichere Impfstoffe für Mensch und Tier aus Zellkulturzüchtungen zur Verfügung.

37

Tollwut ist keine spezielle Katzenkrankheit. Fast alle Tiere und der Mensch können erkranken. Allerdings ist die Empfänglichkeit der einzelnen Spezies unterschiedlich. Hochempfänglich für eine Infektion mit dem Tollwutvirus sind Füchse, Rinder, Ziegen, Pferde, Schafe und Schweine. Mittelgradig empfänglich sind Katze und Hund. Der Mensch dagegen ist nur wenig empfänglich. Selbst wenn er von einem tollwütigen Tier gebissen wird, muß er nicht zwangsläufig auch an dieser gefährlichen Seuche erkranken. Selbstverständlich sollte man in einem solchen Fall kein Risiko eingehen und sofort einen Arzt aufsuchen.

Der Hauptüberträger der Tollwut in Europa ist der Fuchs. Die Ansteckung erfolgt in der Regel durch den Biß eines tollwütigen Tieres. In seltenen Fällen ist auch eine Ansteckung über offene Wunden bei Kontakt mit infiziertem Speichel möglich. Die Wunden müssen jedoch tief sein. Kleinere Schrammen, wie sie jeder einmal an den Händen hat, sind harmlos. Sie brauchen also keine Angst zu haben, ihre Katze zu streicheln, wenn sie von einem Ausflug zurückkommt. Selbst wenn sich virushaltiger Speichel eines tollwutkranken Tieres im Fell der Katze befindet (was an sich schon sehr unwahrscheinlich ist) reicht die Virusmenge für eine Infektion nicht aus.

Woran erkennt man nun, daß eine Katze infiziert ist? Die Inkubationszeit, also die Zeit von der Infektion bis zum Ausbruch der Erkrankung, ist bei Tollwut relativ lang – von 4 Wochen bis zu mehreren Monaten. In dieser Zeit treten keine sichtbaren Symptome auf. Die Krankheit selbst kann von ihrem Ausbruch bis zum Tod des Tieres in drei Stadien eingeteilt werden:

Das Stadium der Frühsymtome: Hier werden Wesensveränderungen der infizierten Katze zum ersten Mal sichtbar. Zutrauliche Katzen verkriechen sich scheu in eine Ecke, sind sehr schreckhaft und miauen kläglich. Auch ungewöhnliche Anhänglichkeit sonst scheuer Katzen findet man hin und wieder.

Das Erregungsstadium: 1–2 Tage nach Auftreten der Frühsymptome kommt es zu plötzlicher Aggressivität sowie Anfällen von Raserei ohne erkennbare Ursache.

Das Lähmungsstadium: Lähmungen beginnen meist an den Hintergliedmaßen und breiten sich rasch über den gesamten Körper aus. Der Tod tritt etwa 8 Tage nach Auftreten der Frühsymptome ein.

In manchen Fällen werden die tollwutkranken Tiere nicht aggressiv. Die Lähmungen schließen sich dabei direkt an das Stadium der Frühsymptome an. Man spricht dann von der stillen Wut. Bei Katzen herrscht jedoch das klassische Krankheitsbild, auch rasend Wut genannt, vor.

Die Tollwut ist nicht heilbar. Für diese Viruserkrankung gilt nach wir vor, was der römische Dichter Ovid (43 v. Chr.–17 n. Chr.) formulierte: »Die

*Zuverlässigen Schutz
vor Tollwut bietet die
jährliche Impfung.*

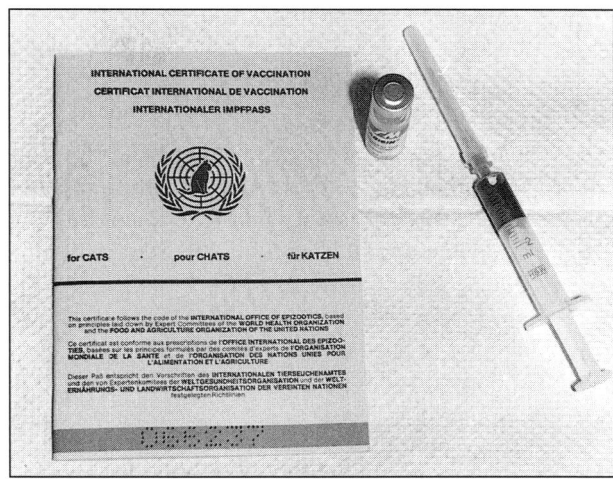

Medizin vermag weder die Gicht zu heilen noch bei der Tollwut zu helfen.« Mag auch die Gicht inzwischen durch moderne Medikamente ihren Schrecken verloren haben, gegen Tollwut gibt es auch heute noch keine erfolgreiche Behandlung. Diese gefährliche Seuche führt, wenn sie einmal ausgebrochen ist, immer zum Tode. Die Behandlung tollwütiger Tiere ist aussichtslos und in der Bundesrepublik verboten.

Um so wichtiger wird die Vorbeugung. Jede freilaufende Katze sollte regelmäßig, d.h. einmal jährlich, gegen Tollwut geimpft werden:

• zum Schutz der Katze selbst
• zum Schutz des Katzenhalters und anderer Menschen
• aus gesetzlichen Gründen

denn Tollwut ist eine anzeigepflichtige Seuche. Schon bei **Verdacht**, daß eine solche Infektion vorliegt, schaltet sich der Amtstierarzt ein.

Tollwut**kranke** Tiere müssen sofort getötet werden. Besteht der Verdacht, daß ihre Katze sich mit dem Virus infiziert hat, so entscheidet der Amtstierarzt, ob das Tier getötet wird oder 3 Monate in Quarantäne muß. Meist wird er die Katze einschläfern, da die Einrichtungen für eine Quarantäneunterbringung fehlen.

Tollwut**verdächtig** ist jede Katze, die von einem Fuchs gebissen wurde oder sonstige Bißverletzungen (z. B. durch Raufereien mit Artgenossen) aufweist, wenn sie in einem tollwutgefährdeten Gebiet lebt.

Nur mit einem gültigen **Impfpaß** können Sie Ihr Tier von einem solchen Verdacht »reinwaschen«. Die letzte Tollwutschutzimpfung muß dabei mindestens 4 Wochen und darf längstens 1 Jahr her sein; es sei denn, das Tier wurde jedes Jahr regelmäßig **39** geimpft und hat einen ununterbrochenen Schutz gegen Tollwut. Bei kleinen Kätzchen sollte die erste Impfung in der 12. Lebenswoche erfolgen. Danach muß jährlich aufgefrischt werden. Wird ein Mensch von einem tollwütigen Tier gebissen, kann er durch eine sofortige Notimpfung gerettet werden. Für Tiere gibt es solche Notimpfungen nicht.

Gegen die Einschleppung der Seuche in andere Länder bestehen Einreisebestimmungen, die sich je nach Seuchenlage der einzelnen Länder unterscheiden. Erkundigen Sie sich vor einer Urlaubsreise bei Ihrem Tierarzt, welche Bedingungen das Land Ihrer Wahl für die Einreise mit einer Katze stellt. Katzen, die ständig in der Wohnung leben und nicht mit ins Ausland genommen werden, brauchen nicht gegen Tollwut geimpft zu werden. Eine Gefahr besteht nur, wenn sie einmal »ausbüchsen«. Das Virus kann nicht, wie z.B. bei Katzenseuche und Katzenschnupfen, über Schuhe und Kleidung in die Wohnung eingeschleppt werden.

Aujeszkysche Krankheit

Erreger:	Herpesvirus
Symptome:	Wesensveränderung, Raserei, Lähmungen, unstillbarer Juckreiz
Behandlung:	nicht möglich
Vorbeugung:	kein rohes Schweinefleisch verfüttern

Diese Viruserkrankung ist weltweit verbreitet und seit 1849 in Europa bekannt. Der Mikrobiologe Aujeszky, dessen Name die Krankheit trägt, wies 1902 in Ungarn nach, daß es sich dabei um eine Virusinfektion handelt. In ihren Symptomen ähnelt die Aujeszkysche Krankheit der Tollwut. Man nennt sie daher auch Pseudowut. Katzen, die sich mit dem Virus infizieren, reagieren nach einer Inkubationszeit von 2–9 Tagen mit Wesensveränderung, Schluckbeschwerden, Lähmungen der Kopfmuskulatur und Tobsuchtsanfällen. Plötzlich auftretender unstillbarer Juckreiz läßt die Tiere wie wahnsinnig Pfoten, Schwanz oder sonstige Körperteile benagen, manchmal sogar abnagen. Dieses Symptom hat der Krankheit den Beinamen Juckseuche gegeben. Auch diese Viruserkrankung endet, wie die Tollwut, immer tödlich. Der Tod tritt innerhalb 24–36 Stunden nach Auftreten der Symptome ein.

Alle Säugetiere, außer Primaten (Affen) und Einhufer (Pferde, Esel, Pony u.a.), können an Aujeszky erkranken. Für den Menschen ist das Virus ungefährlich. Die Katze infiziert sich durch den Genuß von **rohem Schweinefleisch**. Erwachsene Schweine sind die einzigen Tiere, die das Virus beherbergen, ohne sichtbar zu erkranken. Aus diesem Grunde sind viele Schweinebestände und damit auch die Schlachtschweine mit dem Aujeszky-Virus durchseucht. Durch Kochen und Braten wird das Virus abgetötet.

Viruserkrankungen

Ein großer Teil des Schweinefleisches ist mit dem für Katzen tötlichen Aujeszky-Virus verseucht.

Von Rind-, Pferde-, Hammel-, Geflügel- oder Hasenfleisch geht keine Gefahr aus. Achten Sie jedoch in der Metzgerei darauf, daß z.B. beim Kauf von Rinderhackfleisch für Ihre Katze der Fleischwolf nicht zuvor zum Durchdrehen von Schweinefleisch verwendet wurde. Schon winzige Spuren Schweinefleisch können das Virus enthalten. Fleischreste, die von freundlichen Metzgern für Katzen und Hunde ihrer Kunden gesammelt werden, dürfen kein auch noch so kleines Stückchen Schweinefleisch enthalten. Sprechen Sie mit Ihrem Metzger über das Problem.

Einen Impfstoff für Katzen gegen die Aujeszkysche Krankheit gibt es leider nicht. Der einzige wirksame Schutz besteht darin, kein **rohes** Schweinefleisch, auch nicht in Form **kalt**geräucherter Salami, zu verfüttern. Kochen und Braten töten das Virus zuverlässig ab. Schweinefleisch oder Fleisch anderer Tierarten, deren Herkunft Ihnen nicht genau bekannt ist, sollten Sie so lange erhitzen, bis es völlig gar ist. Denn auch Fleischstücke, die innen rosa sind, können infektionstüchtige Viren enthalten.

Leukose

Erreger:	Retrovirus
Symptome:	chronische Erkrankungen je nach befallenem Organ
Behandlung:	Symptombehandlung und Paramunisierung
Vorbeugung:	Impfung

Obwohl virusbedingte Tumorseuchen bei Hühnern und Labormäusen schon Jahrzehnte bekannt waren, gelang es erstmals 1968 dem schottischen Wissenschaftler Oswald Jarrett, einen »infektiösen Krebs« auch bei Hauskatzen nachzuweisen. Aufgrund dieser sensationellen Entdeckung wurden enorme Gelder investiert, um die Katzenleukose näher zu erforschen. Sicherlich wurde bei der Genehmigung der Investitionsgelder zunächst einmal an die Krebsbekämp- **41** fung beim Menschen gedacht. Für die Katze fiel jedoch im Rahmen dieser vergleichenden Tumorforschung eine lohnende Dividende ab. Der Veterinärmedizin stehen inzwischen hochwertige und verläßliche Diagnostika zur Verfügung, um die Infektion nachzuweisen. Der erste Impfstoff zur aktiven Schutzimpfung gegen die virusbedingte Krebserkrankung ist seit 1985 für Katzen in Deutschland zugelassen.

Die Katzenleukose wird durch ein Retrovirus verursacht. Seit Beginn der achtziger Jahre sind Retroviren auch beim Menschen bekannt. Das berühmteste unter ihnen ist der Erreger der erworbenen Immunschwäche (AIDS). Um jedoch gleich vorwegzunehmen: Die Befürchtung, daß sich der Mensch mit dem Katzenleukose-Virus infizieren könnte, ist grundlos. Die wissenschaftliche Bezeichnung für den Erreger der Katzenleukose ist Felines Leukämie-Virus (FeLV). Das FeLV ist inzwischen weltweit verbreitet.

Die Leukose ist eine der gefährlichsten und heimtückischten Viruserkrankungen, von denen unsere Katzen bedroht werden. Routinemäßige Blutkontrollen ergaben bei bis zu 20 % aller untersuchten Katzen eine Leukoseinfektion. In den meisten Fällen waren diese Tiere noch nicht an Leukose erkrankt. Und gerade dieses Phänomen ist für die immer schnellere Ausbreitung der Infektion verantwortlich.

Nach Eintritt des Leukosevirus in den Körper der Katze (Infektion) kann es Wochen, Monate oder sogar Jahre dauern, bis die ersten Symptome der Krankheit auftreten. In dieser ganzen Zeit scheidet die infizierte Katze Viruspartikel mit dem Speichel, dem Nasensekret sowie dem Urin aus und wird damit zur potentiellen Ansteckungsquelle für alle mit ihr in Kontakt tretenden Artgenossen. Die Ansteckung erfolgt über gemeinsame Futter- und Wasserschüsselchen, über Katzentoiletten und durch direkten Kontakt, z. B. beim gegenseitigen Putzen. Virusausscheidende Weibchen übertragen den Erreger auch über die Plazenta (Mutterkuchen) auf die noch ungeborenen Kätzchen und gebären dann bereits infizierte Welpen. Der Körper ist nicht waffenlos. Nicht alle Katzen, die mit dem Virus in Kontakt kommen, erkranken. Erfreulicherweise schaffen es die Abwehrkräfte des Körpers in den meisten Fällen, das Virus zu vernichten, bevor es Schaden anrichten kann. Zum besseren Verständnis der komplizierten Vorgänge soll im folgenden auf verständliche (und damit natürlich auch auf vereinfachte) Weise skizziert werden, was nach dem Eintritt des Leukosevirus im Körper der damit infizierten Katze passieren kann:

a) Die körpereigene Abwehr ist so stark, daß der eingedrungene Krankheitserreger schon nach kurzer Zeit vollständig eliminiert wird. Die Infektion ist damit überstanden, ohne daß

*Chronische Erkran-
kungen bei der Katze
sind immer leukose-
verdächtig.*

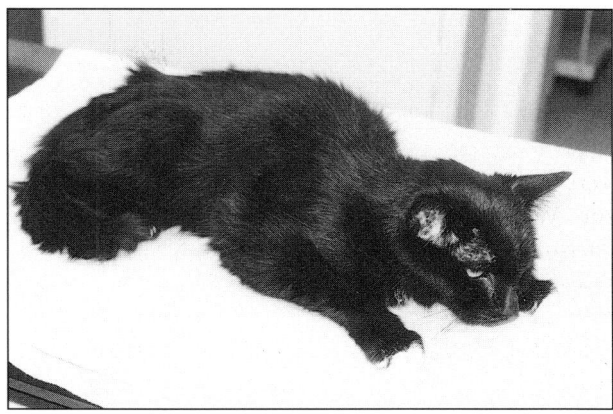

das Tier selbst oder sein Besitzer irgendetwas von dem inneren Kampf bemerkten. Die Katze bleibt weiterhin leukosefrei.

b) Virus und Abwehrkräfte sind gleich stark. Die Katze bleibt infiziert und scheidet ständig Viruspartikel mit dem Speichel, Nasensekret und Urin aus. In der medizinischen Fachsprache werden solche Tiere als **latente Virusausscheider** bezeichnet. Sie können, ohne selbst zu erkranken, über Jahre hinweg alle mit ihnen in Kontakt tretenden Katzen mit Leukose infizieren. Das Patt zwischen Krankheitserreger und körpereigener Abwehr kann sich aber jederzeit zugunsten des einen oder anderen Beteiligten verschieben. Wird die Abwehr geschwächt (z.B. durch zusätzliche Infektionen, durch Verwurmung sowie durch psychische und physische Streßsituationen), so kann sich das Leukosevirus vermehren und in den Körperzellen erheblichen Schaden anrichten. Die Katze **erkrankt** dann

an Leukose. Eine latente Leukoseinfektion ist damit nicht nur eine ständige Gefahr für andere Katzen, sondern auch eine »Zeitbombe«, die wie ein Damoklesschwert das Leben des betroffenen Tieres bedroht.

c) Im ungünstigsten Fall sind die Abwehrkräfte des Tieres zum Zeitpunkt der Infektion mit dem Leukose-Erreger so gering (z.B. bei älteren, ganz jungen oder sonstig erkrankten Tieren), daß das Virus sofort die Übermacht gewinnt. Solche Katzen erkranken schon nach kurzer Zeit an Leukose und sterben nicht selten relativ schnell.

Die Symptome der Katzenleukose sind vielgestaltig. Meist werden die Kätzchen zum Tierarzt gebracht, weil sie keine Nahrung und keine Flüssigkeit mehr zu sich nehmen wollen. Häufig wird mäßig erhöhte Temperatur festgestellt. Auch Durchfall, Atembeschwerden oder zentralnervöse Störungen können, je nachdem welches Organ betroffen ist, auftreten. **43**

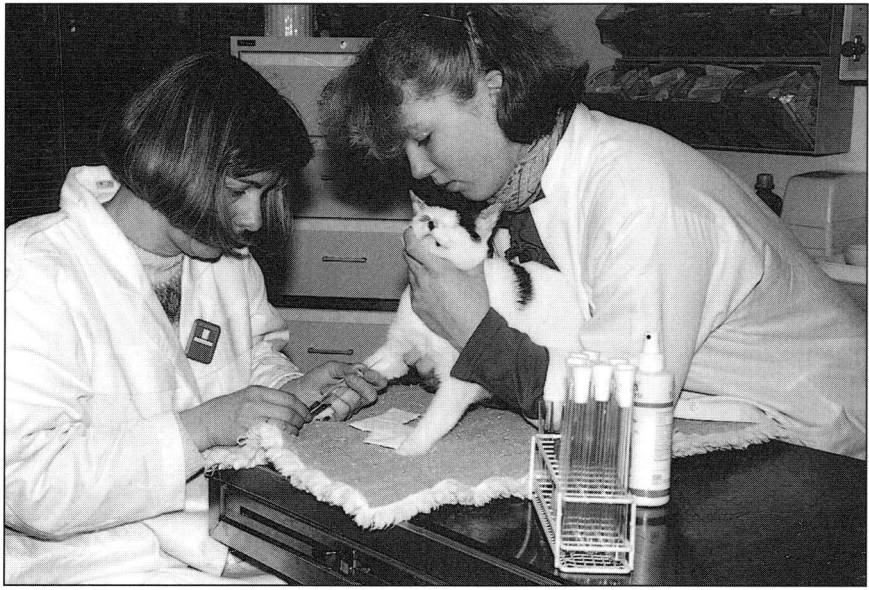

Für den Leukose-Test wird der Katze etwas Blut aus der Vene entnommen.

Durch seine immunschwächenden Eigenschaften öffnet das Feline Leukämie-Virus anderen Infektionen wie z. B. Katzenschnupfen oder FIP (siehe Seite 49) Tür und Tor. Die Katzenleukose kann also einen ganzen Komplex von Krankheiten hervorrufen. Chronische Infektionen bei der Katze, ganz gleich welcher Art, sind immer verdächtig für FeLV.

Dem Tierarzt stehen verschiedene Tests zum Nachweis des Felinen Leukämie-Virus zur Verfügung. Der sogenannte ELISA-Test, der heute in jeder tierärztlichen Praxis unter Standardbedingungen schnell und preiswert durchgeführt werden kann, ist im Vergleich zum früheren Immunofluoreszenz-Verfahren aussagekräfti-

ger. Um jedoch eine ganz sichere Diagnose stellen zu können, muß der ELISA-Test nach 8–10 Wochen wiederholt werden. Fällt der erste Test positiv aus, so heißt das nicht, daß die Katze virämisch bleibt. Wie bereits erwähnt, sind einige Tiere durchaus in der Lage, genügend Antikörper zu bilden, um das Virus vollständig aus dem Körper zu verbannen. Deshalb läßt erst ein zweites positives Ergebnis nach 8–10 Wochen den Schluß zu, daß die Katze Virusträger und Virusausscheider geblieben ist.

Für den Leukose-Test werden dem Patienten 1–2 Tropfen Blut aus der Vene entnommen. Bei besonders widerspenstigen Katzen kann der Tierarzt auch den Speichel auf Virusgehalt untersuchen. Es empfiehlt sich einen Leukose-Test durchführen zu lassen:

❏ Zur Absicherung einer Verdachtsdiagnose bei einer kranken Katze.

❏ Zum Schutz vor Einschleppung der Seuche bei der Aufnahme einer »neuen« Katze zu bereits vorhandenen Tieren.

❏ Vor dem Decken einer Mutterkatze zur Garantie einer leukosefreien Katzenzucht.

Will man der Statistik glauben, so ist jede dritte Katze, die in einer tierärztlichen Praxis vorgestellt wird, an Leukose erkrankt. Das ist eine so große Anzahl von Tieren, daß man schon von einer Seuche reden kann. Seit einigen Jahren gibt es einen **Impfstoff** gegen Leukose. Er hat sich bewährt – das kann man inzwischen mit gutem Gewissen behaupten. Ordnungsgemäß geimpfte Katzen mit einem gesunden Immunsystem sind vor einer Ansteckung mit dem Leukosevirus geschützt. Eine ordnungsgemäße Impfung bedeutet die Einhaltung folgender Richtlinien:

❏ Die Katze muß bei der ersten Impfung mindestens 8 Wochen alt sein.

❏ Als Grundimmunisierung sind 2 Impfungen im Abstand von 3–4 Wochen erforderlich.

❏ Die Impfung muß jährlich aufgefrischt werden.

❏ Das Tier muß gesund und wurmfrei sein.

❏ Die Katze darf **nicht** mit dem Leukosevirus infiziert sein. Im Zweifelsfall sollte vor der Impfung eine Blutuntersuchung durchgeführt werden.

Eine Impfung mit der darauf folgenden Bildung von **spezifischen** Antikörpern gegen den geimpften Krankheitserreger wird **Immunisierung** genannt. Durch die Immunisierung können wir jedoch nur einen Teil unserer Katzen vor der gefährlichen Viruserkrankung schützen. Bei latent infizierten oder bereits leukosekranken Katzen ist die Impfung wirkungslos. Für diese Tiere gab es bisher keine Hoffnung.

Nun stehen dem Organismus neben der spezifischen Abwehr (Immunität) auch unspezifische Abwehrmechanismen gegen Krankheitserreger zur Verfügung. Dieser Teil des Abwehrsystems hat sich nicht auf bestimmte Erreger spezialisiert, sondern bekämpft **alle** krankmachenden Keime, die in den Körper eindringen wollen oder schon eingedrungen sind. Die unspezifische körpereigene Abwehr wird von den Medizinern als **Paramunität** bezeichnet. Sie besteht aus einer Kaskade von verschiedenen Abwehrstoffen u. a. auch den Makrophagen, dem Interferon und den gegen Krebs wirksamen Natürlichen Killerzellen. Die Paramunität ist maßgeblich beteiligt, wenn eine Leukose-Infektion vom Körper überwunden wird und die Katze gesund bleibt. Diese Erkenntnis **45** ist nach jahrelanger Forschung wissenschaftlich belegt.

Was lag also näher als der Versuch, die unspezifischen Abwehrkräfte des Katzenorganismus medikamentös zu stimulieren? Prof. Dr. Dr. Anton Mayr entwickelte schon Anfang der achtziger Jahre ein überaus wirksames Präparat zur Paramunisierung. Damit gelang es schon 1984 eine leukoseverseuchte Katzenzucht durch vorbeugende Paramunisierung von neugeborenen Welpen zu sanieren.

Heute weiß man, daß der von Prof. Dr. Dr. Mayr entwickelte Paramunitätsinducer sowohl bei leukoseinfizierten als auch bei leukosekranken Katzen erfolgreich angewandt werden kann. Er steht inzwischen jedem Tierarzt zur Verfügung. Über Erfolge bei seiner Anwendung gegen die Katzenleukose wird von niedergelassenen Tierärzten immer häufiger berichtet. Es ist also doch ein »Kraut gewachsen« gegen die Leukose. Sicherlich, es ist kein Wundermittel, und es gelingt auch nicht immer, der körpereigenen Abwehr zum Sieg gegen das Leukosevirus zu verhelfen. Ein Versuch ist es aber in jedem Fall wert, und die bisher erzielten Erfolge sprechen für sich.

Eine Katze gegen Leukose impfen zu lassen, ist sicherlich zusammen mit den anderen notwendigen Impfungen (Katzenseuche, Katzenschnupfen, Tollwut) eine zusätzliche finanzielle Belastung für den Katzenhalter. Der Impfstoff gegen den »infektiösen Krebs« ist noch relativ teuer. Die Gefahr einer Infektion ist jedoch groß und die Behandlung einer leukosekranken Katze ist wesentlich teurer als eine Impfung. Wenn es also schon einen Impfstoff gegen die gefährliche Katzenleukose gibt, sollte man ihn auch anwenden.

Katzen-AIDS

Erreger:	Retrovirus
Wirkung:	Schädigung des Immunsystems und Infektionen durch verschiedenste Krankheitserreger in der Folge
Behandlung:	Medikamente aus der Humanmedizin gegen HIV, Bekämpfung der Sekundärinfektionen
Vorbeugung:	zur Zeit noch keine

AIDS, das ist ein Reizwort geworden. Als 1987 in Kalifornien ein dem menschlichen Immundefizienz-Virus (HIV) ähnlicher Krankheitserreger bei der Katze gefunden wurde, entstand – angestachelt durch den Presserummel – Panik bei vielen Katzenbesitzern. Tagtäglich wurden Tierärzte in ihren Praxen mit Fragen wie »Kann ich mich durch meine Katze mit AIDS infizieren?« oder »Kann ich es überhaupt verantworten, unsere Kinder mit der Katze spielen zu lassen?« konfrontiert. Die unsachgemäße Berichterstattung in vielen

Zeitungen vermittelte den Eindruck, ein für den Menschen bedrohliches Katzen-AIDS-Virus breite sich weltweit aus. Sicherlich ist so manches Kätzchen dieser unverantwortlichen Panikmache zum Opfer gefallen, wurde ausgesetzt oder sogar getötet.

Wie verhält es sich aber nun wirklich mit dem Katzen-AIDS? Müssen wir tatsächlich befürchten, uns anzustecken? Nein! Die Sorge, der Erreger des Katzen-AIDS könne dem Menschen gefährlich werden, ist grundlos. Das Virus kann sich in menschlichen Zellen nicht vermehren. Es besteht daher – und das weiß man heute mit Sicherheit – keinerlei Ansteckungsgefahr für uns.

Vor der Entdeckung des Felinen Immundefizienz-Virus (FIV), wie der Erreger des Katzen-AIDS bezeichnet wird, schrieb man die Symptome dieser Krankheit der Leukose zu. Auch heute ist es für den Tierarzt allein durch die klinische Untersuchung der Katze nicht möglich, beide Viruserkrankungen eindeutig voneinander zu unterscheiden. Erst Laboruntersuchungen gestatten eine genaue Diagnose. Neueste Erkenntnisse bestätigen den schon frühzeitig geäußerten Verdacht, daß es sich bei dem Erreger des Katzen-AIDS um eine Mutation des Leukosevirus handelt.

FIV vermehrt sich in den Immunzellen des Körpers und zerstört sie. Eine infizierte Katze ist damit schutzlos den verschiedensten Krankheitserregern

ausgeliefert. Viren, Bakterien, Pilze und Parasiten können sich ungehindert vermehren. Ähnlich wie bei der Leukose ist daher das Krankheitsbild vielfältig. Reihenuntersuchungen an mit FIV infizierten Katzen zeigten, daß in etwa 80 % der Fälle zunächst die Schleimhaut des Atemtraktes betroffen ist. Die Kätzchen leiden unter einem sogenannten Katzenschnupfenkomplex mit Niesen, Nasenausfluß, Augenbindehautentzündung und entzündlichen Veränderungen der Mundschleimhaut. Daneben treten auch Erkrankungen des Verdauungstraktes mit Durchfall und Erbrechen, Nieren- und Blasenentzündungen sowie Störungen der Fortpflanzungsorgane auf. Aborte, Totgeburten und plötzliche Todesfälle ohne vorherige Ankündigung wurden beobachtet. Häufig können Wurminfektionen und/oder Flohbefall bei den betroffenen Tieren nachgewiesen werden.

Die erworbene Immunschwäche der Katze ist erst seit kurzem bekannt. Über den Verlauf der Erkrankung, über Heilungs- und Überlebenschancen sowie darüber, ob und in welchem Zeitraum die Krankheit bei infizierten Kätzchen ausbricht, weiß man noch sehr wenig. Nach bisherigen Erkenntnissen scheint jedoch die Zeitspanne von der Infektion bis zum Ausbruch von Katzen-AIDS im Durchschnitt 5 Jahre zu dauern. Etwa die Hälfte der bisher untersuchten und an Immunschwäche erkrankten Katzen starben. **47**

Positiv ausgedrückt bedeutet das eine Überlebenschance von 50 %. Wie lange solche Tiere bei Behandlung der Symptome ein relativ beschwerdefreies Leben führen können, wird erst die Zukunft zeigen.

Katzen-AIDS ist wenig ansteckend. Fast alle bekannten FIV-Kätzchen waren zu irgendeiner Zeit ihres Lebens Freigänger und hatten Kontakt zu anderen streunenden Katzen. Einzeln gehaltene Wohnungskatzen scheinen offensichtlich nicht gefährdet. Untersuchungen aus England belegen, daß der Erreger mit Speichel und Blut übertragen wird. Die Tatsache, daß sich hauptsächlich männliche Tiere mit FIV infizierten, läßt sich daraus erklären: Bei Katern kommt es sehr viel häufiger zu kämpferischen blutigen Auseinandersetzungen bei der Revierverteidigung als bei Kätzinnen.

Vieles spricht dafür, daß FIV ausschließlich über blutige Verletzungen übertragen wird. Trotz jahrelangem Kontakt mit einem FIV-infizierten Kater wurden in einer untersuchten Katzengruppe keine weiteren Katzen-AIDS-Infektionen festgestellt. Die Übertragung des Virus über Futter oder Katzentoilette scheint damit nicht sehr wahrscheinlich. Natürlich sind solche auf einer noch relativ geringen Anzahl von Tieren basierenden Ergebnisse noch nicht absolut aussagekräftig. Auch hier wird erst die Zukunft eindeutige Erkenntnisse bringen.

48 Dem Tierarzt steht ein Kombinationstest zur Verfügung, mit dem er FIV-Antikörper und Leukosevirus im Blut der Katze gleichzeitig nachweisen kann. Für die Untersuchung genügen ein paar Tropfen Blut. Die Unterscheidung zwischen Leukose und Katzen-AIDS ist unter Umständen sehr wichtig. Leukose scheint weitaus ansteckender zu sein als FIV und erfordert daher auf jeden Fall die Einzelhaltung infizierter Tiere, um andere Kätzchen nicht zu gefährden.

Die direkte Behandlung der FIV-Infektion steckt noch in den Kinderschuhen. Es wurden gute Erfolge mit einem Präparat, das gegen das menschliche Immunschwächevirus (HIV) eingesetzt wird, auch bei Katzen erzielt. Das macht Hoffnung. Die weitere Therapie richtet sich gegen die aufgrund der Immunschwäche auftretenden Sekundärinfektionen wie z.B. Störungen des Allgemeinbefindens, Schnupfen oder Durchfall. Die betroffenen Katzen gesunden vielfach und können manchmal monatelang symptomfrei leben. Zur Beurteilung, inwieweit eine völlige Heilung bei Katzen-AIDS möglich ist, bedarf es weiterer Beobachtungen und Untersuchungen.

Müssen Sie Ihre Katze nun einsperren? Die Gefahren, die freier Auslauf für die vierbeinigen Freunde birgt, sind nur zu gut bekannt. Unzählige Tiere sterben durch den Straßenverkehr, werden von Jägern erschossen oder durch Tierfänger verschleppt. Nun kommt zu all dem auch noch das

Für Katzen eignet sich nur eine Leine mit Brustgeschirr. Selbst leinenerfahrene Katzen springen gerne ohne Vorwarnung los und können sich durch ein Halsband strangulieren.

Risiko hinzu, sich mit Katzen-AIDS zu infizieren. Andererseits gehören zur katzengerechten Haltung sicherlich auch Kontakte zu Artgenossen. Die reiche Erlebniswelt der Freigänger kann einer Hauskatze ohne Auslauf trotz intensiver Bemühungen nicht geboten werden. Viele der intelligenten an Haus und Wohnung gebundenen Tiere leiden daher unter Langeweile. Die Entscheidung, ob nun freier Auslauf gewährt werden soll oder nicht, ist nicht leicht. Sie hängt letzlich von der persönlichen Einstellung und der Risikobereitschaft des einzelnen Katzenhalters ab.

Feline Infektiöse Peritonitis (FIP)

Erreger:	Corona-Virus
Symptome:	»nasse« und »trockene« Verlaufsform
Behandlung:	Symptombehandlung, Unterdrückung der Abwehr
Vorbeugung:	keinen Kontakt mit FIP-infizierten Katzen

FIP, das ist ein Schreckensgespenst für jeden Katzenfreund, vor allem dann, **49**

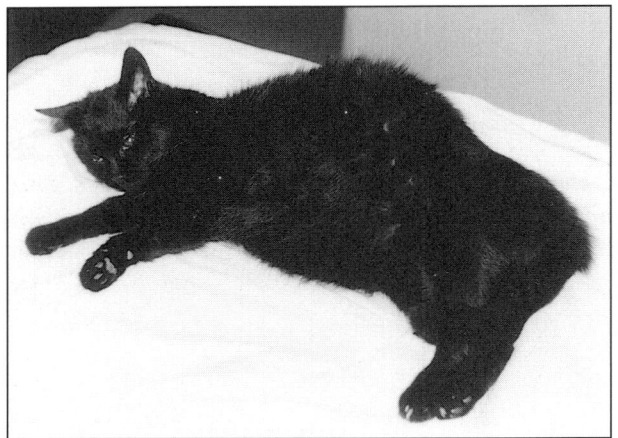

*Typisch für die »nasse«
Verlaufsform von FIP
ist ein mit Flüssigkeit
gefüllter, vorgewölbter
Bauch.*

wenn er vielleicht schon einmal ein Kätzchen dadurch verloren hat. FIP ist die Abkürzung der medizinischen Bezeichnung »Feline Infektiöse Peritonitis«. Frei übersetzt bedeutet das soviel wie ansteckende Bauchfellentzündung der Katze. Die Krankheit ist auch unter dem Namen ansteckende Bauchwassersucht der Katze bekannt. Die Feline Infektiöse Peritonitis trat erstmals in den sechziger Jahren in Amerika auf. Schon 1966 wußte man, daß es sich bei dem Erreger dieser Erkrankung um ein Virus handelt. Seit Jahrzehnten wird in virologischen Labors von Universitäten und Pharmakonzernen in aller Welt in Sachen FIP geforscht. Unzählige wissenschaftliche Berichte wurden bereits in Fachzeitschriften veröffentlicht und noch immer sind die letzten Geheimnisse dieser rätselhaften Krankheit nicht vollständig aufgedeckt. Mit Sicherheit weiß man bis jetzt, daß die Krankheit durch einen Erreger aus der Familie der Corona-Viren verursacht wird. Aber nicht das Virus allein, sondern erst der Zusammenschluß von Erreger und spezifischen körpereigenen Abwehrzellen führt zu dem erschreckenden, letztlich tödlich verlaufenden Krankheitsbild.

Man muß grundsätzlich unterscheiden zwischen den Ausdrücken »Krankheit« und »Infektion«. Eine Katze kann jahrelang das FIP-Virus in ihrem Körper beherbergen, ohne krank zu sein. Sie ist infiziert. Erst wenn die ersten Symtome auftreten spricht man vom Ausbruch der **Krankheit**. Wie lange es von der Infektion bis zum Krankheitsausbruch dauert, ist von Katze zu Katze unterschiedlich und läßt sich nicht mit Sicherheit voraussagen.

Ist die FIP-Krankheit einmal ausgebrochen, so tritt sie in zwei verschiedenen Erscheinungsformen auf. Das klassische Krankheitsbild mit Ansammlung großer Mengen bernsteingelber, klarer Flüssigkeit in der Bauchhöhle gab der Krankheit ihren Namen: FIP = Feline Infektiöse Peritonitis = ansteckende Bauchfellentzündung der Katze. Man spricht bei ihrem Auftreten von der »**nassen**« **Verlaufsform**. Die betroffenen Patienten haben Fieber; sie verlieren den Appetit und damit auch sehr schnell an Gewicht. Die »typische« FIP-Katze ist ein Bild des Jammers: ein mit Flüssigkeit gefüllter vorgewölbter Bauch bei gleichzeitig völlig abgemagertem Körper. In einigen Fällen entsteht nach Ausbruch von FIP auch eine Brustfellentzündung mit Flüssigkeitserguß in die Brusthöhle. Die mitunter enorme Flüssigkeitsmenge behindert die Atmung und die Herzfunktion. Die erkrankten Tiere werden mit Atemnot bis hin zu Erstickungsanfällen sowie mit Kreislaufstörungen dem Tierarzt vorgestellt. Die typische »nasse« FIP wird in den letzten Jahren immer häufiger durch die »trockene« Verlaufsform der Krankheit abgelöst. Dabei entstehen entzündliche Knötchen und Auflagerungen in den verschiedensten Organen und Lymphknoten der infizierten Tiere. So relativ einfach die Diagnosestellung bei der nassen Verlaufsform für den Tierarzt ist, so schwierig ist sie bei der trockenen FIP. Die Krankheitszeichen sind vage und wechselhaft, je nachdem welches Organ betroffen ist. Durchfälle, Erbrechen, Appetitlosigkeit, Fieber, zentralnervöse Erscheinungen wie Lähmungen, Krämpfe, Gleichgewichts-störungen oder auch Wesensveränderungen können auftreten. Auch Augenveränderungen (z.B. Hornhautblutungen) werden im Rahmen einer FIP-Erkrankung beobachtet. Die Feline Infektiöse Peritonitis, ganz gleich ob sie in nasser oder in trockener Form auftritt, verläuft schleichend, oft über mehrere Wochen, und endet meist mit dem Tod des Tieres.

Die Blutuntersuchung auf FIP ist problematisch und ins Kreuzfeuer der Diskussion geraten. Bei den heute angewandten Testverfahren werden die Antikörper, die die Katze gegen das FIP-Virus gebildet hat, im Blut nachgewiesen und nicht das Virus selbst. Ein FIP-Titer (1:100; 1:400; 1:1000 usw.) bedeutet, daß der Körper des kleinen Patienten mit dem Erreger Kontakt hat (oder hatte) und daraufhin spezifische Abwehrzellen bildete. Ab einem Titer von 1:400 spricht man von einer bestehenden Infektion, d.h. der Test ist positiv. Der Titer 1:100 ist ein Grenzwert und sollte nach etwa 3–6 Wochen nochmals kontrolliert werden. Manche Katzen bilden trotz bestehender FIP-Infektion nur wenige Antikörper, so daß man tatsächlich auch bei einem Titer von 1:100 Verdacht auf eine FIP-Infektion äußern kann.

Allerdings weiß man inzwischen, daß ein der gleichen Familie angehörendes Virus das Blutergebnis ins positive beeinflussen kann. Es handelt sich dabei um das relativ harmlose Corona- **51**

Enteritis-Virus. Es kann vor allem bei jungen Kätzchen, eine Darminfektion mit starken Durchfällen verursachen. Viele Katzen haben in ihrem Leben eine solche Darmvirusinfektion durchgemacht und Antikörper gegen dieses Corona-Darm-Virus gebildet. Mit den heute zur Verfügung stehenden Testverfahren ist es leider nicht möglich Antikörper gegen das FIP-Virus von den Antikörpern gegen das Corona-Enteritis-Virus zu unterscheiden. Es besteht also immer, auch bei einem Titer von 1:400 und höher, die Hoffnung, daß es sich nicht um FIP, sondern um eine bestehende oder bereits überstandene Infektion mit Corona-Enteritis-Virus handelt. Die Blutuntersuchung auf FIP ist daher keine aussagekräftige Routineuntersuchung, um symptomfreie aber FIP-infizierte Katzen von gesunden Tieren zu trennen. Sie ist lediglich für den Tierarzt **ein** Baustein im Rahmen weiterer Untersuchungen zur Diagnosefindung bei **kranken** Katzen.

Der Blutuntersuchung wurde als **Vorbeugemaßnahme** gegen die Weiterverbreitung der tötlichen Seuche in vielen Züchterkreisen eine zu große Bedeutung beigemessen. Das hatte in vielen Fällen zur Folge, daß Katzen mit einem positiven Antikörpertiter »ausgemerzt« wurden. Nachdem man aber nun weiß, daß auch bei einem hohen Antikörpertiter berechtigte Zweifel bestehen, ob eine FIP-Infektion wirklich vorliegt, ist die Euthanasie von Test-positiven Katzen mit nichts mehr zu rechtfertigen. Wir können, um es nochmals zu wiederholen, mit den heute zur Verfügung stehenden Testverfahren nicht sagen, ob es sich um eine FIP oder Corona-Enteritis-Virusinfektion handelt. Und gerade deshalb, weil wir das nicht unterscheiden können, haben wir nicht das Recht Test-positiven Tieren das Leben zu nehmen.

Es gibt jedoch auch eine Kehrseite der Medaille: Wir können bei einem positiv ausgefallenen Bluttest auch nicht mit Sicherheit sagen, daß es sich **nicht** um FIP handelt. FIP verbreitet sich mit einer erschreckend hohen Geschwindigkeit. Inzwischen kann kein Tierarzt einem Katzenbesitzer mit gutem Gewissen empfehlen, eine zweite Katze aufzunehmen, deren Herkunft ungeklärt ist (z. B. aus dem Tierheim). Die Gefahr, daß FIP mit der »neuen« Katze eingeschleppt wird, ist sehr groß. Wir haben zur Zeit keinerlei prophylaktische (vorbeugende) und therapeutische Möglichkeiten gegen FIP.

Selbst wenn es sich bei einigen oder eventuell sogar bei einem großen Teil der Test-positiven Tiere nicht um eine FIP-Infektion handelt, sondern lediglich um eine Infektion mit dem Corona-Darm-Virus, sollten solche Katzen grundsätzlich von der Zucht ausgeschlossen werden – und zwar gerade weil eine Unterscheidung der Viren im Bluttest nicht möglich ist. Die Welpen FIP-infizierter Katzen kommen krank zur Welt! Der Zucht-Ausschluß ist die einzige Möglichkeit, die wir in Deutschland zur Zeit haben, der immer rascheren Ausbreitung von FIP entgegenzuwirken.

Wird eine Katze zum Beispiel gegen Katzenseuche geimpft, so bildet der Organismus des Tieres Antikörper. Kommt die Katze dann mit Katzenseuche-Virus in Kontakt, werden eindringende Viren von den vorhandenen Antikörpern gleich unschädlich gemacht. Die Katze ist damit vor Katzenseuche geschützt. Ganz anders ist das leider bei der Felinen Infektiösen Peritonitis. Die Antikörper gegen diese Infektionskrankheit heften sich zwar ebenfalls an eindringende FIP-Viren an, können sie jedoch nicht unschädlich machen. Im Gegenteil, nicht die FIP-Viren allein, sondern die entstandenen Virus/Antikörper-Partikel sind für die tötlichen Krankheitsbilder verantwortlich. Also erst, wenn sich Virus und Antikörper zusammenfinden, entsteht die FIP.

Damit ist klar, daß eine Impfung gegen FIP und damit die Bildung von Antikörpern sehr problematisch ist. In Amerika wurde 1991 ein Impfstoff gegen FIP zugelassen. Es handelt sich dabei um eine nasale Impfung, d.h. der Impfstoff wird mit einer Pipette auf die Nasenschleimhaut der Katze aufgetropft. Es entsteht dabei eine sogenannte lokale Immunität. Dem FIP-Virus wird der Eintritt in den Körper durch spezielle, durch die Impfung angeregte Abwehrmechanismen der Schleimhäute des oberen Atemtraktes verwehrt. Damit konnte man offensichtlich das Problem der Komplexbildung Antikörper/Virus umgehen. Es wird sicherlich noch ein paar Jahre dauern, bis wir auch unsere Katzen durch eine solche Impfung schützen können, denn das Zulassungsverfahren des Bundesgesundheitsamtes in Deutschland ist langwierig. Bis dahin werden auch die ersten Ergebnisse über die Wirksamkeit von Routineimpfungen aus Amerika vorliegen.

Ist FIP einmal ausgebrochen, so bestehen kaum Chancen auf Heilung. Die Behandlung beschränkt sich lediglich darauf, die Beschwerden des Tieres zu lindern und durch medikamentöse Unterdrückung des Immunsystems eine weitere Bildung krankmachender Virus/Antikörper-Partikel zu verhindern. Der Krankheitsverlauf kann in manchen Fällen dadurch verzögert, die Krankheit selbst, wie bereits gesagt, jedoch nicht geheilt werden. Vor Beginn einer solchen Behandlung sollte in jedem Fall die Gefährdung anderer Katzen ausgeschlossen werden, denn FIP ist sehr ansteckend. Das kranke Tier muß einzeln gehalten werden und braucht größtmögliche Zuwendung.

Ist in einem Haushalt eine Katze an FIP gestorben, so empfiehlt es sich dringend, Böden, Teppiche, Polstermöbel und vor allem die Lieblingsplätze der Katze gründlich zu reinigen und anschließend mit einem Desinfektionsmittel einzusprühen. Fragen **53**

Sie Ihren Tierarzt. Er hat geeignete Desinfektionsmittel vorrätig. Ein neues Kätzchen sollte erst 3 Wochen im Anschluß an die Säuberungsaktion angeschafft werden, um jeglicher Ansteckungsgefahr vorzubeugen.

Streß ist ein wesentlicher, wenn nicht sogar der wichtigste Auslöser der Felinen Infektiösen Peritonitis. Besonders gefährdet sind daher Kätzchen in Tierheimen, bei Katzenausstellungen oder bei Besitzer- und Wohnungswechsel. Eine möglichst streßfreie und katzengerechte Haltung, regelmäßige Gesundheitskontrollen durch den Tierarzt, eine ausgewogene und vollwertige Ernährung und nicht zu vergessen – viel Liebe – das sind zur Zeit die einzigen und wirkungsvollsten Gegenmaßnahmen gegen den Ausbruch der FIP-Erkrankung bei infizierten Katzen.

Hautkrankheiten

Die Funktion der gesunden Haut

Das Gewicht von Haut und Fell einer erwachsenen Katze beträgt etwa 12 % des Gesamtkörpergewichts. Haut und Fell erfüllen lebenswichtige Aufgaben. Die wichtigste davon ist der **Schutz** des Körpers vor schädigenden Einflüssen von außen. An Stellen, die großem mechanischen Druck ausgesetzt sind (z. B. die Pfotenballen) ist die Haut besonders dick. Das Fell bewahrt vor Wärmeverlusten und verändert sich, der Jahreszeit entsprechend, im Frühjahr und Herbst durch Fellwechsel. Im Winter sind die Unterhaare dichter als im Sommer, so daß das Tier nicht friert.

Eine weitere wichtige Aufgabe der Haut ist die Übermittlung von Information. Eine Vielzahl von Nervenenden sind über den ganzen Körper verteilt und melden Berührungen, Temperaturveränderungen und Schmerz an das Gehirn, wodurch, wenn nötig, Abwehrreaktionen ausgelöst werden, die für das Überleben unbedingt erforderlich sind. Ein Kätzchen, das zum Beispiel mit einer brennenden Kerze spielt, wird durch Schmerzrezeptoren in der Haut eine Verbrennung spüren und mit dem gefährlichen Spiel sofort aufhören, bevor irreversible Schäden entstehen. Die Haut dient dem Tier somit als **Sinnesorgan**.

Ebenfalls über den ganzen Körper, zwischen den normalen Haaren verteilt, sind taktile, d. h. mit speziellen Nerven ausgestattete Haare. Durch sie werden schon leichte Berührungen als Reize an das Zentralnervensystem gemeldet. Daneben gibt es noch die Tasthaare seitlich des Oberkiefers (Schnurrhaare) und am unteren Abschnitt der Gliedmaßen. Sie sind besonders berührungsempfindlich, und sie dienen der Katze zur räumlichen Orientierung, vor allem im Dunkeln.

In der Haut werden Fette, lösliche Vitamine und Blut gespeichert, so daß sie auch als **Speicherorgan** für Notfälle gilt. Talg- und Schweißdrüsen sind neben den Haarfollikeln in der oberen Hautschicht eingelagert. Der von den Talgdrüsen abgegebene Hauttalg ist fettig-ölig und schützt die Haut vor dem Eindringen von Nässe. Typische, denen der Menschen vergleichbare Schweißdrüsen findet man bei der Katze nur in der Haut zwischen den Pfotenballen. Sie können das sehr gut auf dem Behandlungstisch des Tierarztes beobachten. Aufgeregte und ängstliche Kätzchen hinterlassen nasse Spuren auf dem Tisch.

55

Neben jedem Haarfollikel liegt bei der Katze eine besondere Schweißdrüse. Sie sondert eine Flüssigkeit ab, die durch Hautbakterien zu einem individuellen Geruchsstoff verarbeitet wird. Dieser Geruch, der je nach Stimmung und hormoneller Stoffwechsellage verschieden sein kann, dient zur Erkennung, zur Anlockung oder zur Abwehr von Artgenossen. Damit ist die Haut auch ein **Ausscheidungsorgan** für Talg, Schweiß und Geruchsstoffe.

Krankhafte Veränderungen der Haut können in vielen Erscheinungsformen auftreten. In der Tiermedizin gibt es allein zwanzig Bezeichnungen, um die Art der Veränderungen zu charakterisieren und einzuordnen: Pusteln, Quaddeln, Krusten, Schuppen, Geschwüre, um nur ein paar Beispiele zu nennen. Alle Veränderungen haben Ursachen. Welche Ursache für welche Erkrankung der Haut verantwortlich ist, das herauszufinden ist die Aufgabe des Tierarztes. Es ist gerade bei Hauterkrankungen nicht immer möglich, sofort eine Diagnose zu stellen. Selbst völlig gleich aussehende Hautveränderungen können verschiedene Auslöser haben. Oft sind umfangreiche Allgemein- und Laboruntersuchungen erforderlich, um dem Übeltäter auf die Spur zu kommen. Geduld und die Bereitschaft des Tierhalters, auch länger dauernde Behandlungen nach Verordnung des Tierarztes konsequent durchzuführen, bringen in den meisten Fällen den Erfolg.

Ektoparasiten

Die Bekämpfung von Flöhen, Zecken, Läusen, Haarlingen, Milben und Fliegenlarven erfordert eine konsequente Therapie, die sich auf drei Säulen stützt:

1. Bekämpfung der Parasiten **auf dem Tier.**
2. Bekämpfung der Parasiten **in der Umgebung.**
3. Steigerung der **körpereigenen Abwehrkräfte.**

Ektoparasiten sind Lebewesen, die auf der Außenfläche, d. h. auf (oder auch in) der Haut oder im Fell ihre Wirte ihr Dasein fristen. Sie ernähren sich von Blut und Hautschuppen der Katzen und stellen eine arge Belästigung der befallenen Tiere dar. Starker Juckreiz, Entzündungen der Haut, Pusteln und Abszesse, Allergien und nicht zuletzt die Übertragung gefährlicher Infektionskrankheiten gehen auf das Konto von Ektoparasiten.

In der Regel wehrt sich der Körper eines gesunden Tieres gegen die Massenbesiedelung von Flöhen, Läusen, Milben, Haarlingen oder Zecken. Ist die körpereigene Abwehr der Katze jedoch geschwächt, können die Parasiten ungehindert ihr zerstörerisches Werk in Angriff nehmen. Ganz junge Kätzchen, ältere und geschwächte Tiere sowie Katzen, die durch Besitzer- oder Wohnungswechsel, im Tierheim oder auf Ausstellungen besonderem Streß ausgesetzt sind, werden häufig Opfer von Ektoparasiten. Man sollte daher neben der direkten Bekämpfung der Parasiten gleichzeitig immer die Abwehrkräfte der betroffenen Kätzchen medikamentell unterstützen.

Flöhe

Flöhe leben in der Umgebung Ihrer »Opfer« und befallen Katzen nur zur Blutmahlzeit. Bei der Bekämpfung dürfen daher die Wohn- und Schlafräume nicht ausgelassen werden. Therapie:

1. am Tier
   • Spot-on-Methode
   • Flohhalsband
2. in der Wohnung
   • häufiges Staubsaugen
   • Einsprühen von Teppichen und Polstern
   • Verwendung eines Foggers

Flöhe sind 1–8 mm lange, seitlich abgeflachte Parasiten, die sich vom Blut ihrer Wirtstiere ernähren. Die Entwicklung der Flöhe erfolgt hauptsächlich in Fußbodenritzen, Teppichböden und im Tierlager (Katzenkörbchen, Decken, Sofa). Die Flohlarven ernähren sich vom Kot erwachsener Flöhe, der viel unverdautes Blut enthält. Je nach Luftfeuchtigkeit und Temperatur kann die Entwicklung vom Ei über Larven- und Puppenstadium zum erwachsenen Floh 4 Wochen bis mehrere Monate dauern.

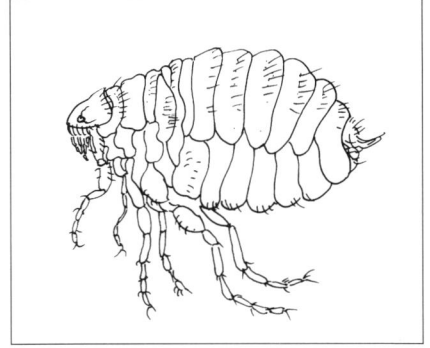

Flöhe ernähren sich vom Blut ihrer Wirte (Katze, Hund). Nur in Ausnahmefällen geben Tierflöhe Menschenblut den Vorzug.

Auch erwachsene Flöhe halten sich vor allem im Tierlager sowie in der Wohnung auf und befallen die Katzen nur zur Blutmahlzeit. Das ist der Grund, warum man die Parasiten selbst nur sehr selten im Fell der Katze findet. Oft erkennt man Flohbefall nur durch Auffinden von Flohkot, der wie kleine schwarze Staubkörnchen auf der Haut und im Fell des Patienten haftet. Wenn Sie ihn auf einer hellen Unterlage (z. B. im Waschbecken) mit etwas Wasser benetzen, färbt er sich wegen seines Anteils an unverdautem Blut rot.

Ein Flohbiß erzeugt starken Juckreiz. Die befallenen Katzen fügen sich durch ständiges Kratzen Wunden zu. Durch bakterielle Zusatzinfektionen entzünden sich solche Wunden schnell. Manche Tiere reagieren auf den Flohspeichel mit schweren Allergien, die als juckende nässende Ekzeme mit Haarausfall in Erscheinung treten.

57

Es gibt verschiedene Möglichkeiten dem Flohbefall zu begegnen. Nicht alle **Flohhalsbänder** sind für Katzen geeignet. Die Tiere können damit irgendwo hängenbleiben und sich erwürgen. Extra für Katzen gibt es Flohhalsbänder mit einer Bruchstelle. Bleibt die Katze damit hängen, reißen diese Spezialbänder an der perforierten Stelle. Auch Halsbänder mit Gummizug sind zu empfehlen. Wirksame Bänder erhalten Sie bei Ihrem Tierarzt.

Als Alternative zum Flohhalsband gibt es beim Tierarzt auch die **Spot-on-Mehode**. 3 Tropfen einer speziellen Flüssigkeit auf die Haut zwischen den Schulterblättern (dort wo die Katze zum Schlecken nicht hinkommt) geträufelt, und das Tier ist etwa 3 Wochen gegen Flohbefall geschützt. Das Präparat wird innerhalb weniger Stunden durch die Haut aufgenommen und wirkt von innen. Kätzchen unter einem Jahr dürfen damit jedoch nicht behandelt werden. Bei ihnen sollte man ein Flohhalsband verwenden. Sachgemäß angewandt sind sie auch für ganz junge Kätzchen gesundheitlich unbedenklich.

Behandeln Sie niemals eine Katze mit Flohspray oder Flohpuder! Die reinlichen Tiere schlecken sich die Mittel innerhalb kurzer Zeit wieder aus dem Fell und sind für die Parasiten der Umgebung weiterhin ungeschützte Opfer. Akute und chronische Vergiftungen durch solche Mittel werden in Tierarztpraxen häufig gesehen.

Um Fußbodenritzen, Teppichböden, Tierlager usw. von erwachsenen Flöhen, Eiern oder Flohlarven zu befreien, eignen sich Sprays oder Fogger. Häufiges Staubsaugen hilft ebenfalls, den Flohbefall unter Kontrolle zu bringen. Dabei hat sich bewährt, in den Staubsaugerbeutel etwas Flohpuder zu geben, um die aufgesaugten Parasiten sofort abzutöten. Die Decken und Kissen, auf denen Ihre Katze schläft, müssen gründlich gewaschen und mit Flohspray behandelt werden. Besprühen Sie die Decken nicht in der Wohnung, sondern im Garten, vor der Tür oder auf dem Balkon. Lassen Sie sie danach gründlich auslüften, damit die Katze mit dem gesundheitsschädlichen Präparat nicht in Kontakt kommt.

Wenn Sie die Wohnung und das Katzenlager mit **Sprays** oder **Foggern** ausräuchern, denken Sie daran, daß Mittel, die Flöhe abtöten, auch für den Menschen oder andere Haustiere nicht gerade gesund sind. Kinder, Katzen und Vögel dürfen sich in den behandelten Räumen nicht aufhalten. Das Aquarium muß abgedeckt werden. Wenn Sie ein Spray verwenden, empfiehlt es sich, während der Behandlung der Räume ein Tuch vor den Mund zu binden. Fogger entleeren sich selbständig, nachdem die Lasche des Behälters heruntergedrückt wurde. Sie brauchen also bei Verwendung eines Foggers nicht dabeizubleiben und sich den schädlichen Gasen auszusetzen. Nach etwa 2 Stunden können die ausgeräucherten Räume zunächst gründlich gelüftet und danach von der Familie wieder betreten werden.

Katzenflöhe befallen in der Regel keine Menschen. Lediglich für Insektenstiche besonders empfindliche Personen klagen hin und wieder über stark juckende Bisse an den Beinen.

Zecken

Durch Zeckenbiß wird häufig ein Virus auf den Menschen übertragen, das neben grippeähnlichen Erscheinungen auch eine tödliche Hirnhautentzündung verursachen kann. Katzen erkranken nach einem Zeckenbiß in den letzten Jahren immer häufiger an Borreliose. Einen gewissen Schutz gegen Zeckenbefall bieten Flohhalsbänder mit Zeckenwirkung, die von der Katze Tag und Nacht getragen werden müssen.

Zecken sitzen bevorzugt in Nadeloder Laubmischwäldern mit viel Unterholz und Gestrüpp sowie im dichten Gras in der Nähe von Sträuchern. Im Frühjahr und Sommer und inzwischen auch bis in den Spätherbst hinein befallen sie Vögel, Säugetiere und den Menschen. Sie bohren sich dabei mit dem Kopf durch die Haut ihrer Opfer und saugen mit den Mundwerkzeugen Blut. Erst wenn sie richtig vollgesaugt sind, fallen sie wieder ab und können bis zu einem Jahr ohne eine weitere Blutmahlzeit überleben.

Zecken gehören zu den Spinnentieren und haben 8 Beine.

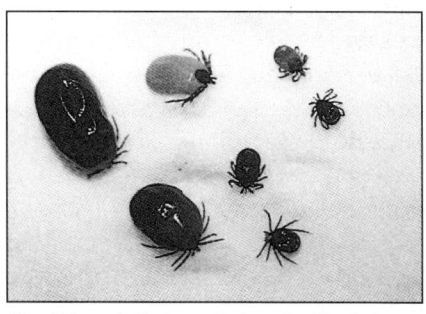

Der Hinterleib einer Zecke schwillt beim Blutsaugen innerhalb weniger Tage um das 10fache seiner Ursprungsgröße an.

Um eine Zecke aus der Haut zu entfernen, sollte man sie mit einer Spezial-Zeckenzange ganz nahe am Kopf greifen und vorsichtig herausdrehen. Die Drehrichtung ist dabei unerheblich. Wenden Sie bei Herausdrehen der Zecke keine Gewalt an. Ein abgerissener Zeckenkopf, der in der Haut verbleibt, führt häufig zu unangenehmen Entzündungen oder gar zum **59**

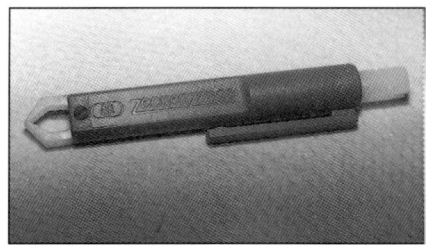

Mit einer Spezial-Zeckenzange kann man Zecken problemlos aus der Haut entfernen.

Abszeß. Die früher praktizierte Methode, den Parasiten durch Beträufeln mit Öl oder auch Nagellack zum Loslassen zu bewegen, hat sich als gefährlich erwiesen. Eine so behandelte Zecke gibt kurz vor dem Loslassen noch erhebliche Mengen von Mundsekret in die Bißwunde ab. Dabei entsteht erhöhte Gefahr der Übertragung von gefährlichen Infektionskrankheiten wie z. B. der Borreliose. Nach dem Entfernen des Parasiten sollte die Bißwunde mit etwas Desinfektionsmittel betupft werden, um einer Wundinfektion vorzubeugen.

In Süddeutschland und in Österreich wird durch den Zeckenbiß häufig ein Virus auf den Menschen übertragen. Das Virus kann neben grippeähnlichen Erscheinungen auch Hirnhautentzündungen verursachen. Für den Menschen steht seit einiger Zeit ein Impfstoff zur Verfügung. Katzen kann das »Zeckenvirus« offensichtlich nicht gefährlich werden.

Borreliose wird dagegen bei Haustieren immer häufiger diagnostiziert. Es handelt sich dabei um ein durch Zeckenbiß übertragenes Bakterium, das chronische Entzündungen der Gelenke, des Herzmuskels oder anderer innerer Organe des Patienten hervorrufen kann. Die Behandlung erfordert hohe Dosen an Antibiotika und dauert meist sehr lange. Dennoch entstehen oft irreversible Spätschäden, die die Lebensfreude des Patienten beeinträchtigen.

Aus diesem Grunde ist eine Vorbeugung gegen Zeckenbefall besonders wichtig. Dazu eignen sich Flohhalsbänder mit starker Zeckenwirkung, die etwa alle 3 Monate ausgewechselt und das ganze Jahr über getragen werden sollten.

Läuse

Läusebefall ist bei Katzen sehr selten und ein Anzeichen für schlechte Pflege (vor allem bei Langhaarkatzen) und schlechten Gesundheitszustand. Oft sind chronische Erkrankungen wie Leukose oder FIP Ursache der zu dem Parasitenbefall führenden Abwehrschwäche.

Diese Hautparasiten sind etwa 1,5 bis 2 mm groß, bräunlichweiß und mit dem bloßen Auge durchaus zu erkennen. Läusebefall tritt vornehmlich bei langhaarigen, schlecht gepflegten Rassekatzen auf. Die betroffenen Tiere sind unruhig, kratzen sich ständig und zeigen bei genauer Untersuchung oft mit Schorf verdeckte Haut-

Läuse legen ihre Eier im Fell ihrer Wirte ab.

sein. Oft steckt eine chronische Erkrankung (z.B. Leukose oder FIV) hinter der offensichtlichen Abwehrschwäche der betroffenen Katze. Eine Blutuntersuchung ist daher zu empfehlen.

Haarlinge

Haarlinge beunruhigen die betroffenen Tiere durch ihre große Beweglichkeit. Obwohl sie sich nur von Hautschuppen ernähren, können sie zu Entwicklungsstörungen bei Katzenbabys führen.

wunden. Die Entwicklung der Laus vollzieht sich im Gegensatz zum Floh direkt auf dem Wirt. Die Eier werden mit einem rasch erstarrenden, wasserunlöslichen Sekret einzeln an die Haare geklebt. Diese sogenannten Nissen sind typisch für Läusebefall. Innerhalb 8–10 Tagen schlüpfen aus den Eiern Larven, die sofort Blut saugen und sich über 3 Häutungen zu erwachsenen Läusen entwickeln.

Zur Behandlung muß die Katze **zweimal** im Abstand von etwa 10 Tagen in einem Kontaktinsektizid (beim Tierarzt erhältlich) gebadet werden, um auch die neuen, aus den Nissen schlüpfenden Larven abzutöten. Bei langhaarigen Tieren mit Massenbefall muß das Fell manchmal sogar geschoren werden, um alle Läuse zu erreichen. Starker Läusebefall bei Katzen ist selten und sollte auf jeden Fall Anlaß für eine gründliche tierärztliche Allgemeinuntersuchung des Tieres

Der Katzenhaarling *(Felicola subrostratus)* ist etwa 1,3 mm lang und von hellgelber Farbe. Ähnlich wie die Laus legt der Katzenhaarling seine Eier in einem klebrigen Sekret direkt an die Haare. Aus den Eiern schlüpfen nach ungefähr 5–8 Tagen die Larven und entwickeln sich auf dem Wirtstier über 3 Häutungen zu erwachsenen Haarlingen.

Haarlinge sind sehr beweglich und beunruhigen damit die befallenen Tiere.

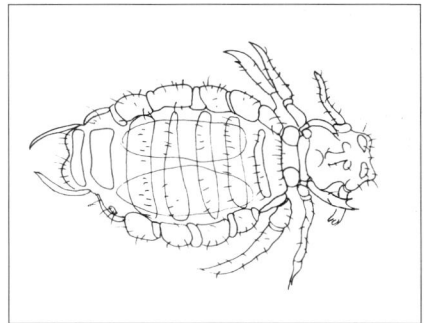

61

Diese Parasiten sind relativ harmlos. Sie ernähren sich von Hautschuppen und saugen kein Blut. Haarlingsbefall findet man vor allem bei schlecht gepflegten Katzen. Bei Jungtieren kann man gelegentlich Massenbefall beobachten. Die kleinen Tiere sind dabei sehr unruhig, trinken schlecht und bleiben in ihrer Entwicklung zurück. Grund für die Beunruhigung ist die auffallend starke Beweglichkeit der Parasiten. Bei genauer Beobachtung betroffener Kätzchen erkennt man das dauernde »Herumwieseln« der hellfarbenen Parasiten sehr gut.

Zur Behandlung hat sich auch hier ein Insektizidbad, zweimal im Abstand von 10 Tagen angewandt, bewährt. Vitaminpräparate, Echinacea-Präparate, Paramunitätsinducer (Präparate zur Steigerung der unspezifischen Abwehr) und essentielle Fettsäuren im täglichen Futter (siehe auch Seite 168) helfen den Kätzchen »von innen« sich gegen die lästigen Parasiten zur Wehr zu setzen.

Hautmilben

Hautmilben leben in der Haut ihrer Wirte und verursachen Hauterkrankungen, die zusammenfassend als Räude bezeichnet werden. Neben starkem Juckreiz entstehen Pusteln, Krusten, Ekzeme und Haarausfall. Je nach Milbenart entwickeln sich die Symptome nur am Kopf oder am ganzen Körper der Katze.

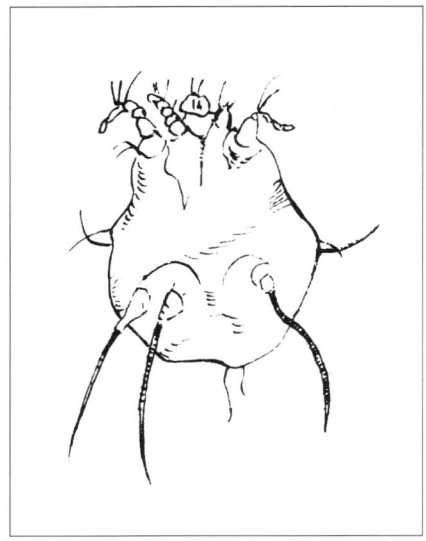

Hautmilben leben in verzweigten Bohrgängen in der Haut.

Zwei unterschiedliche Milbenarten verursachen bei der Katze eine Hauterkrankung, die allgemein auch als Räude bezeichnet wird. Bei Befall mit *Notoetres cati*, dem Erreger der Kopfräude, entsteht bei Kätzchen aller Altersstufen zunächst starker Juckreiz an der Außenseite der Ohren, am Kopf und Nacken sowie an den Pfoten. Im weiteren Verlauf kann sich die Erkrankung über den ganzen Körper ausdehnen. Es bilden sich Knötchen und Pusteln, dann kleieähnliche Beläge, aus denen dicke, grau gefärbte Krusten entstehen. Entfernt man die Kruste, tritt blutig-eitriges Sekret aus. Bei längerem Krankheitsverlauf verdickt sich die Haut durch den ständigen Reiz und es kommt zu Haarausfall. Die *Sar-*

coptes-Milbe, der zweite Räudeerreger der Katze, verursacht ähnliche Hautveränderungen am ganzen Körper des betroffenen Tieres.

Räudemilben werden von Katze zu Katze durch direkten Kontakt übertragen. Die Parasiten bohren sich in die Haut des Wirtes ein und legen dort ihre Eier ab. Zum Nachweis von Räudemilben entnimmt der Tierarzt mit einem scharfen Löffel oder dem Skalpell eine Hautprobe. Dabei muß er mit dem sterilen Instrument so tief in die Haut eindringen, bis sie leicht blutet. Nur so ist es möglich, eine Milbe aus den weitverzweigten Bohrgängen unter der Haut zu erfassen, um sie unter dem Mikroskop zu identifizieren.

Die Behandlung der Räude muß mit speziellen Präparaten über längere Zeit konsequent durchgeführt werden. Der behandelnde Tierarzt wird, je nach Milbenart, das geeignete Antiparasitikum verordnen.

Herbstgrasmilben

Herbstgrasmilben führen bei Katzen, Hunden und Menschen, vor allem im Spätsommer und Herbst, zu stark juckenden Hautentzündungen, die der Räude ähnlich sind. Die gelben oder orangeroten Parasiten sind mit bloßem Auge erkennbar. Sie werden mit Insektiziden bekämpft.

In manchen Gebieten werden Katzen von Larven der Herbstgrasmilbe befallen. Die Larven dieser Parasiten sind gelb oder orangerot, so daß man sie mit bloßem Auge im Fell erkennen kann. Der Name der Milben verrät viel über ihre Lebensweise. Im Spätsommer und Herbst (inzwischen aber auch manchmal schon im Frühjahr) kommt es zu explosionsartiger Vermehrung, vor allem auf Wiesen und Sträuchern. Die Larven kriechen an den Gräsern und Pflanzen hoch und befallen Katzen, Hunde und auch Menschen. Sie ritzen die obere Hautschicht ihrer Opfer mit ihren Mundwerkzeugen an und benetzen sie mit Speichel. Der Speichel enthält ein Enzym, das das Gewebe von Säugetieren verflüssigt. Das entstandene flüssige Speichel-Hautgewebe-Gemisch dient der Larve als Nahrung. Nach etwa einer Woche sind die Larven vollgesogen, fallen ab und entwickeln sich zu erwachsenen Milben. Diese leben von nun an im Erdboden und ernähren sich von abgestorbenen Pflanzenteilen.

Parasiten sind also nur die Larven der Herbstgrasmilben. Sie setzen sich bevorzugt an dünne Hautstellen wie Zwischenzehenräume, Augen- und Lippengegend, Nasenrücken, Ohrmuscheln und an der Schwanzspitze der Katze fest. Natürlich wird eine durch die Parasiten malträtierte Haut wund. Es entstehen starker Juckreiz, Rötungen und, durch ständiges Kratzen und Benagen, Entzündungen sowie Hauterkrankungen, die der Räude ähnlich sind. Vorbeugend gegen Herbstgrasmilben helfen die gleichen Mittel, die auch gegen Flöhe angewandt werden. Ein Flohhalsband sollte jede Freilaufkatze das ganze Jahr hindurch tragen. Bei sichtbarem Befall mit Herbstgrasmilben-Larven hilft ein Bad mit einem Insektizid.

Fliegenlarven

Fleischfliegen legen ihre Eier in nässende oder eitrige Wunden. Die ausschlüpfenden Larven ernähren sich vom Fleisch der befallenen Tiere. Es entstehen in kurzer Zeit große Wunden, die sich infizieren. Ohne Behandlung sterben die betroffenen Patienten.

In heißen Sommermonaten legen Fleischfliegen in nässende oder eitrige Wunden ihre Eier ab. Innerhalb weniger Stunden schlüpfen daraus hunderte von Maden, die sich vom lebenden Fleisch der befallenen Tiere ernähren. Manchmal, insbesondere bei ungepflegten Langhaarkatzen, können sich solche Fliegenlarvenkolonien unter dem verfilzten Fell oder am durch Durchfall verklebten After unbemerkt ausbreiten. Riesige schmerzhafte Wunden entstehen in kurzer Zeit. Die Therapie besteht in der **vollständigen** Entfernung der Eier und Larven und der Versorgung der Wunden. Der Patient erhält vom Tierarzt Antibiotika, um Infektionen vorzubeugen. Langhaarkatzen sollten geschoren werden, damit keine Larven und kein Ei übersehen werden.

Hautpilze

Mikrosporie ist eine Hautpilzerkrankung, die auf den Menschen übertragbar ist. Streßfaktoren begünstigen den Ausbruch einer Pilzerkrankung bei der Katze. Badebehandlungen sowie Desinfektion der Wohnung, Lagerstätte und Gegenstände, mit denen der Patient in Kontakt kam, töten Pilze und Pilzsporen ab. Die gleichzeitige Steigerung der körpereigenen Abwehr schützt vor Neuinfektionen.

Pilzerkrankungen der Haut, der Haare oder Nägel bzw. Krallen bei unseren Haustieren werden als Dermatomykosen bezeichnet. Die weitaus häufigste Dermatomykose bei der Katze wird durch den Fadenpilz *Microsporum canis* verursacht. Die durch diesen Pilz hervorgerufene **Hauterkrankung** bezeichnet man als **Microsporie**. Vor allem dort, wo viele Katzen zusammentreffen, können regelrechte Pilzepidemien entstehen, so zum Beispiel in Katzenzuchten, Tierausstellungen oder Tierheimen. Infektionsquellen sind meist klinisch gesunde Katzen, die den Hautpilz in ihrem Fell beherbergen, ohne selbst zu erkranken. Die Übertragung erfolgt durch direkten Kontakt von Tier zu Tier, aber auch über Gegenstände wie z.B. Decken, Spielzeug, Transportkörbchen usw. Die Sporen, d.h. die Dauerformen des Pilzes bleiben Monate bis Jahre infektionsfähig. Auch Flöhe können

Hautveränderungen im Bereich des Gesichtes sind verdächtig für das Vorliegen einer Microsporum-canis-Erkrankung.

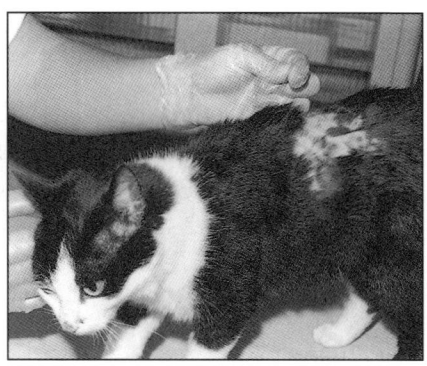

Häufig entsteht Haarausfall. Das Fell um die veränderten Hautbezirke läßt sich leicht auszupfen.

den Hautpilz übertragen. Die Parasiten nehmen Pilzsporen bei der Blutmahlzeit von der infizierten Katze mit ihren Mundwerkzeugen auf und geben sie beim Wirtswechsel auf die Haut einer gesunden Katze wieder ab. Gesunde Tiere besitzen in der Regel eine so starke körpereigene Abwehr, daß ihnen die Pilze oder Pilzsporen auf der Haut und im Fell nichts anhaben können. Erst bei Auftreten zusätzlicher Streßfaktoren kommt es zur Schwächung der Abwehrmechanismen. Die im Fell haftenden Fadenpilze können sich nun ungestört vermehren und es entsteht eine **Hautpilzerkrankung**. Folgende Streßfaktoren, spielen dabei eine Rolle.

Mangelernährung: Vor allem der Mangel an essentiellen Fettsäuren in der Nahrung erhöht die Anfälligkeit der Haut für Infektionskrankheiten durch Pilze, Bakterien und Parasiten.

Kälte: Katzen lieben und brauchen Wärme. Die naßkalte Jahreszeit in unseren Breiten schwächt die Abwehrkräfte der ursprünglich in warmen Ländern beheimateten Tiere.

Katzenausstellungen: Hektik, Lärm, ermüdende Transporte und das Herausreißen aus dem gewohnten Tagesablauf verursachen bei den hochsensiblen Tieren massiven Streß. Oft sind die einzigen Anzeichen für Streß und Angst feuchte Pfötchen und große Pupillen. Was sich im Innern des Katzenkörpers abspielt, ist für uns Menschen unsichtbar: Die Abwehrkräfte gegen Infektionskrankheiten werden durch Ausschüttung eines Streßhormons stark gemindert.

Seelischer Kummer: Unglückliche Tiere bleiben selten gesund, denn auch seelischer Kummer bedeutet Streß. Der Aufenthalt im Tierheim, eine lieblose Behandlung bis hin zur **65**

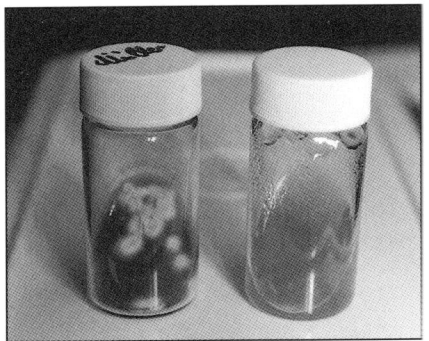

Zur Diagnose von Mikrosporie werden spezielle Pilznährböden verwendet.

Bei Verdacht auf Mikrosporie sollte immer eine Untersuchung der befallenen Haut und Haare auf Pilzsporen durchgeführt werden. Dazu zupft der Tierarzt mit einer sterilen Pinzette einige Haare aus den veränderten Hautbezirken und gibt sie auf einen speziellen Pilznährboden. Der so geimpfte Nährboden wird bei etwa 32 °C im Brutschrank bebrütet. Bei bestehender Mikrosporie dauert es ungefähr 3–14 Tage, bis die Pilze auf dem Nährboden wachsen und zur eindeutigen Diagnose herangezogen werden können.

Eine weitere Möglichkeit der Diagnose ist die Untersuchung der Katze mit Hilfe der Woodschen Lampe. Diese spezielle Lichtquelle erzeugt UV-Licht bis 365 mm. Der Patient wird in einem abgedunkelten Raum mit der Woodschen Lampe angeleuchtet. In etwa 60 % der Fälle fluoreszieren die mit *Microsporum canis* befallenen Hautbezirke gelbgrün. Dieses Diagnoseverfahren hat den Vorteil, daß im positiven Fall sofort mit der Therapie begonnen werden kann, während bei der Kultivierung erst das Pilzwachstum auf dem Nährboden abgewartet werden muß. Da allerdings nur etwa 60 % der Mikrosporen fluoreszieren, ist die Kultur auf Nährböden dort unerläßlich, wo die Woodsche Lampe kein positives Ergebnis bringt.

Bis vor einigen Jahren war die Microsporie das Schreckensgespenst jedes Katzenzüchters. Wirksame Präparate gegen Pilzerkrankungen waren rar

Mißhandlung, der Verlust einer Bezugsperson oder auch dauernde Unterdrückung durch Artgenossen in einem viel zu kleinen Lebensraum, alles dies schwächt die Abwehrkräfte und öffnet Infektionserregern Tür und Tor.

Bei einer *Microsporum-canis*-Erkrankung kommt es bevorzugt im Bereich von Gesicht (um die Nase, an den Ohrrändern), aber auch an anderen Körperteilen zu kreisrunden, manchmal auch diffusem Haarausfall. Die Ränder der kahlen Hautstellen sind durch einen leicht rötlichen Wall begrenzt; die Haare um die Veränderungen lassen sich leicht auszupfen. Nicht immer besteht Juckreiz. In einigen Fällen werden auch Bläschen, Schuppen oder Krusten beobachtet. Jede Veränderung der Haut mit Haarausfall oder Haarbruch ist verdächtig für Mikrosporie und sollte Anlaß für eine Untersuchung der Katze durch den Tierarzt sein.

Eine an Mikrosporie erkrankte Katze muß viermal mit einer pilz-tötenden Flüssigkeit gebadet werden.

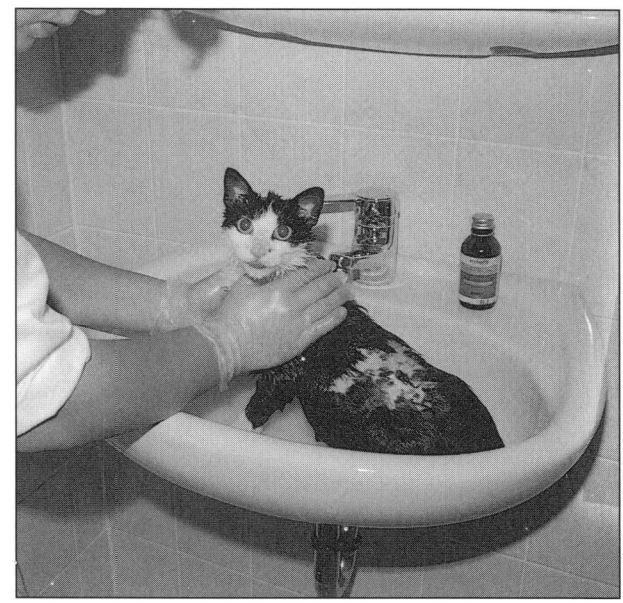

Nach dem Baden muß das Fell trocken-gefönt werden, damit sich der kleine Patient nicht erkältet.

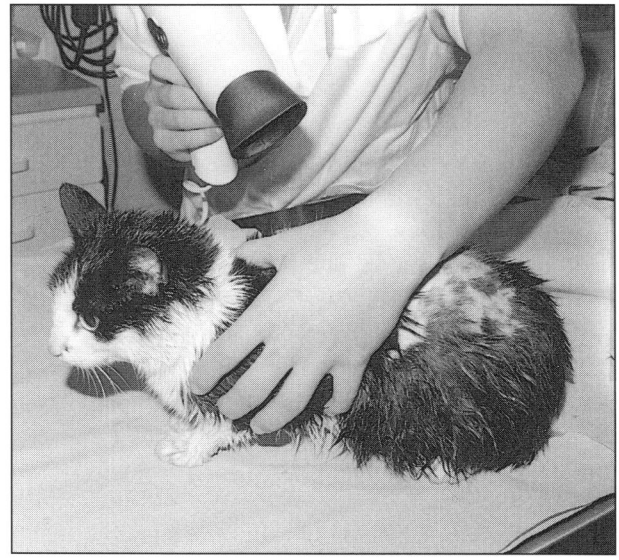

und zumeist für Katzen recht unverträglich. Viele, vor allem Langhaarkatzen, mußten nach vergeblichen Be-handlungen eingeschläfert werden. Inzwischen stehen dem Tierarzt wirksame Medikamente und Desinfektionsmittel zur Behandlung der Mikrosporie bei der Katze zur Verfügung. Eine konsequente Behandlung der betroffenen Tiere über mehrere Wochen und die Desinfektion verseuchter Räume und Gegenstände führen in nahezu allen Fällen zum Erfolg, d. h. zur vollständigen Vernichtung des Erregers.

Eine an Mikrosporie erkrankte Katze muß 4mal im Abstand von 2–3 Tagen in einer pilztötenden Flüssigkeit gebadet werden. Im Anschluß an das Bad wird das Fell nicht mehr ausgespült, sondern nur noch trockengefönt. Die Wohnung, Lagerstätte und alle Gegenstände, mit denen die Katze in Berührung kam, müssen mit einem speziellen, Fadenpilze und Pilzsporen abtötenden Desinfektionsmittel eingesprüht werden. Übliche Haushaltsdesinfektionsmittel reichen in ihrer Wirkung nicht aus. Zusätzlich erhält die Katze über mehrere Wochen Tabletten, die das Pilzwachstum auf der Haut von innen hemmen.

Wie bereits erwähnt, spielt die körpereigene Abwehr eine entscheidende Rolle im Krankheitsgeschehen. Es empfiehlt sich daher den kleinen Patienten zu paramunisieren, d. h. die unspezifischen körpereigenen Abwehrkräfte durch Medikamente zu unterstützen. Dazu eignen sich Echinacea-Präparate, Vitamin-C-Pulver (eine Messerspitze pro Tag ins Futter) sowie Paramunitätsinducer, die vom Tierarzt gespritzt werden müssen. Auch Rotlichtbestrahlung einmal pro

Tag hat sich in der kalten Jahreszeit bewährt. Eine vollwertige Ernährung und die besonders liebevolle Betreuung des kranken Tieres sind sicher für jeden Katzenfreund selbstverständlich. Zur Unterstützung der Haut- und Fellfunktion eignet sich die Gabe von $\frac{1}{2}$ Teelöffel Gänseschmalz pro Tag. Geflügelfett enthält nämlich einen Anteil der für Katzen wichtigen Arachidonsäure. Diese für Katzen lebenswichtige ungesättigte Fettsäure ist für gesunde Haut und schönes glänzendes Fell sehr wichtig (siehe auch Seite 168).

Mikrosporie ist auf den Menschen übertragbar. Sie zeigt sich durch kreisrunde, schuppige, leicht rötliche Hautveränderung an den Armen, im Gesicht oder an den Händen. Bei Befall der Kopfhaut kommt es zu Haarausfall. Eine eindeutige Diagnose kann auch beim Menschen nur durch die Kultur eines Hautabstriches der veränderten Bezirke auf Nährböden gestellt werden. Es empfiehlt sich jedoch, bei Verdacht auf Mikrosporie den behandelnden Arzt über eine bestehende Pilzerkrankung bei der Katze zu informieren, um die Behandlung frühzeitig beginnen zu können. Aber keine Panik! Auch beim Menschen läßt sich die Mikrosporie behandeln. Meist genügt es schon, die veränderten Hautstellen mit einem Antimykotikum in Salbenform einzureiben. Gleichzeitig ist die Stützung der körpereigenen Abwehrkräfte als Zusatztherapie hilfreich.

Ernährungsbedingte Hauterkrankungen

Der Mangel an Arachidonsäure, einer essentiellen Fettsäure, führt bei Katzen zu trockenem stumpfen Fell, schuppiger Haut und Haarausfall. Vor allem bei Katzen, die überwiegend mit Trockenfutter ernährt werden, tritt dieses Symptom häufig auf. Biotinmangel entsteht bei chronischen Durchfällen oder Erkrankungen der Bauchspeicheldrüse. Das Haarkleid der betroffenen Tiere ist dünn und glanzlos. Die einseitige Ernährung mit Fisch und die Gabe von Lebertran können bei Katzen zur Pansteatitis, einer Erkrankung des Unterhautfettgewebes, führen.

Einseitige Fütterung, überlagertes Trockenfutter sowie für Katzen ungeeignete Nahrungsmittel können Hauterkrankungen begünstigen, wenn nicht sogar verursachen. Die am häufigsten beobachtete Fehlernährung unserer Katzen ist die überwiegende Gabe von Trockenfutter. Typische »Trockenfutterkatzen« haben fettige, schuppige Haut, ein stumpfes Fell, ständigen Juckreiz und Haarausfall. Der ständige Juckreiz veranlaßt die geplagten Tiere zum Kratzen und Benagen der Haut. Die dadurch entstehenden kleinen Verletzungen können sich durch ubiquitäre (überall verbreitete) Bakterien infizieren und zu Ekzemen entwickeln.

Ursache dieser Haut- und Fellveränderungen ist ein **Mangel an ungesättigten Fettsäuren.** Vor allem das Trockenfutter enthält zuwenig der für die Katze essentiellen (lebensnotwendigen) Arachidonsäure. Katzen haben einen sehr hohen Bedarf an dieser Fettsäure, da sie im Gegensatz zum Menschen und anderen Haustieren die im pflanzlichen Fett enthaltene Linolsäure nicht in Arachidonsäure umwandeln können. Sie sind übrigens nicht die einzigen Tiere, die dazu nicht in der Lage sind. Auch Großkatzen (z.B. Löwen) oder der Heilbutt (ein Raubfisch) sind wie unsere Hauskatzen auf die Zufuhr der essentiellen Fettsäure durch tierisches Gewebe angewiesen. Das liegt wohl daran, daß reine Fleischfresser, wozu auch unsere Katzen gehören, kaum pflanzliche Kost zu sich nehmen. Der Organismus dieser Tiere mußte daher die Fähigkeit zur Umwandlung von Linolsäure in Arachidonsäure nicht entwickeln.

Im Futter einer Katze sollte genügend Arachidonsäure enthalten sein. Besonders reich an dieser ungesättigten Fettsäure ist Geflügelfett. Ein Teelöffel Gänseschmalz auf 500 g Futter genügt, um Mangelerscheinungen zu verhindern. Butter, Rinderfett oder auch Sahne enthalten zuwenig Arachidonsäure und eignen sich nicht zur Korrektur von Mangelzuständen. Pflanzliche Öle (z.B. Oliven- oder Sonnenblumenöl) sind gänzlich ungeeignet, da sie nur die für Katzen unverwertbare Linolsäure enthalten.

Bei chronischen Durchfällen oder Erkrankungen der Bauchspeicheldrüse mit Verdauungsstörungen kann ein **Mangel an** dem Hautvitamin **Biotin** (Vitamin H) entstehen. Das Haarkleid der betroffenen Tiere wird dünn und glanzlos, die Haut trocken und schuppig. Die Behandlung besteht zunächst in der Beseitigung der Ursache. Das bedeutet eine gründliche tierärztliche Untersuchung und Therapie bestehender Erkrankungen der Verdauungsorgane. Zusätzlich kann man den Mangel an Biotin durch die Gabe von Hefeflocken oder speziellen Biotinpräparaten (beim Tierarzt erhältlich) ausgleichen. Biotinmangel kann auch durch die Verfütterung großer Mengen an rohem Eiklar entstehen. Rohes Eiweiß enthält Adavin, eine Substanz, die Biotin zerstört. Allerdings wird sicherlich kein vernünftiger Mensch einer Katze große Mengen an rohem Eiklar verfüttern.

Einseitige Ernährung mit Fisch, vor allem mit Thunfisch, oder die Gabe von Lebertran kann bei Katzen zur **Pansteatitis** führen. Ursache ist ein Mangel an Vitamin E, das durch die im Fischfutter übermäßig enthaltenen Fettsäuren verbraucht wird. Dabei kommt es neben starkem Gewichtsverlust zur Erkrankung des Unterhautfettgewebes der Katze. Das Fettgewebe verfärbt sich tiefgelb bis hellbraun. Die Haut ist am ganzen Körper berührungsempfindlich und die Patienten zeigen ihre Schmerzen beim Anfassen je nach Temperament durch Klagen, Abwehrbewegungen oder Kratzen und Beißen. Man sollte, um Pansteatitis zu vermeiden, Katzen grundsätzlich keinen Lebertran verabreichen und sie nicht ausschließlich mit Fisch ernähren.

Allergien und Autoimmunerkrankungen

Allergien können durch die unterschiedlichsten Substanzen (Pilze, Parasiten, Reinigungsmittel, Medikamente und vieles mehr) ausgelöst werden. Typisch für Allergien der Haut ist starker Juckreiz, Pusteln, Krusten, Ekzeme. Autoimmunerkrankungen haben ihre Ursache in der Störung des Immunsystems des Patienten. Pemphigus und Lupus erythematoides sind Hauterkrankungen bei der Katze, die auf eine Erkrankung des Immunsystems zurückzuführen sind. Da sich Hautveränderungen der unterschiedlichsten Genese meist nicht voneinander unterscheiden, sind umfangreiche Untersuchungen erforderlich, um den Verursacher herauszufinden.

Allergien sind Überempfindlichkeitsreaktionen des Körpers auf die verschiedensten Stoffe (Allergene). Man unterscheidet zwischen Kontakt- und Nahrungsmittelallergie. Bei der **Kontaktallergie** wird die überschießende Abwehrreaktion der Haut schon allein durch die Berührung mit dem

Allergen ausgelöst. Das können ganz verschiedene Substanzen sein, z. B. Pilze, Parasiten (Flöhe, Milben), Bakterien, Medikamente (Flohhalsbänder, Salben), Waschmittel, Fußboden- oder Möbelpflegemittel, Plastikfutterschüsselchen oder Pflanzen und vieles mehr. Bei **Nahrungsmittelallergien** findet man neben Hautveränderungen häufig auch Magen-Darm-Erkrankungen mit Durchfall und Erbrechen. Es kann jedoch auch bei Nahrungsmittelallergie allein die Haut betroffen sein.

Die allergische Hauterkrankung zeigt sich durch leichte Rötung der Haut, durch Pusteln und Krusten bis hin zu schweren durch Bakterien superinfizierten Ekzemen. Häufig besteht starker Juckreiz. Die Diagnose und Behandlung einer Allergie ist nicht einfach und erfordert vom Tierbesitzer sehr viel Geduld. Intrakutantests, wobei man verschiedene Allergene zur Identifikation in die Haut des Patienten spritzt, werden nur beim Menschen und beim Hund mit gutem Ergebnis angewandt. Für die Katze gibt es solche Tests nicht. Versuche in dieser Richtung waren bisher nicht erfolgreich. Die Katzenhaut ist offensichtlich zu dünn, um die darauf entstehenden Quaddeln richtig auswerten zu können.

Ob es sich bei der auftretenden Hauterkrankung überhaupt um eine Allergie handelt, kann man nach Ausschluß anderer Ursachen (z. B. Mangelerscheinungen oder Organerkrankungen) durch eine Hautbiobsie feststellen. Dabei entnimmt der Tierarzt ein kleines Stückchen eines veränderten Hautbezirkes unter örtlicher Betäubung und läßt es histologisch untersuchen. Die unter dem Mikroskop betrachtete Haut gibt durch ganz spezifische Veränderungen Hinweise auf die Ursache der Erkrankung.

Wenn man dann definitiv weiß, daß es sich um eine Allergie handelt, muß man das auslösende Allergen finden und den Kontakt damit nach Möglichkeit unterbinden. Das ist Detektivarbeit und fordert Beobachtungsgabe, Einsatz und, wie bereits gesagt, viel Geduld. Medikamente, die die überschießende Körperabwehr unterdrükken (z. B. Cortison) lindern die Beschwerden des Patienten. Da sie, auf längere Zeit angewandt, verschiedene Nebenwirkungen haben, sind sie nur eine Notlösung bis zur Eliminierung des Allergens.

Bei einer **Autoimmunerkrankung** wütet der Körper gegen eigenes Gewebe, ohne daß ein Allergen von außen die Reaktion hervorruft. Die bekanntesten dadurch entstehenden Hauterkrankungen bei der Katze sind Pemphigus und Lupus erythematoides. Erfreulicherweise sind Autoimmunerkrankungen bei Katzen relativ selten. Beim Pemphigus finden wir chronische bläschenbildende Veränderungen der Haut, vor allem an den Lippen oder um die Augen. Die Bläschen platzen und entwickeln sich zu flächigen entzündeten Ekzemen und

Geschwüren. Der Lupus erythematoides bei der Katze ist mehr durch Schuppen und Krusten, vor allem an den Ohren und den Pfoten, charakterisiert.

Es ist jedoch unmöglich, allein an der Art der Veränderung eine Diagnose zu stellen. Hauterkrankungen sind, vor allem wenn sie schon länger bestehen und sekundär durch Bakterien infiziert sind, nicht ohne Laboruntersuchungen zu unterscheiden. Der Tierarzt muß bei seiner Untersuchung Differentialdiagnosen berücksichtigen, d. h. er muß alle für diese Hautveränderung ebenso in Frage kommenden Krankheiten ausschließen. Das ist gerade bei Hauterkrankungen oft sehr umfangreich und zeitaufwendig. Der Geldbeutel des Tierbesitzers wird stark belastet; der Heilungsprozeß ist oft langwierig.

In diesem Zusammenhang möchte ich auf die Möglichkeit einer Tierkrankenversicherung hinweisen. Erkundigen Sie sich bei ihrem Tierarzt nach der für Ihre Katze geeigneten Versicherungsgesellschaft.

Doktern Sie bitte nicht zu Hause mit humanmedizinischen Mitteln oder mit Präparaten aus der Naturheilkunde an der kranken Katze herum. Gerade bei Hauterkrankungen ist eine frühzeitige und konsequente Zusammenarbeit mit dem Tierarzt für den Erfolg der Therapie besonders wichtig. Natürlich kann man mit Homöopathie und anderen Naturheilverfahren bei Allergien und Autoimmunerkrankungen viel erreichen. Allerdings muß vor jeder Therapie eine Diagnose stehen. Erst wenn gesichert ist, daß es sich um eine Über- oder Fehlreaktion der Körperabwehr handelt, kann man die geeignete Therapieform wählen.

Eine Sonderform der Hauterkrankungen stellen das **Eosinophile Geschwür** und das **Eosinophile Granulom** dar. Die Ursache dieser Erkrankungen ist bisher nicht geklärt. Die körpereigene Abwehr scheint jedoch am Entstehen beteiligt zu sein, so daß man auch hier eine Autoimmunerkrankung vermutet. Typisch für das Eosinophile Geschwür ist die bevorzugte Lage der Veränderung an der Oberlippe oder in der Mundschleimhaut der Katze. Das Eosinophile Granulom tritt als stark juckende Geschwüre am ganzen Körper auf. Eosinophiles Granulom und Geschwür sind schwer zu behandeln. Erfolge wurden mit immununterdrückenden Medikamenten und mit Hormongaben erzielt.

Hormoneller Haarausfall

Symmetrische Haarverluste am Bauch, an den Flanken und den Innenschenkeln treten bevorzugt bei kastrierten Katern auf. Ob es sich dabei um ein Hormondefizit oder um eine psychische Störung mit daraus resultierendem Fellzupfen handelt, darüber wird in wissenschaftlichen Kreisen noch diskutiert.

Ob es überhaupt hormonell bedingter Haarausfall bei der Katze gibt, darüber sind sich Wissenschaftler nicht mehr einig. Bei einigen kastrierten wie unkastrierten Katzen treten symmetrische Haarverluste am Bauch, an den Flanken und den Innenschenkeln auf. Es besteht kein Juckreiz und die Tiere scheinen nicht darunter zu leiden. Manchmal ist die Haut leicht gerötet und schuppig. In den meisten Fällen jedoch sind keine deutlichen Veränderungen sichtbar. Obwohl das Fell nach ein oder mehreren Injektionen eines Hormons wieder nachwächst, diskutieren Fachleute über eine psychische Ursache des Haaraus-

Symmetrischer diffuser Haarausfall (bei dieser Katze an den Vorderbeinen gut sichtbar) kann hormonelle oder psychische Ursachen haben.

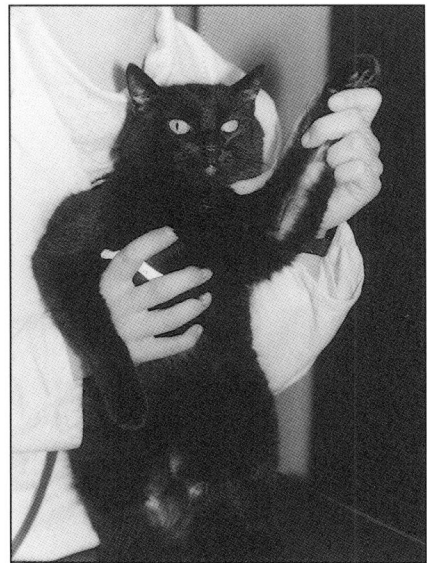

falls. Ein wirklicher Hormonmangel wurde nämlich bei betroffenen Tieren durch Laboruntersuchungen bisher nicht nachgewiesen.

Es wird vermutet, daß bei vielen Patienten die symmetrische »Glatze« (Alopezie) durch krankhaften Leckreiz entsteht. Bei diesen Tieren handelt es sich offenbar um unglückliche Katzen, die mit bestimmten Situationen und Gegebenheiten ihres Lebens nicht zurechtkommen. Dem Tierbesitzer fällt das Lecken und Fellzupfen meist nicht auf, da sich die Katzen dabei fast immer verstecken. Hormongaben führen in den meisten Fällen zur vorübergehenden Besserung. Man sollte jedoch im Auge behalten, daß es sich bei diesem Leckreiz um eine Ersatzhandlung zum Ausgleich von Frustrationen handeln kann und nach den Ursachen forschen. Vor allem dann, wenn das Tier auch gleichzeitig die Wohnung mit Urin verschmutzt oder besonders aggressiv reagiert, kann eine Störung in der Beziehung zwischen Mensch und Katze oder zwischen anderen im Haushalt lebenden Katzen vorliegen.

Hauttumoren

Hauttumoren kommen bei Katzen sehr häufig vor und sind zu einem großen Prozentsatz bösartig.

Tumoren der Haut kommen bei Katzen sehr häufig vor. Sie sind im Vergleich zu Hautgeschwulsten bei ande-

Die operative Entfernung von Hauttumoren sollte nicht zu lange hinausgezögert werden.

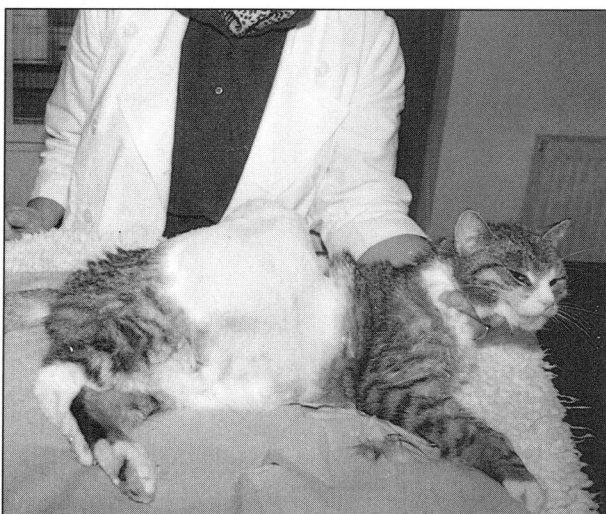

Haben Hauttumoren, wie bei dieser Katze, eine bestimmte Größe überschritten, ist eine Operation nicht mehr möglich.

ren Tierarten zu einem hohen Prozentsatz bösartig. Betroffen können alle Hautschichten und Hautanhangsgebilde sein. So finden wir Entartungen der Oberhaut, der Unterhaut, des Fettgewebes, der Haarfollikel, der Muskeln sowie der Gefäße und Nerven. Ob es sich um eine bösartige Geschwulst handelt, kann man nur dann mit Sicherheit sagen, wenn sie herausoperiert und von einem Pathologen untersucht wurde. Eine Entfernung und Untersuchung von verdächtigen Hautknoten sollte wegen der Gefahr der Metastasierung (Streuung) nicht zu lange hinausgezögert werden. Je frühzeitiger operiert wird, desto größer ist die Chance auf völlige Heilung.

74

Der Verdauungstrakt

Unter Verdauung versteht man die Zerkleinerung der Nahrung, den Abbau der Nahrungsbestandteile (Eiweiße, Fette, Kohlenhydrate) in kleinste Teilchen und die Verwendung der Teilchen zum Aufbau körpereigener Substanz sowie zur Energiegewinnung. Viele Organe sind an der Verdauung beteiligt.

Um den komplizierten Vorgang etwas anschaulicher (und damit natürlich vereinfacht) darzustellen, soll hier einmal der Weg einer Futterration vom Futterschüsselchen bis hin zur Ausscheidung von Kot verfolgt werden. Nehmen wir einmal an, unsere Katze erhält eine schmackhafte und vollwertige Ration, die aus 150 g frischem Rindfleisch, 2 Eßlöffeln Katzenflocken, 1 Prise Mineralpulver und ½ Teelöffel Gänseschmalz besteht.

Das dem Futternapf entströmende feine Aroma regt schon vor dem Fressen die Bildung von Verdauungssekreten im Magen-Darm-Trakt der Katze an. Mit den **Zähnen** wird die Nahrung grob zerkleinert und heruntergeschlungen. Sie gelangt durch die Speiseröhre in den **Magen**, wo sie gut durchmischt und mit Salzsäure und Magenenzymen durchsetzt für die eigentliche Verdauung im **Darm** vorbereitet wird. Im Dünndarm werden die Nahrungsbestandteile von speziellen Enzymen aus der Bauchspeicheldrüse in kleinste Teilchen gespalten. Eiweiße werden zu Aminosäuren; Fette zu Fettsäuren und Kohlenhydrate zu einfachem Zucker. Zusammen mit Vitaminen, Mineralstoffen und Spurenelementen werden diese kleinsten Nahrungsteilchen durch die Dünndarmwand zu den Blutgefäßen transportiert. Über die Pfortader gelangen sie in die Leber, wo sie für die Herstellung von körpereigenem Gewebe oder Energie (Wärme, Bewegung) verwendet werden. Unverdauliche Bestandteile der Nahrung, d.h. Teilchen, die zu groß sind, um die Darmwand zu durchdringen oder für den Körper unverwertbar sind, bleiben im Darm und werden durch die Peristaltik (Darmbewegungen) langsam zum Ausgang befördert. Im Dickdarm wird dem unverdauten Nahrungsbrei noch Wasser entzogen, so daß der Kot als relativ trockene geformte Masse ausgeschieden wird.

Das ist, eine vereinfachte Darstellung der komplizierten Verdauungsvorgänge. Sie verdeutlicht jedoch daß schon der Ausfall auch nur eines an diesem Ablauf beteiligten Organs zu schweren Störungen und Krankheitserscheinungen führen muß. Die folgenden Kapitel besprechen die Verdauungsorgane der Katze im einzelnen.

Zähne

Zahnformel und Zahnwechsel

Die Katze hat ein reines Fleischfressergebiß, mit dem sie Beutetiere ergreift und tötet. Die Nahrung wird nicht, wie z.b. beim Wiederkäuer oder bei uns Menschen, zwischen den Zähnen zermahlen. Katzen zerreißen ihre Beutetiere unter Zuhilfenahme der Vorderläufe in Stücke und schlingen sie ungekaut hinunter. Knochen werden durch die Reißzähne (Oberkiefer P4 und Unterkiefer M1) brechscherenartig zerkleinert. Die Kiefergelenke sind so konstruiert, daß sie keine Seitwärtsbewegungen, wie sie zum Zermahlen von Nahrung notwendig wären, erlauben.

Das Milchgebiß der Katze besteht aus insgesamt 26 Zähnen. Im Oberkiefer

- 6 Schneidezähne (Incicivi)
- 2 Eckzähne (Canini)
- 6 Vorbackenzähne (Prämolare)

Zahnschema: M = Molar P = Prämolar C = Caninus I = Incicivus

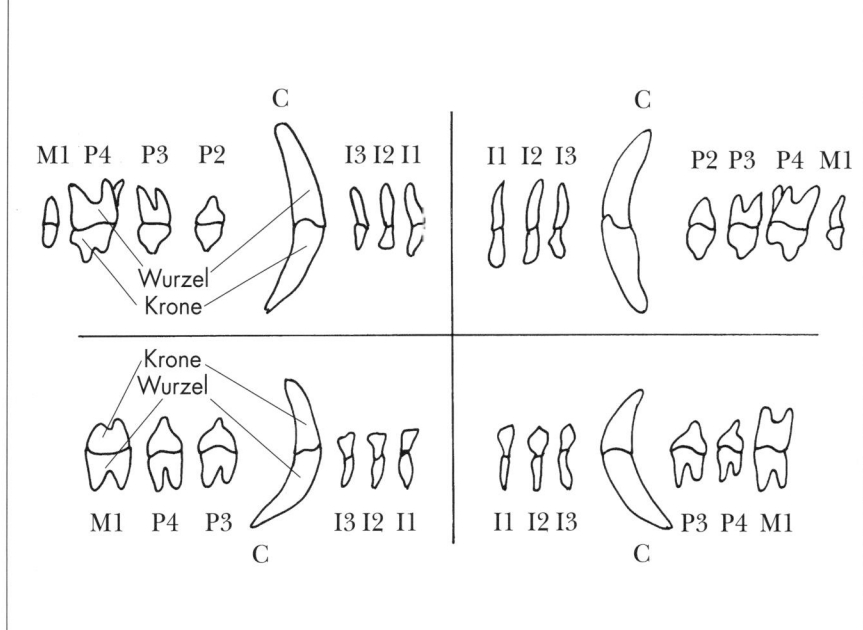

Im Unterkiefer

- 6 Schneidezähne
- 2 Eckzähne
- 4 Vorbackenzähne

Ab der dritten Lebenswoche beginnen die Katzenwelpen »zu zahnen«, d. h. die ersten Milchzähnchen brechen durch. Mit etwa 6 Wochen ist das **Milchgebiß** vollständig und hat die **Zahnformel**:

$$\frac{3I - 1C - 3P}{3I - 1C - 2P} \ (x\ 2 = 26\ Z\text{ähne})$$

I = Incicivi (Schneidezähne)
C = Canini (Eckzähne)
P = Prämolare (Vorbackenzähne)

Bei der Zahnformel werden immer nur die Zähne einer Kiefern**hälfte** angegeben. Um die Gesamtzahl der Zähne daraus zu lesen, muß man die Zahnformel mit 2 multiplizieren.

Der Zahnwechsel erfolgt zwischen dem dritten und sechsten Lebensmonat. Alle Milchzähne werden durch bleibende Zähne ersetzt. Zusätzlich brechen etwa im Alter von 5–6 Monaten im Ober- und Unterkiefer noch jeweils 2 Backenzähne (Molare) durch das Zahnfleisch, so daß das **bleibende Gebiß** 30 Zähne und folgende **Zahnformel** hat:

$$\frac{3I - 1C - 3P - 1M}{3I - 1C - 2P - 1M} \ (x\ 2 = 30\ Z\text{ähne})$$

M = Molare (Backenzähne)

Das Kauen großer Fleischbrocken fördert die Selbstreinigung des Katzengebisses.

Zahnstein und Zahnfleischentzündung

Fast 90 % aller in Tierarztpraxen vorgestellten Katzen haben Zahnbeläge und Zahnstein. Ursache dafür ist die überwiegende Ernährung mit Weichfutter sowie mangelnde Zahnhygiene.
Zahnbeläge (Plaque) und Zahnstein sind die Hauptursachen für Zahnfleischentzündungen, Paradontosen und Zahnverluste.

Bei einem großen Teil der in tierärztlichen Praxen routinemäßig untersuchten Katzen werden starke Zahnbeläge, Zahnstein, Entzündungen des Zahnfleisches, Paradontosen, sowie Schädigungen oder Verluste der Zähne festgestellt. Kaum eine Katze, die das zweite Lebensjahr vollendet hat, **77** verfügt noch über ein makelloses Gebiß. Und das, obwohl gerade das Fleischfressergebiß der Katze über einen besonders guten Selbstreinigungsmechanismus verfügt. Zur Selbstreinigung des Katzengebisses bedarf es aber einer artgerechten Ernährung. Wildlebende Katzen ernähren sich von Beutetieren. Sie müssen zum Zerkleinern der Nahrung ihre Zähne fordern. Große Futterstücke werden mit den Backenzähnen in schluckgerechte Stücke gebissen. Die Katze legt dazu ihren Kopf etwas seitlich auf das zu zerkleinernde Fleischstück und bewegt den Unterkiefer scherenförmig auf und nieder. Dabei werden die Seitenflächen der Zähne durch Reibung von Belägen befreit. Der nun einsetzende Speichelfluß schwemmt die Beläge weg und reinigt auch die Zahnzwischenräume.

Viele Hauskatzen werden jedoch überwiegend mit Dosenfutter ernährt. Für den weichen Nahrungsbrei aus der Dose brauchen die Tiere eigentlich gar keine Zähne. Der Selbstreinigungsprozeß durch Reibung und Speichelfluß wird durch solche Nahrung nicht in Gang gesetzt. Die Folge davon sind Zahnbeläge. Es ist eigentlich erstaunlich: Durch Radio und Fernsehen werden wir täglich über die Gefahr von Plaque bei jeder Zahnpastawerbung aufgeklärt. Mindestens zweimaliges Zähneputzen am Tag ist für jeden von uns selbstverständlich. Zahnhygiene bei Katzen erscheint vielen jedoch noch so ungewöhnlich,

daß sie darüber nur kopfschüttelnd lächeln, wenn sie von ihrem Tierarzt darauf hingewiesen werden.

Weiche Zahnbeläge bezeichnet man als Plaque. Sie bestehen aus Nahrungsresten, abgestorbenen Mundschleimhautzellen sowie Schmutzpartikeln. Plaque ist der ideale Nährboden für Bakterien. Bei mikrobiologischen Untersuchungen von Katzengebissen wurden unter anderen Eiterbakterien (Streptokokken, Staphylokokken) im Plaque massenweise nachgewiesen. Durch Einlagerung von Mineralien aus dem Speichel wird der weiche Zahnbelag zu sehr hartem Zahnstein. Plaque und Zahnstein sind die Hauptursachen für Zahnfleischentzündungen, Paradontosen und Zahnverlusten bei Katzen. Bakterien und die mechanische Reizung durch den harten Zahnstein führen vor allem am Zahnfleischsaum in kurzer Zeit zu Entzündungen (Gingivitis). Durch die Entzündung und Schwellung entstehen Zahnfleischtaschen, in die sich weiter Plaque und Zahnstein einlagern. Schwere Paradontosen, die Zerstörung des Zahnhalteapparates und letzlich der Verlust der Zähne sind die Folgen. Während des ganzen Krankheitsverlaufes hat die Katze Schmerzen. Manche Tiere müssen mit massiv entzündetem Zahnfleisch, eiternden Zahnwurzeln und lockeren oder abgebrochenen Zähnen jahrelang leben, bis sie irgendwann einmal vor Schmerzen die Futteraufnahme ganz einstellen und endlich zum Tierarzt

Bei einem großen Prozentsatz unserer Katzen werden Zahnbeläge und Zahnstein festgestellt.

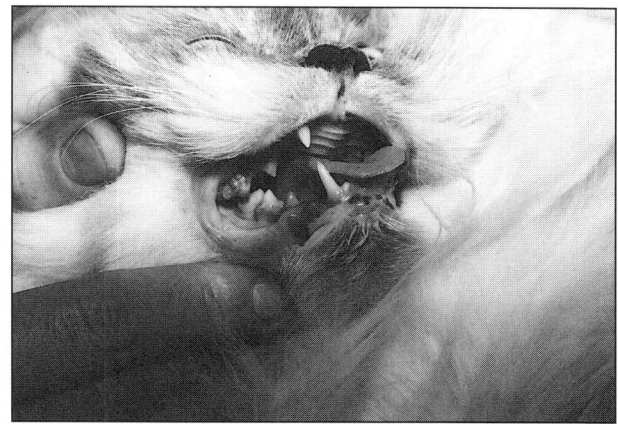

Die harten Zahnsteinbrocken können die Zähne völlig abdecken. Mit einer Kabberzange werden sie zur Kontrolle der darunterliegenden Zähne entfernt.

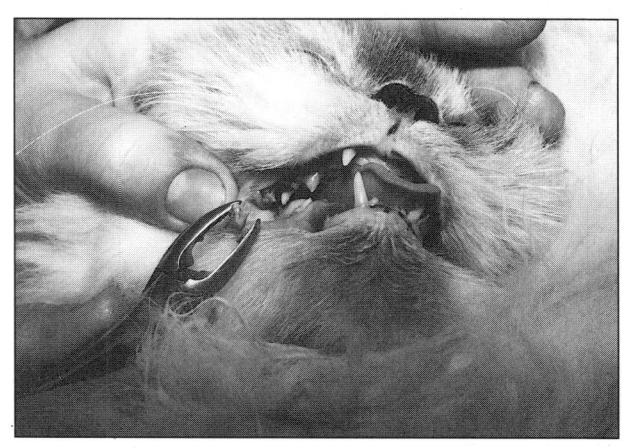

gebracht werden. Dann sind jedoch oft viele der Zähne nicht mehr zu retten und müssen gezogen werden. Durch die über Jahre bestehenden chronischen Entzündungen des Zahnfleisches wird der gesamte Organismus in Mitleidenschaft gezogen. In die Blutbahn ausgeschwemmte Eiterbakterien aus einem »vergammelten« Gebiß können für Herz- und Nierenerkrankungen verantwortlich sein. Vorbeugende Zahnhygiene, artge-

rechte Ernährung, die Entfernung von Zahnstein und die Versorgung erkrankter oder abgebrochener Zähne sind daher für die Lebensfreude und die Gesundheit der Katze von großer Bedeutung.

Chronische Zahnfleischentzündungen trotz regelmäßiger Zahnhygiene deuten auf eine Störung der Immunabwehr hin. Manchmal werden sie auch im Zusammenhang mit schweren Nierenerkrankungen beobachtet. **79**

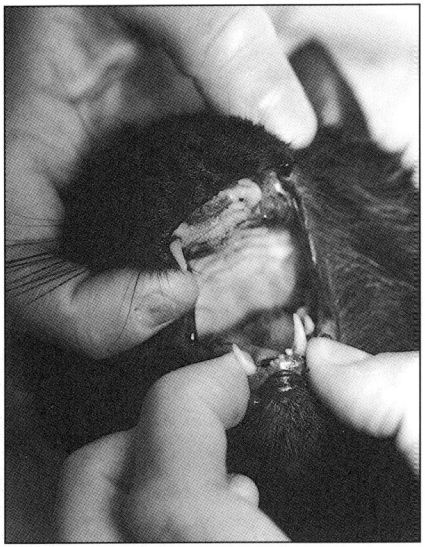 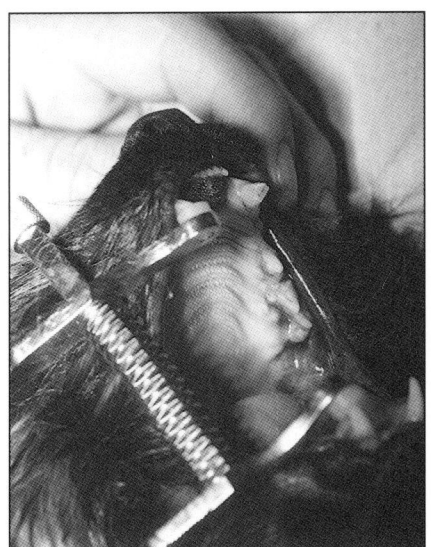

Ein »vergammeltes« Gebiß führt nach kurzer Zeit zu Zerstörung und Verlust der Zähne; bei dieser gerade erst vierjährigen Katze fehlen alle Zähne im linken Oberkiefer.

Abgebrochene Zähne müssen zur Vermeidung von Wurzel- und Kiefervereiterungen zahnmedizienisch immer versorgt werden.

Eine Blutuntersuchung sollte bei solchen Patienten zur Abklärung der Ursache immer durchgeführt werden.

Neck lesions

Kariesähnliche Veränderungen an Katzenzähnen sind sehr häufig. Sie sind gekennzeichnet durch kraterförmige Löcher, die bis tief in die Pulpa der Zähne hineinreichen und sehr schmerzhaft sind. Im Anfangsstadium können mit Neck lesions befallene Zähne durch Füllungen gerettet werden. Im fortgeschrittenen Stadium müssen die Zähne gezogen werden.

In den letzten Jahren werden zunehmend kariesähnliche Veränderungen an Katzenzähnen gesehen. Obwohl es sich aus medizinischer Sicht um keine echte Karies handelt, sind die Folgen nicht weniger verheerend. Es entwickeln sich, meist an den Außenflächen der Backen- und Eckzähne, kraterförmige Löcher (Neck lesions), die bis in die Pulpa (Nerven- und Gefäßteil des Zahnes) reichen. Solche Läsionen sind für die betroffenen Katzen äußerst schmerzhaft, denn der Zahnnerv liegt offen. Schon leichte Berührungen mit einer Sonde veranlaßt die Patienten zu massiven Abwehrbewegungen.

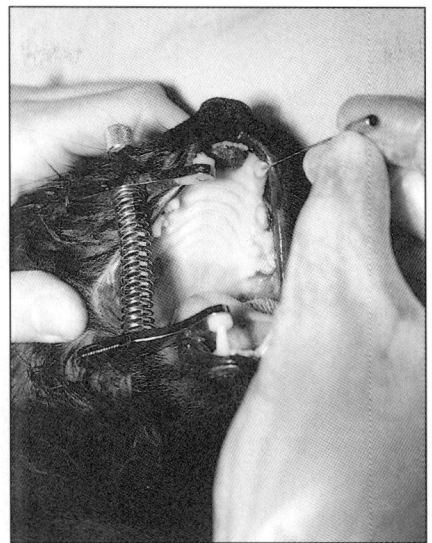

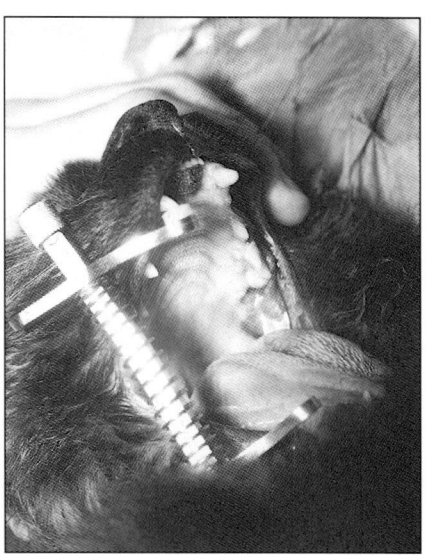

Vor der Füllung muß das Innere des Zahnes mit Spezialinstrumenten von Geweberückständen und Bakterien gesäubert werden.

Eine Krone wird auf dem Zahnstumpf installiert, wodurch neben einem kosmetisch guten Ergebnis auch die Funktion des Gebisses wiederhergestellt wird.

Neck lesions bei der Katze sind, wenn einmal aufgetreten, fortschreitend. Nach und nach werden die erkrankten Zähne regelrecht »aufgefressen«. Oft brechen sie am Zahnfleischrand ab. Die im Kiefer verbleibenden Wurzeln führen dann zu, ebenfalls sehr schmerzhaften, eitrig-entzündlichen Zahnfleisch und Kieferknochenerkrankungen.

Die Entstehungsursachen für Neck lesions sind trotz intensiver Forschung auf diesem Gebiet noch nicht geklärt. Es wird ein Zusammenspiel zwischen immunschwächenden Faktoren, Fehl- und Mangelernährung (z. B. Kalzium/Phosphor-Ungleichgewicht) so-

wie Folgen ungenügender Zahnhygiene (Plaque und Zahnstein) vermutet. Bei jeder Routineuntersuchung (z.B. beim Impftermin) sollte das Gebiß der Katze auf Neck lesions untersucht werden, um eventuell befallene Zähne rechtzeitig versorgen und damit retten zu können.

Im Frühstadium ist die Behandlung der Neck lesions noch relativ einfach. Nach gründlicher Reinigung des gesamten Gebisses mit einem Ultraschall-Zahnsteinentfernungsgerät werden die meist unter Zahnstein verborgenen Löcher präpariert und mit Spezialfüllungen verschlossen. Zu stark beschädigte Zähne müssen allerdings **81**

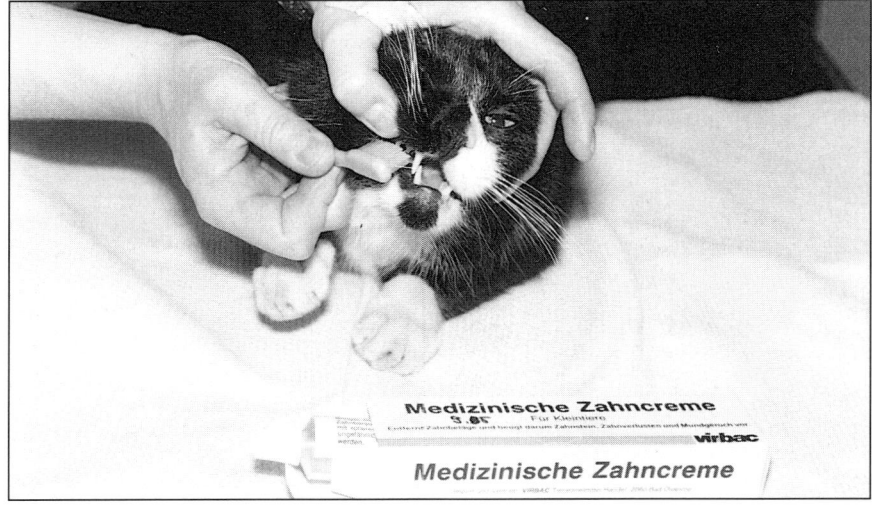

Zähneputzen mindestens zweimal pro Woche schützt vor Zahnbelag und Zahnstein.

gezogen, abgebrochene Wurzelreste aus dem Kiefer entfernt werden.

Es ist schön zu beobachten, wie sich die Lebensfreude einer Katze, deren Gebiß saniert wurde, steigert. Endlich kann das Tier wieder größere und härtere Futterstücke fressen und beim Spielen auch einmal fester in die Spielzeugmaus beißen, ohne daß es quälende Schmerzen spürt

Zahnpflege

Regelmäßiges Zähneputzen, umstellen der Fütterung von weichem Dosenfutter auf Frischfleisch, jährlich Zahnkontrolle durch den Tierarzt, Entfernen von Zahnstein sowie Versorgen kranker Zähne sind die Garantie für eine lebenslange Gesundheit des Katzengebisses.

Bei Katzen, die mit Dosennahrung oder sonstigem kleingeschnittenen oder weichen Futter ernährt werden, sollte man mindestens zweimal in der Woche die Zähne putzen. Dazu gibt es beim Tierarzt spezielle geschmacksneutrale Zahnpasta auf Knochenmehlbasis, die von den Tieren heruntergeschluckt werden kann. Ziehen Sie die Lefzen der Katze mit dem Daumen hoch und schieben Sie die feuchte, mit Zahnpasta behaftete Bürste zwischen Backen und Zähne. Bürsten Sie die Außenseite der Backenzähne besonders gründlich. Hier sind die Hauptansatzstellen von Plaque.

Beginnen Sie das Zähneputzen schon beim ganz kleinen Kätzchen, damit es spielerisch lernt, daß diese Prozedur wie die Fellpflege einfach dazugehört. Erwachsene Katzen an das Zähneputzen zu gewöhnen, ist meist nicht mehr so einfach. Mit allen ihnen zur Verfügung stehenden Waffen wehren sie sich in der Regel gegen diese »Zumutung«. Als Alternative sollte dann die Ernährung umgestellt werden.

Bei Katzen, die überwiegend von Beutetieren (Mäuse, Vögel) leben oder das Futter in Form großer Fleischstücke erhalten, erübrigt sich meist eine spezielle, vom Besitzer durchgeführte Zahnpflege. Der Selbstreinigungsmechanismus durch die Reibung beim Zerkleinern des Futters und das dadurch angeregte Einsetzen von starkem Speichelfluß reicht bei den glatten Katzenzähnen aus, um der Entstehung von Plaque vorzubeugen. Abgesehen davon, daß die Ernährung mit Trockenfutter zu verschiedenen Gesundheitsproblemen führen kann (siehe auch Kap.»FUS«, Seite 123), eignet es sich nicht, wie häufig behauptet wird, zur Vorbeugung gegen Plaque. Die kleinen harten Stückchen werden von den Katzen nur einmal mit den Backenzähnen geknackt oder ganz heruntergeschluckt. Die Selbstreinigung der Zähne wird dadurch nicht angeregt.

Einmal im Jahr (beim Impftermin) sollten die Zähne Ihres Vierbeiners vom Tierarzt kontrolliert werden. Hat sich bereits Zahnstein gebildet, sollte er möglichst bald mit einem Ultraschallgerät entfernt werden. Zögern Sie, aus falsch verstandener Tierliebe, eine notwendige Zahnbehandlung nicht zu lange hinaus. Gesunde Zähne sind für Katzen ebenso wichtig wie für uns.

Für eine gründliche Zahnreinigung mit Ultraschall, für die anschließend erforderliche maschinelle Politur der behandelten Zähne, für Füllungen oder Zahnextraktionen ist immer eine **Vollnarkose** nötig. Es handelt sich dabei um Präzisionsarbeit, die der Tierarzt nur mit Erfolg ausführen kann, wenn er nicht durch Abwehrbe-

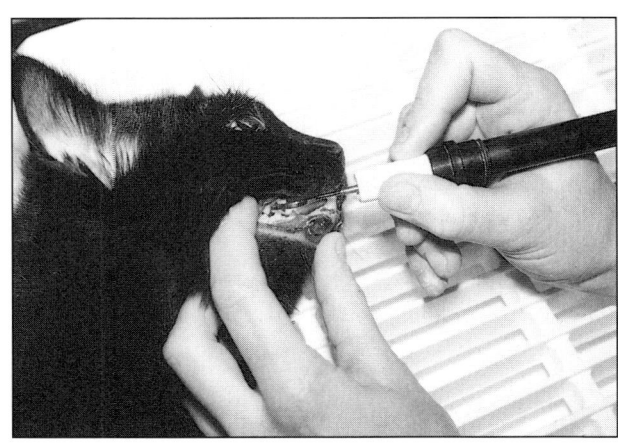

Für eine gründliche Reinigung der Zähne mit Ultraschall ist eine Vollnarkose erforderlich.

83

wegungen des Tieres behindert wird. Abgesehen davon sind Zahnbehandlungen, wie die meisten von uns sicher wissen, oft sehr schmerzhaft. Schmerzhafte Eingriffe dürfen nach dem Tierschutzgesetz nur unter ausreichender Betäubung durchgeführt werden.

Da, wie bereits erwähnt, ein »vergammeltes« Gebiß neben Schmerzen auch eine starke Belastung des Gesamtorganismus bedeutet, sollte eine Zahnsanierung auch bei älteren Katzen erfolgen. Eine fachgerecht durchgeführte Narkose ist für das Tier weniger schädigend als ein dauerhaft krankes Gebiß. Bei Katzen über 8 Jahren empfiehlt sich vor einer zur Zahnbehandlung notwendigen Narkose eine Blutuntersuchung. Versteckte Krankheiten der Leber und der Nieren können so erkannt und bei der Dosierung des Betäubungsmittels berücksichtigt werden.

Magen

Die Funktion des gesunden Magens

Die Katze hat einen einhöhligen Magen, der als sackähnliches Gebilde im oberen Bauchraum zu finden ist. In den Mageneingang (Cardia) mündet die Speiseröhre. An den Magenausgang (Pylorus) schließt sich der Zwölffingerdarm (Duodenum) an. Über die gesamte Magenwand verteilt befinden sich Drüsen, die Salzsäure und ein Enzym zur Eiweißverdauung (Pepsin) ausscheiden. Die Salzsäure tötet einen großen Teil der an der aufgenommenen Nahrung haftenden Krankheitserreger und ist damit ein wichtiger Schutz vor Infektionskrankheiten. Gleichzeitig bereitet sie zusammen mit dem eiweißverdauenden Enzym Pepsin das Futter für

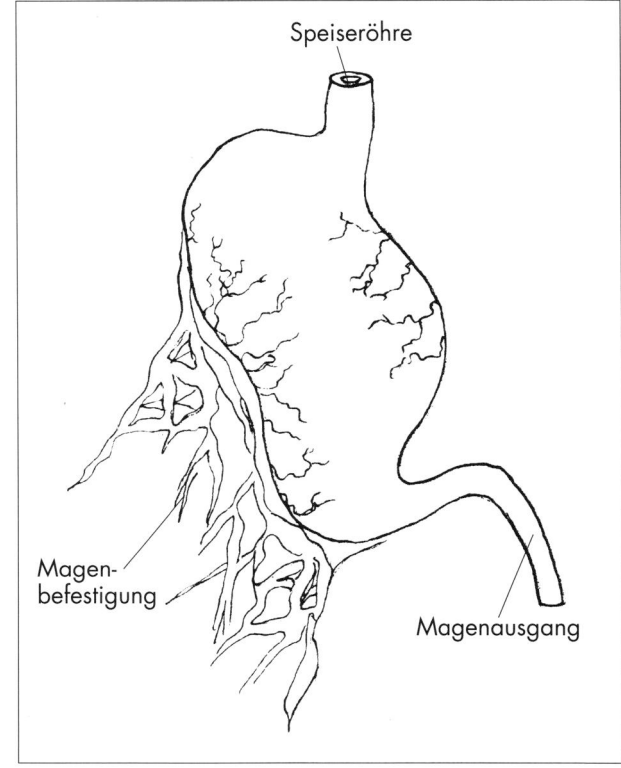

Speiseröhre

Magen-befestigung

Magenausgang

Der einhöhlige Magen der Katze ist durch eine stabile Aufhängung in der Bauchhöhle befestigt.

die Darmverdauung vor. Durch die Magenbewegungen wird der Futterbrei zusammen mit Pepsin und Salzsäure gut durchmischt und an das Duodenum weitergereicht.

Die Magenwand ist mit einer Schleimhaut überzogen. Sie schützt das Hohlorgan durch Bildung von Schleim vor der Selbstverdauung durch das Magenenzym Pepsin und vor der ätzenden Wirkung der aggressiven Salzsäure. Ist die Schleimbildung gestört, treten schwere Schädigungen der Magenschleimhaut und der Magenwand auf.

Die Aufenthaltsdauer des Futters im Magen ist, je nach Art der Nahrung, recht unterschiedlich. Es kann von einer halben Stunde bis zu 6 Stunden dauern, bis der Magen nach der letzten Futteraufnahme wieder leer ist.

Erbrechen

Erbrechen ist ein Symptom und kann neben akuten Magen-Darm-Erkrankungen auch durch andere Organkrankheiten, wie Nieren-, Leber-, Bauchspeicheldrüsen-, Herz- oder Gehirnveränderungen verursacht werden. Auch Vergiftungen, Störungen des Gleichgewichtsorgans oder psychische Gründe können bei Katzen zum Erbrechen führen. Ein- bis zweimaliges Erbrechen in der Woche zum Entfernen abgeschluckter Haare aus dem Magen ist kein Krankheitszeichen.

Erbrechen ist ein Symptom verschiedenster Erkrankungen. Obwohl der Magen an dem Vorgang selbst hauptsächlich beteiligt ist, muß er nicht unbedingt Sitz der zum Erbrechen führenden Krankheit sein. Auch bei akuten Infektionskrankheiten (z.B. Katzenseuche), bei Organerkrankungen (Herz, Leber, Niere, Bauchspeicheldrüse), bei Vergiftungen, bei Störungen des Gleichgewichtsorgans (z.B. Innenohrerkrankungen, Reisekrankheit) oder der Gehirnfunktion wird erbrochen. Bei Erkrankungen des Magen-Darm-Traktes ist Erbrechen oft ein Leitsymptom.

Besonders sensible Katzen erbrechen manchmal auch aus psychischen Gründen. Die Tiere würgen dabei wenige Minuten nach der Nahrungsaufnahme das gesamte Futter unverdaut wieder aus. Sonst zeigen sie keinerlei krankhafte Veränderungen. Ein solches Verhalten wird bei Wohnungs- und Personenwechsel oder bei Rangfolgeproblemen in einer Katzengruppe beobachtet.

Ein- bis zweimal in der Woche würgen viele Katzen die Haare, die durch die Körperpflege in den Magen gelangten, wieder aus. Durch Aufnahme von grobfaserigem Gras wird diese Selbstreinigung des Verdauungstraktes unterstützt. Gras sollte daher immer in ausreichender Menge zur Verfügung stehen.

Meist verkriechen sich die Tiere, wenn sie sich übergeben. Durch pumpende Bewegungen, wobei der gesamte Körper mitbeteiligt zu sein scheint, wird der Mageninhalt herausgeschleudert. Durch das ständige Herauswürgen von Nahrung und Magensaft gehen dem Körper lebenswichtige Stoffe (Wasser, Elektrolyte) in großer Menge verloren. Bei sehr häufigem Erbrechen besteht, vor allem bei geschwächten Tieren, die Gefahr eines akuten Herz-Kreislauf-Versagens. Durch anhaltenden Würgereiz tritt Darminhalt aus dem Duodenum in den leeren Magen über. Aggressive Verdauungsenzyme sowie Gallenflüssigkeit aus dem Darmtrakt reizen die Magenschleimhaut. Die nun erbrochene Flüssigkeit ist gelblich und übelriechend.

Katzen, die häufiger als zweimal in der Woche erbrechen, sollten einem Tierarzt zur Generaluntersuchung vorgestellt werden. Es können Blut- und Kotuntersuchungen, Röntgenaufnahmen (eventuell nach Eingabe eines Kontrastmittels) oder sogar eine Magenspiegelung erforderlich sein, um der Ursache des Symptoms Erbrechen auf die Spur zu kommen. Bei großen Wasser- und Elektrolytverlusten sorgen Infusionen für die Kreislaufstabilität. Medikamente, die den Würgereiz durch Wirkung auf das Brechzentrum im Gehirn unterdrücken, lindern die Beschwerden der Patienten. Sie bekämpfen allerdings nicht die Ursache und sind daher nur als Begleittherapie zu werten; auch dadurch bessert sich jedoch das Allgemeinbefinden des Patienten.

Pilobezoare und andere Fremdkörper

Bei der Körperpflege abgeschluckte Haare können sich im Magen zu großen Ballen zusammenklumpen und die Magenwände reizen. Wenn Sie den Magenausgang verstopfen, entsteht eine lebensbedrohliche Notfallsituation. Grobfaseriges Gras oder Malzpasten helfen den Katzen, abgeschluckte Haare auszuscheiden, bevor sich Haarballen bilden. Junge Kätzchen knabbern gerne an Spielzeug und können kleinere Teile oder Teilstücke verschlucken. Dabei besteht die Gefahr eines Magenausgang- oder Darmverschlusses.

Katzen sind sehr reinlich. Ein großer Teil des Tages wird von diesen Tieren mit Körperpflege zugebracht. Dadurch werden ständig lose Haare aus dem Fell abgeschluckt. Solange die Haare über den Darmkanal (Kot) oder durch Erbrechen wieder ausgeschieden werden, bleibt das Abschlucken ohne Folgen. Bei verstärktem Haarausfall (z. B. nach fieberhaften Erkrankungen oder in Zeiten des Fellwechsels) gelangen vermehrt Haare in den Magen-Darm-Trakt. Diese können sich zusammenballen und wie ein Fremdkörper die empfindliche Schleimhaut reizen. Man nennt diese haarigen Fremdkörper in der medizinischen Fachsprache Pilobezoare. Die durch die Reizung ausgelöste verstärkte Bildung von Salzsäure und Pepsin führt nach relativ kurzer Zeit zur Entzündung der Magenschleimhaut mit Appetitlosigkeit und Erbrechen. Verbleiben die Haare länger im Magen, können auch Geschwüre entstehen. Die Pilobezoare werden manchmal so groß, daß sie den Magenausgang verstopfen, wodurch eine lebensbedrohliche Notfallsituation entsteht.

Durch die Körperpflege gelangen Haare in den Magen-Darm-Kanal.

Andere Fremdkörper findet man vorwiegend bei jungen, verspielten Katzen. Besonders gefährlich ist das Spiel mit Nähnadeln oder Spielzeug aus hartem Material, welches in scharfe Stückchen zerknabbert und abgeschluckt werden kann. Auch Knochensplitter (z. B. Hühnerknochen) können kleinen Katzen das Leben kosten, wenn sie sich in die Magenwand einspießen.

Fremdkörper lassen sich im Röntgenbild meist gut erkennen. Sie müssen sofort aus dem Magen-Darm-Trakt entfernt werden. Das kann, je nach Art und Lage des Fremdkörpers, durch medikamentöses Auslösen von Erbrechen oder durch eine in Narkose durchgeführte Operation erfolgen. Vor allem spitze Gegenstände müssen meist herausoperiert werden. Beim Auslösen von Erbrechen könnte z. B. eine verschluckte Nähnadel in der Speiseröhre schwere Schäden anrichten. Manchmal gelingt es auch dem Tierarzt, den Fremdkörper unter »Durchleuchtung« mit einer über die Speiseröhre in den Magen eingeführte Fremdkörperzange zu entfernen. Welche Methode angewandt werden muß, entscheidet letztlich der Tierarzt aufgrund seiner Erfahrung und der ihm zur Verfügung stehenden technischen Mittel.

Vorbeugend gegen die Bildung von Pilobezoaren helfen, vor allem in Zeiten erhöhten Haarausfalls, zusätzlich neben dem angebotenen Gras verabreichte Malzpasten. Sie führen leicht

Beim Spielen verschluckte Gegenstände, wie der Ring auf dem Röntgenbild, können zu lebensgefährlichem Darmverschluß führen.

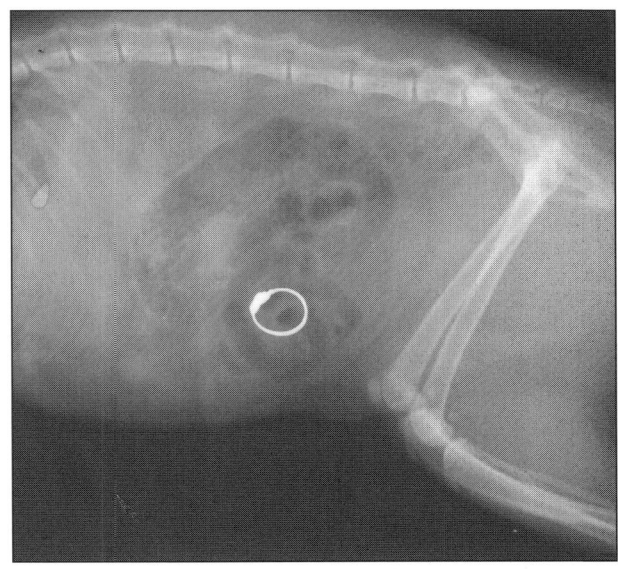

ab und verstärken die Ausscheidung verschluckter Haare mit dem Kot. Malzpasten werden von verschiedenen Firmen angeboten und von Katzen meist gerne angenommen. Sollten die Tiere sie nicht freiwillig vom Finger ablecken, kann man eine bohnengroße Menge einfach irgendwo im Fell verteilen. Die reinlichen Katzen schlecken sie dann beim Putzen weg.

Junge Kätzchen sollten nur ausgesucht katzenfreundliches Spielzeug erhalten. Spitze Gegenstände sind gefährlich und müssen, ähnlich wie beim Kleinkind, unter Verschluß stehen. Daß keine splitternden Knochen, z.B. Röhrenknochen oder Hühnerknochen, verfüttert werden dürfen, ist sicherlich für jeden Katzenfreund selbstverständlich.

Magenschleimhautentzündung

Hauptursachen für Magenschleimhautentzündungen bei Katzen sind Haarballen, Vergiftungen mit Medikamenten oder Schwermetallen und Nahrungsmittelallergien. Zur Diagnose sind umfangreiche Labor- und Röntgenuntersuchungen erforderlich, um andere, ähnliche Symptome hervorrufende Krankheiten auszuschließen. Die Therapie richtet sich nach der Grundkrankheit.

Als Gastritis wird die Magenschleimhautentzündung von den Medizinern bezeichnet. Hauptursache von chronischen Gastritiden bei Katzen sind abgeschluckte und sich im Magen zusammenballende Haare (Pilobezo-**89** are). Durch Vergiftungen mit Medikamenten (z. B. Aspirin) oder Schwermetallen (z. B. Blei, Thallium) entstehen akute Entzündungen der Magenschleimhaut. Auch Nahrungsmittelallergien (z. B Allergie gegen einen im Dosenfutter enthaltenen Zusatzstoff) kommen als Ursache einer Gastritis in Frage. Die betroffenen Tiere verweigern jegliche Futteraufnahme, erbrechen häufig und leiden ganz offensichtlich unter schweren Bauchschmerzen. Die erbrochene Flüssigkeit ist meist weißlich oder gelblichschaumig. Manchmal findet man Schlieren von hellrotem Schleim, der auf leichte Blutungen der Magenschleimhaut hindeutet.

Zur eindeutigen Diagnose der Gastritis muß der Tierarzt durch Labor- und Röntgenuntersuchungen alle anderen ähnliche Symptome hervorrufenden Krankheiten ausschließen. Zur erfolgreichen Behandlung der Magenschleimhautentzündung muß zunächst die Ursache gefunden und beseitigt werden. Pilobezoare müssen entfernt, unverträgliche Nahrungsmittel aus dem Speisezettel gestrichen werden. Die Behandlung von Vergiftungen erfordert eine Intensivmedizin. Magenberuhigende und entzündungshemmende Medikamente helfen zusammen mit einer verträglichen Diät der Schleimhaut des Verdauungstraktes zur Heilung.

Als **Diät** eignet sich ein Futter, zusammengestellt aus 3 Teilen weichgekochtem geschälten Reis (eventuell Milchreis in Wasser oder Brühe gekocht) und 1 Teil Hüttenkäse über mehrere Tage. Damit sie besser schmeckt und von den Patienten angenommen wird, kann der Ration etwas gekochtes Hühnerfleisch zugegeben werden. Manchmal, wenn das Tier die Diät überhaupt nicht akzeptiert, muß eine Zwangsernährung mit speziellem Astronautenfutter durchgeführt werden. Nach einigen Tagen kann man dann auf die gewohnte feuchte Nahrung überwechseln. Die Katze sollte etwa 5–6 kleine Mahlzeiten (jeweils 1–2 Eßlöffel) über den Tag verteilt erhalten. Dadurch wird der Magen niemals ganz leer, aber auch nicht zu sehr belastet.

Bei einer Futtermittelallergie muß durch eine Ausschlußdiät die allergieauslösende Substanz gefunden werden (siehe Seite 181). Bei Magenschleimhautentzündung und Erbrechen sollte grundsätzlich auf Trockenfutter verzichtet werden. Trockenfutter reizt den Magen. Es verstärkt damit die Beschwerden und verlangsamt bzw. verhindert die Heilung der entzündeten Magenschleimhaut.

Magengeschwüre

Magengeschwüre werden bei nierenkranken Katzen sowie bei Tieren, die über längere Zeit starkem Streß ausgesetzt sind, häufiger diagnostiziert.

Magengeschwüre werden bei Katzen im Zusammenhang mit fortgeschrittenen Nierenerkrankungen diagnostiziert. Auch psychische Faktoren (Streß) werden für die Entstehung der bei Katzen relativ selten auftretenden Magenulzera verantwortlich gemacht. Solche Streßfaktoren sind zum Beispiel eine nicht katzengerechte Haltung oder Probleme mit Artgenossen in einem zu kleinen Lebensraum (z.B. mehrere Katzen in einer Ein-Zimmer-Wohnung). Eine über längere Zeit bestehende Gastritis kann ebenfalls die Entstehung von Magengeschwüren begünstigen.

Eine erfolgversprechende Behandlung kann erst nach Beseitigung der Entstehungsursachen begonnen werden. Neben speziellen Magentherapeutika hat sich auch bei Ulzera des Verdauungsorgans eine Schondiät aus Reis mit Hüttenkäse und Hühnerfleisch bewährt.

Darm

Die Funktion des gesunden Darms

Der Darmkanal der Katze ist mit etwa 2 m Länge im Vergleich zum Darm eines Pflanzenfressers (z. B. Rind etwa 50 m) relativ kurz. Man unterscheidet Dünndarm und Dickdarm. Der Dünndarm besteht aus dem Zwölffingerdarm (Duodenum), der sich direkt an den Magenausgang anschließt, dem Leerdarm (Jejunum) und dem Hüftdarm (Ileum). Der Dickdarm setzt sich aus Blinddarm (Caecum), Grimmdarm (Kolon) und Mastdarm (Rektum) zusammen. Das kurze Endstück des Darmkanals mit dem durch einen Schließmuskel gesicherten Ausgang nennt man After (Anus).

Jeder Darmabschnitt hat im Verdauungsvorgang eine spezielle Aufgabe. In das Duodenum münden der Ausführungsgang der Bauchspeicheldrüse und der Gallengang. Hier treten Verdauungsenzyme aus der Bauchspeicheldrüse (Pankreas) und Galle, die in der Leber gebildet wird, in den Dünndarm über. Die Enzyme im Pankreassaft spalten die Nahrung mit Unterstützung der Gallenflüssigkeit in kleine Bausteine. Diese werden dann in allen Dünndarmabschnitten von der Darmschleimhaut resorbiert und über Blut- und Lymphgefäße zur Leber transportiert. Im Dickdarm wird dem unverdaulichen Anteil der Nahrung das Wasser entzogen und die Kotmasse dadurch geformt.

Im gesamten Darmtrakt befinden sich Bakterien (Darmflora). Sie spalten vor allem im Dickdarm Resteiweiße und Restkohlehydrate, die von den Enzymen der Bauchspeicheldrüse nicht erreicht wurden. Gleichzeitig produziert die Darmflora für den Körper lebenswichtige Vitamine der B-Gruppe und das für die Blutgerinnung erforderliche Vitamin D.

Die bakterielle Flora im Dickdarm ist sehr artenreich. Für die Darmfunktion und die Gesundheit des Organismus ist die richtige Zusammensetzung der Bakterien besonders wichtig. So sind z. B. im Darm entstehende Fäulnisprodukte sehr giftig. Eine spezielle Gruppe der Darmbakterien übernimmt daher die Aufgabe, diese giftigen Substanzen durch Umbau unschädlich zu machen. Man spricht von einer ausgeglichenen Darmflora, wenn die sich im Darmkanal befindenden Bakterien ausschließlich zum Nutzen des Körpers arbeiteten. Bei einer »entgleisten« Darmflora überwuchern krankmachende Keime die »freundlichen« Bakterien. Schwere Durchfälle und Störung des Allgemeinbefindens sind die Folgen.

Die Bewegungen des Darms (Peristaltik) werden durch das vegetative Nervensystem beeinflußt und sind, mit Ausnahme des Schließmuskels, nicht dem Willen unterworfen. Nur der Schließmuskel läßt sich willkürlich öffnen und schließen, wodurch ein kontrollierter Kotabsatz (hoffentlich ins Katzenkistchen!) erst möglich wird. Durch Verletzungen der Wirbelsäule kann die Funktion des Schließmuskels gestört werden. Unwillkürlicher Kotabsatz oder die Unfähigkeit, den Darm zu entleeren, können dadurch auftreten.

Würmer

> Würmer leben im Darm ihrer Wirte und ernähren sich von dem verdauten Futterbrei. Sie reizen die Darmschleimhaut, entziehen dem Körper wichtige Nährstoffe und vergiften den Wirt durch ihre schädliche Stoffwechselendprodukte.

In der medizinischen Fachsprache werden Darmwürmer Endoparasiten oder auch Enteroparasiten genannt. Endo bedeutet **im Körper** des Wirtes lebend, Entero **im Darm** lebend. Was Parasiten eigentlich sind, das wissen sicher die meisten von uns: Es sind Lebewesen, die nur auf Kosten anderer Organismen leben und sich fortpflanzen können. Würmer schädigen den von Ihnen befallenen Körper dreifach:

1. Sie schädigen die Darmwand und schaffen somit die Voraussetzung zur Ansiedlung krankmachender Keime. Aus diesem Grund entsteht bei Wurmbefall häufig Durchfall.
2. Würmer nehmen aus dem Nahrungsbrei im Darm wichtige Nährstoffe heraus. Struppiges und glanzloses Fell, bei Wurmbefall häufig zu sehen, entsteht durch diesen Nährstoffverlust. Bei massivem Wurmbefall magern die Tiere trotz gutem Appetit stark ab.
3. Würmer geben ihre Stoffwechselendprodukte in den Darm des Wirtes, in dem sie leben, ab. Diese Stoffwechselendprodukte sind giftig und schädigen, wenn sie durch die Darmwand resorbiert werden, die inneren Organe des befallenen Tieres.

Bandwürmer

> Bandwürmer brauchen zu ihrer Entwicklung einen Zwischenwirt. Die direkte Übertragung von Katze zu Katze ist daher nicht möglich. Der Fuchsbandwurm kann auch dem Menschen gefährlich werden. Der Mensch dient dem Parasiten als »Fehl-Zwischenwirt«, wobei sich bis zu kindskopfgroße Zysten in der Leber des Betroffenen bilden können. Hauptinfektionsquelle des Menschen sind ungewaschene Waldfrüchte. Die Katze spielt bei der Übertragung des Fuchsbandwurms auf den Menschen nur eine untergeordnete Rolle.

Mäuse sind Zwischenwirte des Katzenbandwurms.

Bandwürmer benötigen zu ihrer Entwicklung **immer** mindestens einen Zwischenwirt. Das bedeutet, daß sich eine Katze nicht direkt bei einer anderen Katze mit Bandwürmern infizieren kann. Zwischenwirte für Bandwürmer können Insekten (Flöhe), Reptilien, Nagetiere oder landwirtschaftliche Nutztiere (Rind, Schwein, Schaf) sein. Landwirtschaftliche Nutztiere spielen allerdings bei der Bandwurmübertragung auf die Katze heute kaum noch eine Rolle. Durch die tierärztliche Fleischbeschau wird verhindert, daß finnenhaltiges Fleisch in den Verkehr gebracht wird.

Zwischenwirte des typischen Katzenbandwurms sind Mäuse, Ratten und andere Nagetiere. In der Muskulatur dieser Tiere sitzt die Finne, eine eingekapselte Zwischenform des Bandwurms. Frißt die Katze eine Maus, wird die Finne im Darm der Katze frei und entwickelt sich zum ausgewachsenen geschlechtsreifen Bandwurm. Die Endglieder des Wurms enthalten Eier und werden kontinuierlich mit dem Kot ausgeschieden. Werden die Bandwurmeier von Mäusen oder anderen Nagetieren aufgenommen (z. B. durch mit Katzenkot verschmutztes Getreide oder Samen), so entwickelt sich in deren Muskulatur erneut eine Finne. Damit ist der Kreislauf geschlossen.

Ist die Katze mit einem solchen Bandwurm infiziert, erkennen Sie dies recht deutlich an den etwa 8 x 4 mm großen, oft beweglichen weißen Bandwurmgliedern im Kot oder im Fell um den After des Tieres. Die Glieder des Parasiten sehen ähnlich wie Reiskörner aus. Vor allem in ländlichen Gebieten sind fast alle Katzen mit dem Katzenbandwurm infiziert. Auch kleine Kätzchen, die man mit etwa 8–10 Wochen vom Bauernhof mit nach Hause nimmt, sollten auf jeden Fall auch gegen Bandwürmer behandelt werden. Die Mutterkatze bringt ihren Kleinen schon im Alter von 3–4 Wochen die erste Maus mit, um sie mit diesem so wichtigen Beutetier vertraut zu machen. Daher sind auch schon ganz kleine Katzenbabys von Bandwürmern befallen. Starken Bandwurmbefall erkennt man oft an leicht vorgefallenen dritten Augenlidern, struppigem, stumpfem Fell und Durchfall. Der Katzenbandwurm kann nicht auf den Menschen übertragen werden.

Für den Menschen gefährlich ist der **Fünfgliedrige Fuchsbandwurm** (*Echinoccus multilocularis*). Wie der Name schon sagt, sind hauptsächlich Füchse als Endwirt damit infiziert. Zwischenwirt für diesen Parasit ist die Feldmaus. Der Mensch kann jedoch »Fehl-Zwischenwirt« werden, wenn die Eier des Bandwurms in seinen Magen-Darm-Trakt gelangen. Vor allem in der Leber, manchmal im Herz oder Gehirn, entwickelt sich dann eine bis zu kindskopfgroße Zyste, die Finne des Bandwurms. Solche Zysten sind, wenn überhaupt, nur chirurgisch zu entfernen. Für den befallenen Menschen besteht Lebensgefahr.

Katzen sind relativ selten mit dem Fuchsbandwurm infiziert. Feldmäuse sind für Katzen nicht sehr schmackhaft und werden ungern als Beutetiere gefressen. Die größere Gefahr für uns Menschen stellt der Fuchs dar. Er scheidet die Eier des Bandwurms mit dem Kot aus. Die Eier sind sehr widerstandsfähig und bleiben noch lange, nachdem der Kot durch Wind und Wetter verschwunden ist, infektionstüchtig. In gefährdeten Gebieten (Baden-Württemberg, Bayern, Österreich, Schweiz) sollten Sie daher keine ungewaschenen Waldfrüchte essen. Sie könnten mit den Eiern des Fünfgliedrigen Fuchsbandwurmes verunreinigt sein.

Bei freilaufenden Katzen in Waldgebieten gibt eine regelmäßige Kotuntersuchung Gewißheit darüber, ob die Tiere einen Fuchsbandwurm in ihrem Darm beherbergen oder nicht. Nur im positiven Fall, d.h. wenn wirklich Würmer nachgewiesen werden, sollte eine Wurmkur durchgeführt werden.

Spulwürmer

Spulwürmer benötigen zu ihrer Entwicklung keinen Zwischenwirt. Die Übertragung von Katze zu Katze ist möglich. Katzenbabys nehmen Spulwurmlarven mit der Muttermilch auf. Daher sind die meisten Katzenkinder verwurmt und müssen nach dem Absetzen entwurmt werden.

Spulwürmer benötigen zu ihrer Entwicklung **keinen** Zwischenwirt. Das bedeutet, daß sich die Katze direkt durch Aufnahme von Spulwurmeiern aus dem Kot infizierter Artgenossen **95**

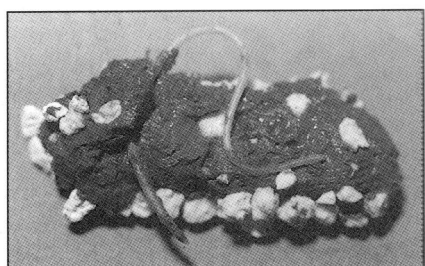

Spulwürmer findet man bei massivem Befall auch im Kot.

anstecken kann. Nach Aufnahme der Eier schlüpfen die Larven des Parasiten im Dünndarm der Katze. Sie bohren sich durch die Darmwand und gelangen über die Blutgefäße zum rechten Herzen und von dort über den Lungenkreislauf zur Lunge. Aus der Lunge bewegen sich die Larven aktiv zur Luftröhre. Durch die dadurch entstehende Reizung der Luftröhre entsteht ein Hustenreiz. Die Larven werden hochgehustet und abgeschluckt. Manchmal würgen die betroffenen Kätzchen zum Entsetzen ihrer Besitzer auch schon einmal Spulwürmer aus. Auf dem Fußboden oder Teppichboden sehen sie ähnlich wie Spaghetti aus. Die abgeschluckten, inzwischen zu geschlechtsreifen Würmern entwickelten Parasiten gelangen erneut in den Darm, paaren sich dort und geben ihre Eier über den Kot in die Außenwelt ab. Damit ist der Entwicklungskreislauf abgeschlossen. Einigen der im Körper wandernden Larven gelingt es nicht, aus der Lunge in die Luftröhre zu kommen. Sie werden mit dem Blutkreislauf in die Muskulatur der Katze gespült, wo sie sich einkapseln. Dort bleiben sie manchmal jahrelang ohne Beschwerden zu verursachen. Erst wenn die Katze trächtig wird, erwachen die eingekapselten Larven zu neuem Leben. Sie wandern in die Milchdrüse und gelangen über die Muttermilch in den Darm der neugeborenen Kätzchen. Aus diesem Grund sind 99 % aller kleinen Katzen mit Spulwürmern infiziert und müssen mit einem entsprechend wirksamen Wurmmittel behandelt werden. Bei der erwachsenen Katze gilt dagegen, um es nochmals zu betonen: Zuerst eine Kotuntersuchung und nur, wenn tatsächlich Würmer vorhanden sind, eine Wurmkur durchführen.

Hakenwürmer

Hakenwurmlarven können über die Haut in den Körper der Katze eindringen. Sie sind nicht auf den Menschen übertragbar.

Hakenwürmer schlüpfen in der Außenwelt aus den Eiern und können über die Haut (Pfoten) in den Körper der Katze eindringen. Während eines Wanderweges durch den Körper des Wirtes, ähnlich wie bei den Spulwürmern, häuten sie sich und erreichen schließlich als geschlechtsreife Würmer den Darm. Sie können auch über die Muttermilch auf junge Kätzchen übertragen werden. Die üblichen Wurmpasten für Katzenbabys sind gegen Spul- und Hakenwürmer wirksam.

Entwurmungsschema

Außer Katzenbabys, die grundsätzlich nach dem Absetzen von der Mutter entwurmt werden sollten, ist eine regelmäßige Entwurmung nicht zu empfehlen. Durch eine mikroskopische Kotuntersuchung sollte zunächst festgestellt werden, ob die Katze tatsächlich Würmer in ihrem Darm beherbergt. Nur dann, wenn das Tier wirklich verwurmt ist, sollte ein Medikament eingesetzt werden. Unnötiges Entwurmen belastet die Leber.

Die Hersteller von Entwurmungspräparaten empfehlen vielfach die regelmäßige Entwurmung von Katzen im Abstand von 6–12 Monaten. In den meisten Fällen ist dies jedoch unnötig. Substanzen, die Würmer abtöten, sind auch für Säugetiere nicht besonders gesund. Vor allem bei Katzen, deren natürlicher Entgiftungsmechanismus weniger gut ausgebildet ist als bei anderen Tieren, sollten sie nur angewandt werden, wenn es tatsächlich notwendig ist. Unnötige Entwurmungen belasten den Organismus der Katze. Folgendes Entwurmungsschema hat sich bewährt: Katzenbabys müssen nach dem Absetzen von der Mutter gegen Spul- und Hakenwürmer entwurmt werden. Da die üblichen Wurmpasten nur die Parasiten abtöten, die sich im Darm befinden, aber die wandernden Larven nicht erreichen, muß die Wurmkur je nach Präparat nach 8–14 Tagen wiederholt werden. Beachten Sie die Angaben auf dem Beipackzettel oder fragen Sie Ihren Tierarzt. Ist die Mutterkatze eine Freigängerin, so ist zusätzlich eine Entwurmung gegen Bandwürmer erforderlich. Auch die Mutterkatze sollte nach Absetzen der Jungen nochmals gegen Spul- und Hakenwürmer behandelt werden. Sie erinnern sich: Durch die Trächtigkeit werden die in der Muskulatur eingekapselten Wurmlarven wieder aktiv.

Bei erwachsenen Katzen, die nur in der Wohnung leben und keinen Kontakt zu Artgenossen haben, ist Wurmbefall sehr selten. Hier genügt zur Sicherheit eine mikroskopische Kotuntersuchung einmal im Jahr – am besten zusammen mit der fälligen Jahresimpfung. Bei freilaufenden Katzen ist eine Infektion vor allem mit Bandwürmern wahrscheinlicher. Hier empfehle ich, eine Kotuntersuchung im Abstand von 3–6 Monaten durchführen zu lassen.

Toxoplasmose

Durch geeignete Vorbeuge- und Vorsichtsmaßnahmen im Umgang mit der Katze kann eine Infektion mit Toxoplasmose sicher verhindert werden, so daß für Frauen, die ein Kind erwarten, kein Grund zur Panik besteht. Hauptinfektionsquelle für Menschen ist nicht die Katze, sondern roh oder halbgebraten verzehrtes Fleisch.

Ist eine Frau schwanger, so wird ihr nicht selten geraten, ihre Katze »abzuschaffen«, um das ungeborene Leben nicht durch eine Toxoplasmose-Infektion zu gefährden. Ein solcher Ratschlag ist sicherlich gut gemeint, dem Tier gegenüber ist er jedoch unverantwortlich und grausam. Unzureichende, übertriebene und oftmals falsche Informationen über die Gefahren einer Toxoplasmose-Infektion versetzen schwangere Frauen und Mütter häufig in schwere Gewissenskonflikte. Wie gefährlich ist die Toxoplasmose wirklich?

Der Erreger dieser Infektionskrankheit ist ein Parasit: *Toxoplasma gondii*. Fast alle Säugetiere und der Mensch können an Toxoplasmose erkranken. Aber **nur** die Katze scheidet Ei-ähnliche Dauerformen des Parasiten, sogenannte Oozysten mit dem Kot aus. Bei allen anderen Tieren bilden sich nach einer Infektion Erreger-Zysten in der Muskulatur.

Für den Menschen und die Katze gibt es zwei Möglichkeiten, sich mit *Toxoplasma gondii* zu infizieren. Zum einen – und das ist am häufigsten – durch den Verzehr von zystenhaltigem **rohem** Fleisch (z. B. Hackfleisch, halbdurchgebratene Steaks). Freilaufende Katzen stecken sich an, wenn sie Mäuse fressen, in deren Muskulatur *Toxoplasma*-Zysten sitzen. Kochen, Braten oder auch Tieffrieren bei −20 °C über mehrere Tage tötet die Erreger-Zysten im Fleisch sicher ab. Eine andere Möglichkeit ist die Infektion durch

Toxoplasma-Oozysten aus dem Katzenkot. Heute weiß man jedoch, daß diese Ansteckungsquelle für den Menschen eine relativ untergeordnete Rolle spielt. Der Mensch dürfte sich am häufigsten über rohes Schweinefleisch infizieren.

Welches sind nun die Symptome einer Toxoplasmose? Die meisten erwachsenen Katzen zeigen überhaupt keine Krankheitszeichen. Bei jungen oder geschwächten Tieren kommt es hin und wieder zu Störungen des Allgemeinbefindens mit Appetitlosigkeit und leichtem Fieber. Auch beim Menschen treten nur selten Beschwerden auf. Meist verläuft die Infektion »stumm«, d. h. ohne Symptome. Manchmal zeigt sich die Toxoplasmose als fieberhafter Infekt mit Schwellungen der Lymphknoten. Diese Symptome verschwinden jedoch in der Regel nach ein paar Tagen von selbst oder lassen sich durch die Gabe von Antibiotika oder Sulfonamiden gut beeinflussen. Nach überstandener Erkrankung besteht ein lebenslanger Schutz vor Neuinfektion.

Problematisch ist die Toxoplasmose für die schwangere Frau, die **vor** ihrer Schwangerschaft keinen Kontakt mit dem Erreger hatte. Infiziert sie sich dann während der Schwangerschaft, kann das zum Abort oder zur Schädigung des Kindes führen. Aber keine Angst! Man kann sich vor Toxoplasmose wirksam schützen. Zunächst einmal sollte sich jede Frau vor einer geplanten Schwangerschaft bzw. sofort, wenn sie merkt, daß sie sich in anderen Umständen befindet, einer Blutuntersuchung unterziehen. Das Ergebnis kann positiv oder negativ sein. Positiv bedeutet, daß sie bereits mit dem Erreger Kontakt hatte und Antikörper im Blut vorhanden sind. In diesem Fall besteht keine Gefahr für Mutter und Kind. Etwa 80 % der Bevölkerung in der BRD ist Antikörperpositiv. Ein negatives Ergebnis bedeutet, daß vor der Schwangerschaft kein Kontakt mit dem Erreger bestanden hat. Die Frau besitzt keine Antikörper gegen Toxoplasmose.

Wenn Antikörper gegen Toxoplasmose in Ihrem Blut gefunden wurden, brauchen Sie keinerlei Vorsichtsmaßnahmen in Bezug auf diese Infektionskrankheit zu ergreifen. Lassen sich jedoch keine Antikörper nachweisen, so sollten Sie zu Ihrem eigenen Schutz und zum Schutz Ihres Kindes während einer Schwangerschaft folgende Punkte unbedingt beachten:
1. Essen Sie während der gesamten Schwangerschaft kein rohes Fleisch. Meiden Sie vor allem Schweinefleisch in Form von Hackfleisch oder nur halb durchgebratenen Steaks.
2. Bringen Sie Ihre Katze zum Tierarzt. Drei Kotuntersuchungen im Abstand von jeweils 2 Tagen zeigen, ob das Tier *Toxoplasma*-Oozysten ausscheidet oder nicht. Wenn keine Oozysten im Kot der Katze festgestellt werden und das Tier nur in der Wohnung lebt, brauchen Sie sich weiter keine Sorgen zu machen. Ihre Katze ist gesund und kann sich in der Wohnung nicht infizieren, vorausgesetzt sie erhält kein **rohes** Fleisch.
3. Scheidet die Katze jedoch Dauerformen des Parasiten aus, so müssen Sie unbedingt **täglich** die Katzentoilette völlig ausleeren, mit sehr heißem Wasser säubern und mit frischem Streu auffüllen. Zur Sicherheit empfiehlt es sich, dazu Gummi- oder Einmalhandschuhe zu verwenden. Vielleicht kann diese Aufgabe auch ein anderes Familienmitglied für Sie übernehmen. Sie brauchen keine Desinfektionsmittel, um die Katzentoilette zu säubern, heißes Wasser genügt, die Oozysten abzutöten. Die Ei-ähnlichen Dauerformen des Erregers werden erst innerhalb 3–4 Tagen in der Außenwelt infektionstüchtig. Wenn Sie also die Katzentoilette täglich reinigen, kann nichts passieren. Im frischen Kot enthaltene Oozysten führen noch nicht zur Infektion. Auch im Fell der Katze eventuell haftende Dauerformen werden vor ihrer Reifung durch die den Tieren eigene gründlich Körperpflege weggeputzt. Sie können also, auch wenn Sie schwanger sind, ohne Gefahr Ihren vierbeinigen Freund streicheln.
4. Eine Toxoplasmose-Infektion bei der Katze läßt sich durch Medikamente behandeln. Aber eigentlich ist das gar nicht nötig, denn eine an Toxoplasmose erkrankte Katze scheidet in der Regel nur 3–6 Tage lang Oozysten mit dem Kot aus. Nach dieser Zeit ist die Infektion überstanden. Da sich je-

99

doch freilaufende Katzen an Mäusen immer wieder neu infizieren können, sollten Sie die genannten Vorsichtsmaßnahmen während der gesamten Schwangerschaft beibehalten. Eine Blutuntersuchung auf Antikörper gegen Toxoplasmose ist bei der Katze nicht sinnvoll, da sie über eine bestehende Infektion nichts aussagt. 74 % aller Katzen sind Antikörperpositiv, aber nur 0,6 % davon scheiden Oozysten aus.

Es ist also nicht nötig, sich aus Angst vor Toxoplasmose von einer Katze zu trennen. Es gilt auch hier der Ausspruch: »Gefahr erkannt, Gefahr gebannt.« Wer über die Erkrankung ausreichend informiert ist, kann sich wirksam davor schützen.

Durchfall

Durchfall ist ein ernstzunehmendes Symptom verschiedener Erkrankungen. Bei längerem Krankheitsverlauf verliert das Tier mit dem Kot große Mengen an Flüssigkeit, Elektrolyten und Nährstoffe. Die Suche nach der Ursache des Durchfalls darf daher nicht zu lange hinausgezögert werden.

Durchfall ist keine Erkrankung, sondern ein Symptom. Die verschiedensten Ursachen können Durchfall hervorrufen: Viren (z.B. Parvovieren, Coronaviren), Bakterien (z.B. Salmonellen), Parasiten (z.B. Würmer),

Nahrungsmittelallergien, Bauchspeicheldrüsenerkrankungen, Vergiftungen, falsche Ernährung und vieles mehr. Von Durchfall spricht man, wenn das Tier ungeformten, breiigen bis wäßrigen Kot absetzt. Vor allem bei längerem Krankheitsbestehen ist der Kotmasse oft Schleim oder Blut beigemischt. Der After ist durch die Reizung häufig gerötet. In manchen Fällen tritt unwillkürlich tropfenweise Darminhalt aus. Oft leiden die Tiere unter Blähungen und Bauchschmerzen. Bei schweren Durchfällen gehen dem Körper große Mengen an Wasser und Elektrolyten verloren. Der Patient trocknet aus. Es besteht vor allem bei ganz jungen sowie bei älteren und geschwächten Tieren Schockgefahr.

Die Behandlung von Durchfall richtet sich nach der Grundkrankheit. Durch bakterielle und parasitologische Untersuchungen des Stuhlgangs, durch Blutuntersuchungen und Röntgen versucht der Tierarzt die eigentliche Ursache zu ermitteln, um dann gezielt behandeln zu können. Gleichzeitig wird er die Beschwerden des kleinen Patienten durch entsprechende Medikamente lindern und, bei besonders geschwächten Tieren, den Kreislauf durch Infusionen stützen.

Bei leichtem Durchfall empfielt es sich, einen Tag auf jegliche Fütterung zu verzichten. Wasser muß der Katze immer in ausreichender Menge zur Verfügung stehen, um den Flüssigkeitsverlust auszugleichen. Danach wird eine **Diät** aus $^1/_3$ weichgekochtem

Reis (kein Vollkornreis!), ⅓ Hüttenkäse und ⅓ gekochten Möhren über mehrere Tage verabreicht. Manche Katzen verweigern diese Diät. In diesen Fällen bietet sich gekochtes Hühnerfleisch (mit einem Suppenwürfel gewürzt), mehrmals täglich in kleinen Portionen verfüttert, als Alternative an. Oft reguliert sich die Darmfunktion allein durch Diätmaßnahmen.

Wenn sich der Durchfall jedoch nicht innerhalb 2 Tagen bessert oder zusätzliche Symptome wie Erbrechen und Apathie hinzukommen, sollten Sie sofort den Tierarzt aufsuchen. Auch Durchfälle, die nach kurzzeitiger Besserung immer wieder neu auftreten, erfordern eine gründliche tierärztliche Untersuchung, um den Ursachen auf die Spur zu kommen.

Geben Sie Ihrer Katze niemals Kohlepräparate ohne ausdrückliche Verordnung durch den Tierarzt. Durchfall ist meist eine Schutzreaktion des Organismus, um krankmachende Keime aus dem Darm herauszuschleusen. Durch Kohle oder andere stopfende Mittel werden die Krankheitserreger im Darm zurückgehalten und können in den Körperkreislauf übertreten und zu schweren Allgemeinerkrankungen führen. Den Kot eindickende Medikamente ohne keimtötende Wirkung wie z.B. Kohle dürfen nur dann verabreicht werden, wenn durch eine bakteriologische Stuhluntersuchung gesichert ist, daß es sich nicht um eine durch Bakterien ausgelöste Darmerkrankung handelt.

Verstopfung

Verstopfung tritt bei übergewichtigen Katzen mit Bewegungsmangel gehäuft auf. Durch chronische Verstopfung kann sich der Darm ausweiten und träge werden, wodurch sich das Krankheitsbild verschlimmert. Ausreichende Bewegung, Gewichtsreduktion, ballaststoffreiche Ernährung und in ausgeprägten Fällen Darmeinläufe helfen das Problem zu beseitigen.

Unter Verstopfung leiden häufig ältere und übergewichtige Katzen und solche mit Bewegungsmangel. Da sich hinter einer chronischen Verstopfung auch eine ernsthafte Erkrankung verbergen kann, sollten Sie Ihren Vierbeiner, wenn die Verstopfung länger als 3–4 Tage andauert, gründlich untersuchen lassen. Geben Sie dem Tier keine Abführmittel aus Ihrer Hausapotheke. Viele Medikamente für den Menschen sind für Katzen giftig. Die Eingabe von Rizinusöl grenzt an Tierquälerei. Diese längst der Vergangenheit angehörende Behandlung von chronischer Verstopfung regt den Darm zu starker Peristaltik (Darmbewegung) an. Ist der Darmkanal durch eingetrockneten Kot verstopft, kann es die Katze schier zerreißen.

Eine ballaststoffreiche Ernährung (z.B. Eintagsküken), 1 Teelöffel Weizenkleie oder Milchzucker ins Futter, einmal pro Woche rohe Leber oder

Schlagsahne in kleinen Mengen verhelfen vor allem älteren Tieren zu regelmäßigem Kotabsatz. Viel Bewegung (Jagdspiele mit Wollfäden usw.) und regelmäßige Bauchmassage regen die Peristaltik (Darmbewegung) an.
Chronische Verstopfungen gehören in die Hände des Tierarztes, da sich daraus mit der Zeit ein Megakolon (erweiterter Dickdarm) bilden kann. Durch die massive Ansammlung von Kot weitet sich der Dickdarm, verliert seine Elastizität und wird träge. Die Peristaltik erlahmt, so daß die betroffenen Katzen keinen Kot mehr absetzen können. Blähungen, Bauchschmerzen, Erbrechen und Appetitlosigkeit sind die Symptome, die den Katzenbesitzer zum Tierarzt führen. Ein Megakolon erkennt man recht deutlich auf dem Röntgenbild.
Als Therapie wird eine sofortige Umstellung der Ernährung empfohlen. Durch Darmeinläufe und die Darmperistaltik anregende Medikamente wird versucht, den angesammelten Kot zu entfernen. In fortgeschrittenen Fällen bringt oft nur eine chirurgische Ausräumung des Dickdarms und Verengung des Darmkanals Erfolg. So weit sollten Sie es aber nicht kommen lassen. Durch eine artgerechte Ernährung und ausreichend Bewegung kann man Übergewicht und chronischer Verstopfung vorbeugen und damit die Entstehung eines Megakolons verhindern (siehe auch Seite 176).

Darmverschluß

Fehlender Kotabsatz zusammen mit Erbrechen und Störung des Allgemeinbefindens ist ein Alarmzeichen. Es besteht die Gefahr eines Darmverschlusses. Die Verengung des Darmkanals durch Fremdkörper, Tumoren oder knochenharten Kot ist eine Notfallsituation. Betroffene Tiere müssen sofort zum Tierarzt. Es besteht Lebensgefahr!

Von einem Darmverschluß spricht man, wenn der Darmkanal so verlegt (verengt) ist, daß der Nahrungsbrei nicht mehr weitertransportiert werden kann. Eine solch lebensbedrohliche Situation können Darmtumoren oder Fremdkörper (verschlucktes Spielzeug, Haare, Knochen) verursachen. Die Folgen sind Stauungen von Kot und Aufgasung der Darmschlingen. Der Bauch der betroffenen Tiere ist meist aufgebläht und fühlt sich hart und prall an. Die Patienten haben offensichtlich starke Schmerzen und sitzen häufig mit aufgekrümmtem Rücken. Sie haben keinen Kotabsatz! Innerhalb 10 Minuten bis zu einer halben Stunde nach der Nahrungsaufnahme erbrechen die Tiere das ganze Futter wieder. Im weiteren Verlauf lehnen die Patienten jegliche Futteraufnahme ganz ab und erbrechen nur noch gelblichen Schleim, der aus dem leeren Magen stammt.
Ein Darmverschluß ist immer eine

Notfallsituation. Ohne Hilfe sterben die Tiere innerhalb kurzer Zeit. Fehlender Kotabsatz im Zusammenhang mit Erbrechen ist immer verdächtig für das Vorliegen eines Darmverschlusses und sollte daher Anlaß sein, sofort (auch am Wochenende oder nachts) einen Tierarzt aufzusuchen. Einen tierärztlichen Notdienst gibt es inzwischen in fast allen Städten. Erkundigen Sie sich bei der Tierärztekammer Ihres Bundeslandes nach der Telefonnummer. Sie sollte für Notfälle immer griffbereit sein. Als Alternative zum Notdienst bieten sich die tierärztlichen Kliniken an. Sie sind nach der Berufsordnung für Tierärzte verpflichtet, Tag und Nacht für Notfälle erreichbar und einsatzbereit zu sein. Sicherlich liegt eine Tierklinik auch in Ihrer Nähe.

Da ein Darmverschluß nur mit Hilfe einer Röntgenaufnahme diagnostiziert werden kann, ist es nicht sinnvoll, einen Tierarzt zu sich nach Hause zu bitten. Er kann seinen Röntgenapparat ja schließlich nicht mitbringen. Es vergeht nur wertvolle Zeit, bis dem Tier durch eine Operation geholfen werden kann.

Analbeutelentzündung

Analbeutel sind sackähnliche Gebilde am Ende des Dickdarms, die ein für Menschen übelriechendes Sekret ausscheiden. Bei Verstopfung der Ausführungsgänge können Entzündungen und Abszesse auftreten. Bei Katzen, die sich ständig im Analbereich lecken, die Oberschenkel oder den Schwanz benagen, sollten die Analbeutel kontrolliert werden.

Kurz vor dem After münden die Ausführungsgänge der Analbeutel in das Endstück des Darms. Die Analbeutel enthalten ein für uns Menschen übelriechendes Sekret, das in der Haut der sackähnlichen Gebilde produziert und in den Beuteln gespeichert wird. Katzen, nach Ihrer Meinung gefragt, würden den Geruch des Sekretes sicherlich als angenehm duftend beschreiben. So sind die Geschmäcker verschieden. Mit jedem Kotabsatz wird durch die Darmperistaltik tröpfchenweise Sekret aus den Ausführungsgängen herausgestoßen und in die Außenwelt abgegeben.

Die Funktion des Analbeutelsekretes ist noch nicht ganz geklärt. Man vermutet, daß es eine wichtige Aufgabe im Rahmen der Kommunikation zwischen Artgenossen zu erfüllen hat. Manchmal, vor allem in Angstsituationen (z.B. auf dem Untersuchungstisch des Tierarztes), wird auch spontan Sekret ausgestoßen.

103

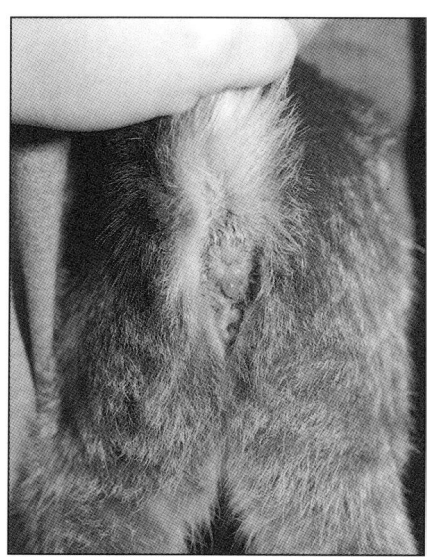

*Übermäßige Bildung von Analbeutel-
sekret, hervorgerufen durch häufiges
Ausdrücken. Das Sekret tritt aus dem
After tröpfchenweise aus.*

Erkrankungen der Analbeutel sind
bei Katzen erfreulicherweise recht selten. Bei Darmerkrankungen mit
Durchfall oder Verstopfung kann sich
zeitweise, durch mangelhafte Entleerung, Sekret ansammeln und die Ausführungsgänge verstopfen. Durch
den Sekretstau und die damit verbun-
dene Reizung können Entzündungen
bis hin zu Abszessen der Analbeutel
entstehen. Plötzlicher Juckreiz im
Afterbereich veranlaßt die Tiere, sich
zu belecken und zu benagen. Der
Juckreiz strahlt scheinbar über größere Flächen und läßt sich von den be-
troffenden Tieren offenbar nicht genau lokalisieren. Sie nagen und krat-

zen daher auch oft an der Oberschen-
kelmuskulatur und am Schwanzan-
satz.

Wellenartige Bewegungen der Wirbel-
säulenmuskulatur und oft heftiges
Schwanzschlagen zeigen dem Katzenbesitzer, daß etwas nicht in Ordnung
ist. Bei der Untersuchung findet man
rechts und links um den After Schwellungen oder, im fortgeschrittenen Stadium, schwerzhafte Beulen. Diese
Beulen können aufbrechen und ein
blutig-eitriges Sekret absondern.

Die Therapie besteht zunächst in der
Entleerung der verstopften Analbeutel. Ist die Flüssigkeit eitrig, muß ein
Antibiotikum verabreicht werden.
Spülungen der Analbeutel mit einem
desinfizierenden Medikament för-
dern die Heilung und verhindern ein
Verkleben der entzündeten Ausführungsgänge. Die routinemäßige
Entleerung nicht erkrankter Analbeutel ist nicht zu empfehlen. Es scheint,
daß dadurch die Produktion von Sekret nur beschleunigt und eine Über-
füllung der Beutel mit Verstopfung
der Ausführungsgänge gefördert
wird.

Übermäßige Sekretbildung findet
man häufig auch bei unkastrierten
Katern. Die Analbeutelflüssigkeit tritt
dabei tropfenweise aus dem After aus.
Das ist für den Menschen recht unangenehm, vor allem dann, wenn das
Tier Kleidung, Bettwäsche oder Polstermöbel damit beschmutzt. Durch
eine Kastration bessert sich der Zustand in den meisten Fällen.

Leber

Die Funktion der gesunden Leber

Die Leber ist eine Anhangsdrüse des Verdauungsapparates und nimmt im gesamten Stoffwechselgeschehen eine zentrale Stellung ein. Ihre Tätig-keit steht mit allen übrigen Organen in enger Wechselbeziehung. Bei einer Erkrankung der Leber werden daher alle Körperorgane in Mitleidenschaft gezogen. Die Leber liegt in der Bauch-höhle, mit einer Seite dem Zwerchfell

Die Leber ist das Zentralorgan des Verdauungstraktes. Als Kraftwerk des Organismus bewältigt sie vielfältige Aufgaben im Stoffwechsel.

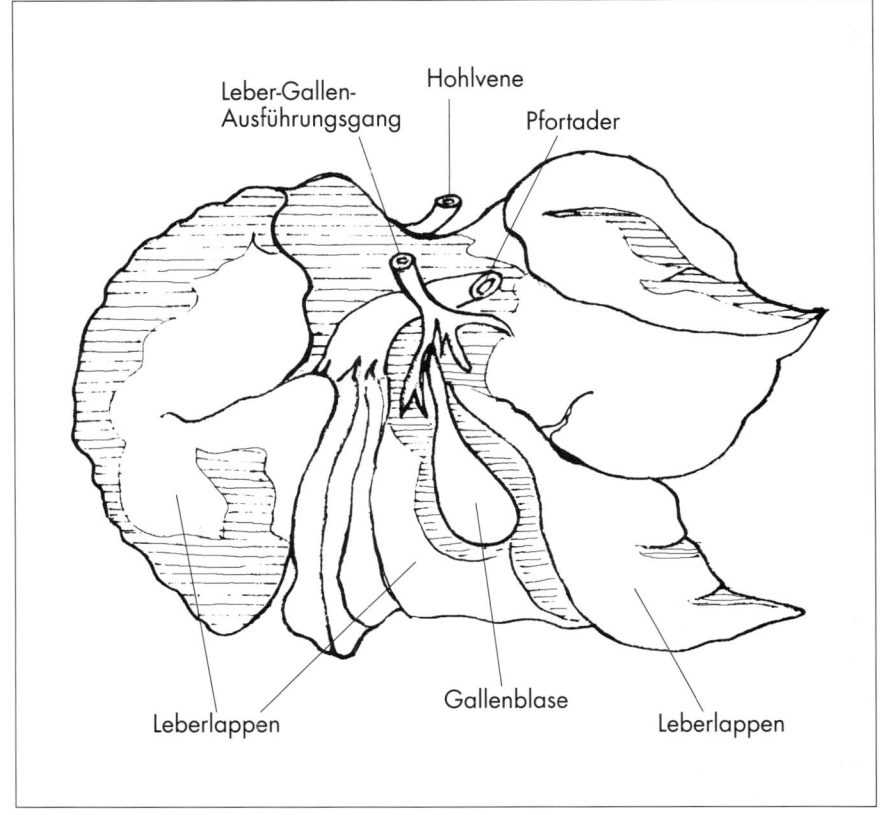

Leber-Gallen-Ausführungsgang

Hohlvene

Pfortader

Leberlappen

Gallenblase

Leberlappen

angeschmiegt, und läßt sich bei schlanken Katzen gut tasten. Die **Gallenblase** findet man auf der dem Zwerchfell gegenüberliegenden Seite, der Eingeweideseite der Leber. In der Gallenblase wird die in der Leber gebildete Gallenflüssigkeit gesammelt und bei Bedarf zur Fettverdauung in den Dünndarm abgegeben.

Die Aufgaben der Leber sind so vielfältig, daß sie häufig als Kraftwerk des Organismus bezeichnet wird. Sie baut aus kleinsten Nahrungsteilchen (Aminosäuren, Fettsäuren), die ihr vom Darm über das Blut zufließen, körpereigenes Gewebe auf. Aus der Nahrung stammende Zucker wandelt sie in ein Depotsubstrat (Glykogen) um. Dieses wird solange in der Leber gespeichert, bis es gebraucht wird. Zum Traubenzucker (Glukose) umgebaut, dient es zur Ernährung der Körperzellen. Außerdem lagern in der Leber auch Vitamine (A, D, E, K) und Spurenelemente (Eisen, Zink, Mangan und Kupfer) bis zu dem Zeitpunkt, an dem sie vom Organismus benötigt und abgerufen werden. Die Leber hat damit **Aufbau- und Speicherfunktion**.

Giftige Substanzen aus der Nahrung, verbrauchtes Körpergewebe (z. B. zerfallene Blutkörperchen) und Stoffwechselendprodukte werden von der Leber abgebaut. Sie dient damit der **Entgiftung** des Körpers.

In der Leber wird Galle gebildet. Diese hilft bei der Verdauung von Fett im Dünndarm, indem sie das Fett im Nahrungsbrei emulgiert (ähnlich wie Geschirrspülmittel das Fett im Spülwasser) und so für die Verdauungsenzyme angreifbar macht. Durch die Bildung und Sekretion von Galle hat die Leber auch eine **Drüsenfunktion**.

Nicht zuletzt werden in der Leber Abwehrstoffe gegen Infektionskrankheiten sowie Bestandteile für die Blutgerinnung produziert. Dadurch erhält die Leber neben anderen Abwehrorganen (Knochenmark, Thymus, Lymphknoten) eine **Abwehrfunktion** gegen Krankheiten.

Leberentzündung

Eine Entzündung der Leber kann durch Vergiftungen, durch Bakterien oder Parasiten sowie im Rahmen der Felinen Infektiösen Peritonitis auftreten. Die Symptome sind Appetitlosigkeit, Abmagerung, Erbrechen, Durchfall, Blähungen, Gelbsucht und Bauchwassersucht. Im fortgeschrittenen Stadium können zentralnervöse Störungen mit Krämpfen und Gleichgewichtsstörungen hinzukommen.

Erfreulicherweise sind spezielle, nur die Leber betreffende Krankheiten bei der Katze im Vergleich zu Hunden relativ selten. Das ist natürlich für einen Katzenbesitzer, dessen vierbeiniger Freund an einer Lebererkrankung leidet, kein Trost. Schwere Leberveränderungen treten meist im Zusammenhang mit anderen Krankheiten oder Vergiftungen auf. Entzündungen des Organs findet man bei der Felinen Infektiösen Peritonitis oder nach Vergiftungen z. B. mit Mineralölen. Auch Bakterien (Salmonellen) oder Parasiten (Leberegel) können, wenn auch selten, zu akuten Hepatitiden (Leberentzündungen) führen.

Die Symptome sind nicht einheitlich, so daß zur Diagnose umfangreiche Untersuchungen erforderlich sind. Neben Appetitlosigkeit, Abmagerung, Erbrechen, Durchfall, Blähungen, Gelbsucht (mit Gelbfärbung der Haut und der Schleimhäute) sowie Bauchwassersucht können auch Funktionsstörungen des Gehirns mit Krämpfen und Gleichgewichtsstörungen bis hin zum Koma auftreten. Krankheitszeichen zeigen sich jedoch meist erst im fortgeschrittenen Stadium einer Leberschädigung, weshalb die Tiere oft erst spät zur Behandlung gebracht werden. Eine regelmäßige Gesundheitskontrolle, gerade auch im Bezug auf Lebererkrankungen, ist aus diesem Grund besonders wichtig (siehe Seite 160).

Durch Bestimmung der Leberwerte im Blut kann der Tierarzt das Ausmaß der Erkrankung beurteilen. Röntgenuntersuchungen geben Aufschluß über sichtbare Veränderungen des Organs (Schrumpfung, Vergrößerung, Tumoren). Die Therapie von Lebererkrankungen ist schwierig und richtet sich nach der Grundkrankheit. Eine spezielle für alle Leberkrankheiten günstige Diät gibt es nicht. Die Futterzusammensetzung muß dem jeweiligen Grad der Organschädigung und den auftretenden Symptomen angepaßt werden. Günstig hat sich aber stets das Verteilen des Futters über den Tag auf mehrere kleine Mahlzeiten erwiesen. Dadurch werden die Verdauungsorgane und damit auch die Leber entlastet.

Welche Medikamente zur Behandlung Ihrer Katze erforderlich sind, entscheidet der Tierarzt nach Auswertung seiner Untersuchungsergebnisse. Bitte verwenden Sie niemals eigene Präparate, die Sie vielleicht von Ihrem Hausarzt zur Behandlung eines Leberleidens erhalten haben, für Ihre Katze. Solche humanmedizinischen Medikamente sind für die Katze völlig ungeeignet und können das Krankheitsgeschehen verschlimmern.

Leberverfettung

Die Leberverfettung ist eine Erkrankung der übergewichtigen Katze. Durch die Einlagerung von Fett wird die Funktion der Leber eingeschränkt. Sie kann wichtige Aufgaben im Stoffwechsel nur noch teilweise oder gar nicht mehr erfüllen. Die Folgen sind schwere Störungen des Allgemeinbefindens bis hin zum Tod. Die beste Vorbeugung gegen Leberverfettung ist eine dem Bedarf des Tieres angepaßte Ernährung.

Eine speziell bei übergewichtigen Katzen auftretende Erkrankung ist die Leberlipidose. Sie hat ihre Ursache in der Ablagerung von Fett im Lebergewebe, wodurch schwere Funktionsstörungen des Organs auftreten. Ausgelöst wird die Krankheit durch vermehrten Abbau aus Fettdepots des Körpers bei Hungersituationen (z.B. bei anderen appetithemmenden Krankheiten) oder durch Mangel an Insulin (bei Diabetes mellitus). Das nun im Blut kreisende Fett kann durch die Leber nicht schnell genug verarbeitet werden und lagert sich dort ab.

Die Therapie richtet sich auch hier nach der Grundkrankheit (z.B. Insulingabe bei Diabetes mellitus). Die Aussicht auf Heilung ist jedoch zweifelhaft, da bei Auftreten der Symptome oft schon schwere Leberschädigungen bestehen. Eine Intensivbehandlung der erkrankten Kätzchen mit Infusionen und speziellen Medikamenten ist auf jeden Fall erforderlich, denn es besteht akute Lebensgefahr.

Übergewichtige Kätzchen dürfen nicht hungern! Eine angestrebte Gewichtsreduktion muß langsam über mehrere Wochen und Monate erfolgen, um zu schnellen Fettabbau aus den Depots und damit eine Leberlipidose zu verhindern. Wenn adipöse (übergewichtige) Katzen aufgrund anderer Erkrankungen das Futter verweigern, müssen sie, um einen zu schnellen Fettabbau entgegenzuwirken, unbedingt zwangsernährt werden. Besser ist natürlich, wenn eine Katze erst gar nicht dick wird (siehe Seite 173). Die beste Vorbeugung gegen Leberverfettung ist eine ausgewogene, dem Bedarf der Katze angepaßte Ernährung.

Leberzirrhose

Bei der Leberzirrhose wird aufgrund verschiedener Ursachen zerstörtes Lebergewebe durch funktionsloses Narbengewebe ersetzt.

Bei der Leberzirrhose wird aufgrund verschiedener Ursachen zerstörtes Lebergewebe durch funktionsloses Narbengewebe ersetzt.

Die Leberzirrhose ist keine eigene Erkrankung, sondern die Folge von Schädigungen dieses Verdauungsorgans durch die verschiedensten Ursachen (Entzündungen, Vergiftungen, Verletzungen). Zerstörtes Lebergewebe kann ab einem gewissen Grad der Schädigung nicht mehr regeneriert werden. Es wird durch bindegewebiges Narbenmaterial ersetzt, wodurch das Organ einen Teil seiner Funktionsfähigkeit einbüßt. Symptome entstehen meist erst, wenn bereits ein großer Teil der Leber verändert ist. Eine Therapie der Leberzirrhose selbst ist nicht möglich. Das Fortschreiten kann man, wenn überhaupt, nur stoppen, wenn die Ursachen gefunden und abgestellt werden.

Lebertumoren

> Lebertumoren treten bei Katzen
> hauptsächlich im Rahmen einer
> Leukose-Infektion auf.

Lebertumoren werden bei der Katze
hauptsächlich im Zusammenhang mit
der Leukose beobachtet. Auch hier
treten schwere Symptome erst im fortgeschrittenen Stadium auf. Ob eine
Behandlung erfolgversprechend ist,
kann der Tierarzt nur im Einzelfall entscheiden. Bei durch Blutuntersuchung
nachgewiesener Leukose kann eine Paramunisierung (siehe Seite 41) versucht werden. Auch eine chirurgische
Therapie, vor allem bei Tumoren, die
nicht auf Leukose zurückzuführen
sind, könnte man in Erwägung ziehen.
In den meisten Fällen kommt jedoch
jede Behandlung zu spät.

Bauchspeicheldrüse

Die Funktion der gesunden Bauchspeicheldrüse

Die Bauchspeicheldrüse (Pankreas) ist ein kleines unscheinbares, hellrosafarbenes Organ, das etwas unterhalb des Magens im Aufhängungsapparat (Gekröse) des Dünndarms eingebettet ist. So klein das Pankreas auch ist, so wichtig ist es für die Verdauung. Es hat zwei bedeutende Funktionen. In speziellen Zellen, den »Langerhansschen Inseln«, die über die gesamte Bauchspeicheldrüse verteilt sind, werden die Hormone Insulin und sein Gegenspieler Glukagon gebildet. Beide Hormone kontrollieren den Kohlenhydratstoffwechsel. Insulin bringt Glukose (Traubenzucker) zu den Körperzellen und senkt den Blutzuckerspiegel. Glukagon bringt den in der Leber gespeicherten Zucker z. B. bei körperlicher Anstrengung in die Blutbahn und erhöht den Blutzuckerspiegel. Beide Hormone zusammen sorgen für einen ausgeglichenen Zuckergehalt im Blut. Die zweite wichtige Aufgabe der Bauchspeicheldrüse ist die Bildung von Pankreassaft. Er enthält die Enzyme Amylase, Lipase und Trypsin. Diese Enzyme werde über den Ausführungsgang des Pankreas in den Dünndarm geleitet, wo sie die Kohlenhydrate, Fette und Eiweiße aus der Nahrung in ihre kleinsten Bausteine zerlegen. Nur so kann die Nahrung vom Körper verwertet werden.

Die Langerhansschen Inseln mit ihrer Ausschüttung der Hormone Insulin und Glukagon werden als inkretorischer Pankreasteil bezeichnet. Der übrige Teil der Bauchspeicheldrüse, der für die Bildung von Verdauungsenzymen verantwortlich ist, nennt man in der medizinischen Fachsprache exkretorischer Pankreasteil.

Erkrankungen des exkretorischen Pankreas

Erkrankungen der Bauchspeicheldrüse mit Einschränkung der Enzymbildung führen zu ausgeprägten Verdauungsstörungen. Durchfälle, Blähungen und Abmagerung trotz gutem Appetit sind vorherrschende Symptome. Akute Entzündungen der Bauchspeicheldrüse sind Notfallsituationen. Die Tiere leiden unter starken Schmerzen und müssen durch Intensivmaßnahmen des Tierarztes behandelt werden. Bei chronischen Pankreaserkrankungen helfen Enzympräparate, eine schleichende Entkräftigung des Patienten zu verhindern.

Akute und chronische Entzündungen des Pankreas mit Störung der Enzymbildung werden bei Katzen häufiger gesehen. Die auslösenden Ursachen einer Pankreatitis (Entzündung der Bauchspeicheldrüse) sind nicht immer festzustellen. Die Symptome dagegen, vor allem bei akuten Krankheitsschüben, sind dramatisch. Die Tiere leiden unter starken Schmerzen im gesamten Bauchbereich. Erbrechen, Durchfall und Störungen des Allgemeinbefindens bis hin zum akuten Kreislaufversagen (Schock) sind nicht selten. Als Sofortmaßnahme bei **akuten** Entzündungen der Bauchspeicheldrüse muß jegliche Futter- und Flüssigkeitsaufnahme eingestellt werden, um die Sekretion von Pankreasenzymen zu unterbrechen. Durch die Entzündung geht die Schutzschicht auf der Schleimhaut der Ausführungsgänge und in der Bauchspeicheldrüse verloren, so daß das eiweißverdauende Trypsin körpereigenes Gewebe angreifen kann. Es kommt zur Selbstverdauung des Organs durch seine eigenen Enzyme. Das kann bis zur völligen Zerstörung des Pankreas und damit zum Tod des Tieres führen. Um das zu verhindern, muß der kleine Patient über mehrere Tage allein durch die Vene (mit Infusionen) ernährt werden. Medikamente zur Bekämpfung der Entzündung selbst sowie zur Stabilisierung des Kreislaufs und Schmerzmittel sind bis zur Genesung ebenfalls erforderlich. Die **chronische** Pankreatitis zeigt sich

nicht ganz so dramatisch. Vorherrschend sind hier die Einschränkung der Enzymbildung und die dadurch entstehenden Verdauungsstörungen. Wenn zuwenige Enzyme in den Darm abgegeben werden, können die Nahrungseiweiße nicht zu Aminosäuren, die Kohlenhydrate nicht zu einfachen Zuckern und die Fette nicht in Fettsäuren gespalten werden. Die Folge davon ist, daß das Futter unverdaut nach Passage des Dünn- und Dickdarms ausgeschieden wird. Der Nahrungsbrei gärt durch bakterielle Zersetzung im Darm. Es entstehen Blähungen und Durchfälle. Der ausgeschiedene dünnflüssige Kot ist durch seinen hohen Anteil an unverdautem Fett ganz hell und aufgrund der bakteriellen Zersetzung widerlich stinkend. Die betroffenen Tiere magern trotz unmäßiger Futteraufnahme bis auf die Knochen ab und sterben an Entkräftung.

Nicht immer fehlt es vollständig an Verdauungsenzymen. In vielen Fällen liegt lediglich eine verminderte Bildung von Pankreassaft vor. Die Symptome sind dann nicht ganz so deutlich. Man spricht in diesem Fall von chronischer Pankreasinsuffizienz (Minderleistung der Bauchspeicheldrüse). Eine eindeutige Diagnose kann der Tierarzt nur durch eine Kot- und Blutuntersuchung stellen. Wenn im Kot ein großer Prozentsatz unverdauter Nahrung und zuwenig Enzyme gefunden werden, spricht das für eine Pankreasinsuffizienz. Durch einen **111**

Erkrankungen des exkretorischen Pankreas können in jedem Alter auftreten.

Spezialbluttest kann diese Verdachtsdiagnose erhärtet werden.

Die Beschwerden verschwinden meist, wenn der Nahrung etwa eine Viertelstunde vor dem Verfüttern Pankreasenzyme in Pulverform beigemischt werden. Das Futter wird dadurch im Napf vorverdaut. Der Patient darf keine auch noch so kleine Menge anderes Futter zu sich nehmen, sonst entstehen Blähungen und Bauchschmerzen. Sollte er doch einmal etwas erwischen, was nicht mit den Enzymen vorverdaut wurde, kann man die entstehenden Beschwerden durch krampflösende Medikamente lindern. Ihr Tierarzt wird Ihnen solche Spasmolytika, am besten in Zäpfchenform, für den Notfall gerne überlassen. Nach Anweisung des Arztes angewandt, haben sie keine Nebenwirkungen. Wenn Ihre Katze nachgewiesenerweise unter Pakreasinsuffizienz leidet, sollten Sie krampflösende Medikamente in Ihrer Hausapotheke vorrätig haben. Bei konsequenter Fütterung mit ausschließlich vorverdauter Nahrung kann man die schweren Verdauungsstörungen vermeiden und die Lebensfreude des Patienten trotz Pankreasinsuffizienz erhalten.

Diabetes mellitus

Diabetes mellitus, die Zuckerkrankheit, tritt hauptsächlich bei übergewichtigten Katzen auf. Hauptsymptome sind Schwäche, übermäßige Flüssigkeitsaufnahme und Gewichtsverlust. Die erkrankten Tiere müssen strengste Diät halten. Da die Bauchspeicheldrüse nicht mehr ausreichend Insulin bilden kann, muß das Hormon gespritzt werden. Bei sachgemäßer Behandlung können zuckerkranke Katzen ein beschwerdefreies Leben führen.

Die Zuckerkrankheit oder Diabetes mellitus, wie die Erkrankung in der medizinischen Fachsprache genannt wird, ist eine Stoffwechselstörung. Die Bauchspeicheldrüse ist dabei nicht in der Lage, genügend Insulin zur Verarbeitung von Kohlenhydraten zu produzieren. Es kommt zu erhöhten Blutzuckerwerten und Ausscheidung von Zucker (Glukose) mit dem Urin. Schätzungsweise 2–4 % der Menschen in Europa sind zuckerkrank. Viele dieser Patienten wußten meist lange nicht, daß sie unter Diabetes mellitus leiden. Oft wird die Erkrankung der Bauchspeicheldrüse, die anfänglich kaum Symptome zeigt, zufällig im Rahmen einer Allgemeinuntersuchung entdeckt. Die Ernährungsindustrie hat sich längst auf die Bedürfnisse der großen Zahl von Diabetikern eingestellt. Spezielle Diäterzeugnisse mit Zuckeraustauschstoffen werden inzwischen fast überall in großer Auswahl angeboten. Viele Experten vertreten die Meinung, daß die steigende Diabetikerzahl auf den gestiegenen Wohlstand zurückzuführen ist. Fehlernährung, Übergewicht und zuwenig Bewegung sind die Hauptrisikofaktoren für Diabetes mellitus.

Auch bei Katzen scheint die Zuckerkrankheit in den letzten Jahren immer häufiger aufzutreten. Da Blutuntersuchungen bei diesen Tieren im Gegensatz zum Menschen jedoch selten vorsorglich durchgeführt werden, sondern erst dann, wenn ernstliche Beschwerden auftreten, ist die Zahl der an Diabetes mellitus erkrankten Samtpfoten nicht genau bekannt. Die Dunkelziffer ist offensichtlich hoch.

Dem Tierbesitzer fallen die anfänglich nur leichten Symptome der Stoffwechselentgleisung zunächst kaum auf. Dadurch kommen die kleinen Patienten vielfach erst in tierärztliche Behandlung, wenn schwere Störungen des Allgemeinbefindens wie Schwäche, Erbrechen und Abmagerung auftreten.

Insulin ist ein Hormon, das beim gesunden Organismus von bestimmten Zellen der Bauchspeicheldrüse (Langerhanssche Inseln) in die Blutbahn abgegeben wird. Es sorgt unter anderem für den Einbau des im Blut vorhandenen Zuckers (Glukose) in die Körperzellen. Indirekt ist es auch für den Fett- und Eiweißstoffwechsel lebensnotwendig. Fehlt Insulin, so »verhungern« die Körperzellen bei gleichzeitigem Anstieg der Zuckermenge im Blut. Als Ausgleich werden vermehrt Körperfett und Körpereiweiß abgebaut, um den Energiehaushalt des Körpers aufrechtzuerhalten. Die betroffenen Tiere magern im Verlauf der Erkrankung stark ab.

Durch den krankhaft erhöhten Abbau von Körpersubstanzen entstehen vermehrt giftige Stoffwechselendprodukte, die so schnell nicht eliminiert werden und dadurch Schäden im Körper verursachen können. Das diabetische Koma, eine lebensgefährliche Notfallsituation, wird durch diese giftigen Stoffwechselendprodukte hervorgerufen. Für die Zuckerkrankheit typische Spätschäden sind vor allem Veränderungen an den Blutgefäßen **113**

(Arteriosklerose) und Leberfunktionsstörungen. Die Gefäßveränderungen können im ganzen Körper auftreten. An den Augen verursachen sie eine schleichende Erblindung, im Gesamtorganismus sind sie für Infarkte (Herz, Gehirn), für Durchblutungsstörungen, schlecht heilende Wunden und vieles andere mehr verantwortlich.

Die Krankheit tritt bei Katzen vorzugsweise ab dem 6. Lebensjahr auf. Die Patienten trinken auffallend viel und setzen dadurch vermehrt Urin ab. Sie schlafen sehr viel, spielen weniger und erscheinen insgesamt lustlos und schlapp. Da jedoch zuckerkranke Kätzchen häufig auch übergewichtig und damit vielfach träge sind, fällt die zunehmende Schlappheit zunächst nicht auf. Spätestens aber, wenn starker Gewichtsverlust trotz gleichbleibender Futteraufnahme, Erbrechen und deutliche Schwäche auftreten, wird der verantwortungsvolle Katzenbesitzer einen Tierarzt aufsuchen.

Eine Blutuntersuchung gibt Gewißheit. Blutzuckerwerte von 80–100 sind normal. In Steßsituationen, wie z. B. bei einem Tierarztbesuch, kann der Blutzucker bis zu einem Wert von etwa 160 mg/dl ansteigen, ohne daß eine Erkrankung vorliegt. Werte über 200 mg/dl deuten sehr wahrscheinlich, Werte über 300 mg/dl sicher auf Diabetes mellitus hin. In Zweifelsfällen muß die Blutuntersuchung wiederholt oder ein Spezialtest (Glukosebelastungstest) durchgeführt werden.

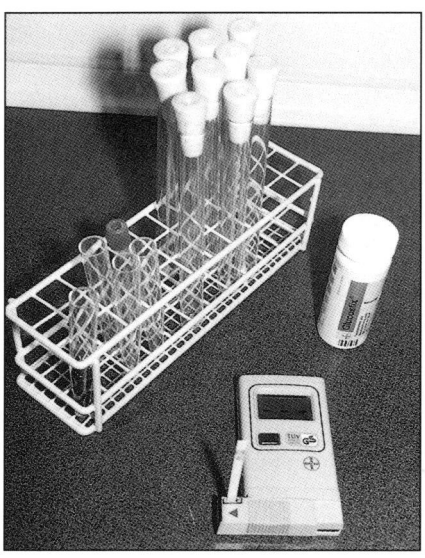

Bei der Einstellung des Patienten auf die richtige Insulinmenge wird der Blutzuckerwert mehrmals täglich kontrolliert.

Für die Blutzuckeruntersuchung sollte die Katze nach Möglichkeit nüchtern sein.

Die Behandlung des Diabetes mellitus steht auf zwei Säulen. Ziel einer Behandlung ist die Senkung des Blutzuckerspiegels. Dazu gehört eine konsequente **Diäternährung** der kleinen Patienten. In leichten Fällen reicht das aus, um die Blutzuckerwerte in den Normbereich (80–100 mg/dl) zurückzuführen. Die diabetischen Tiere erhalten eine eiweißreiche, kohlenhydrat- und fettarme Nahrung. Am besten eignet sich mageres, gekochtes Geflügel- oder Schaffleisch. Auch Hüttenkäse ist zu empfehlen. Auf Beigaben wie Katzenflocken, Reis oder andere Kohlenhydrate sollten Sie verzichten. Wenn Sie Dosenfutter bevorzugen, sollten Sie spezielles kohlenhydratarmes Diätfutter (beim Tierarzt erhältlich) verwenden. Es empfiehlt sich, mindestens zweimal, besser noch drei- bis viermal täglich kleine Mahlzeiten zu füttern. Blutzuckerkontrollen sollten anfänglich, um die Wirkung der Diät zu kontrollieren, einmal wöchentlich, später dann einmal im Monat durchgeführt werden. In schweren Krankheitsfällen muß **Insulin** regelmäßig gespritzt werden. Jede Katze muß auf die für sie richtige Insulinmenge individuell eingestellt werden. Allgemeingültige Dosisangaben gibt es nicht. Zur Einstellung sollte das Tier am besten 1–2 Tage in eine Tierklinik. Danach muß die erforderliche Insulinmenge täglich vom Besitzer selbst unter die Haut des Patienten gespritzt werden. Das ist ganz einfach und nach Anleitung durch den Tierarzt für jeden Katzenfreund leicht zu erlernen.

Die Behandlung des Diabetes mellitus mit Tabletten führt bei der Katze nicht zum Erfolg. Die richtige Ernährung ist besonders bei insulinabhängigen Tieren sehr wichtig, um Unterzuckerungen mit eventuell auftretenden Schocksymptomen zu verhindern. Es hat sich bewährt, kurz vor der Insulininjektion zu füttern und dann etwa 5–7 Stunden danach nocheinmal. Da der individuelle Insulinbedarf Schwankungen unterworfen ist, muß der Urin mit Hilfe von Teststäbchen täglich auf Zucker und Ketonkörper (Stoffwechselendprodukte) untersucht werden.

Trotz konsequenter Diät und sorgfältiger Einstellung des Patienten auf die notwendige Insulinmenge kann es, wenn auch selten, bei einer Überdosierung von Insulin zur **Unterzuckerung** kommen. Die Symptome – plötzliche Schwäche, Zittern, Krämpfe – sollten jedem Besitzer einer diabetischen, insulinpflichtigen Katze bekannt sein. Bei Auftreten dieser Symptome müssen Sie sofort handeln. Die sofortige Gabe von Zuckerwasser in die Mundhöhle des kleinen Patienten rettet ihn vor einem hypoglykämischen Schock (Schock aufgrund Unterzuckerung).

All dies scheint auf den ersten Blick sehr aufwendig und mancher Katzenbesitzer fühlt sich zunächst überfordert, zumal die Behandlung einer diabetischen Katze lebenslang erfolgen muß. Die Frage, ob man solche Patienten nicht besser einschläfern lassen soll, wird häufig gestellt. Wenn man jedoch eine richtig eingestellte und konsequent ernährte Katze beobachtet, wird man sehr schnell zu der Überzeugung kommen, daß sich jeder Aufwand lohnt, um die offensichtliche Lebensfreude noch einige Jahre zu erhalten. Wir haben die Tiere in unsere Zivilisation integriert und sie den gesundheitlichen Gefahren des Wohlstandes ausgesetzt. Das verpflichtet uns auch, diese Tiere an den Segen der modernen Medizin teilhaben zu lassen.

Harnorgane

Die Funktion
der gesunden Harnorgane

Zu den Harnorganen gehören zwei Nieren, zwei Harnleiter, eine Harnblase und eine Harnröhre. Die Nieren liegen im Bauchraum nahe der Wirbelsäule in eine polsternde Fettkapsel eingelagert. Dadurch sind sie relativ gut gegen Stöße und damit gegen Verletzungen von außen geschützt.
Die Nieren sind Filterorgane; man könnte sie auch als Klärwerke des Körpers bezeichnen. Sie sorgen durch

Ausscheidung von Stoffwechselschlacken, überflüssigem Wasser, Salzen sowie körperfremden Substanzen (z.B. Arzneimittel, Gifte usw.) mit dem Harn für die Säuberung des Blutes und das optimale Mengenverhältnis der einzelnen Blutbestandteile. Täglich fließen mehrere Liter Blut durch die Nieren. Ausscheidungspflichtige Stoffe werden zusammen mit überschüssigem Wasser aus dem Blut herausgefiltert und als Harn ausgeschieden. Die restlichen im Blut befindlichen Stoffe, die der Körper noch benötigt, werden durch spezi-

Die Nieren reinigen täglich mehrere Liter Blut von allen überflüssigen Substanzen und Schadstoffen.

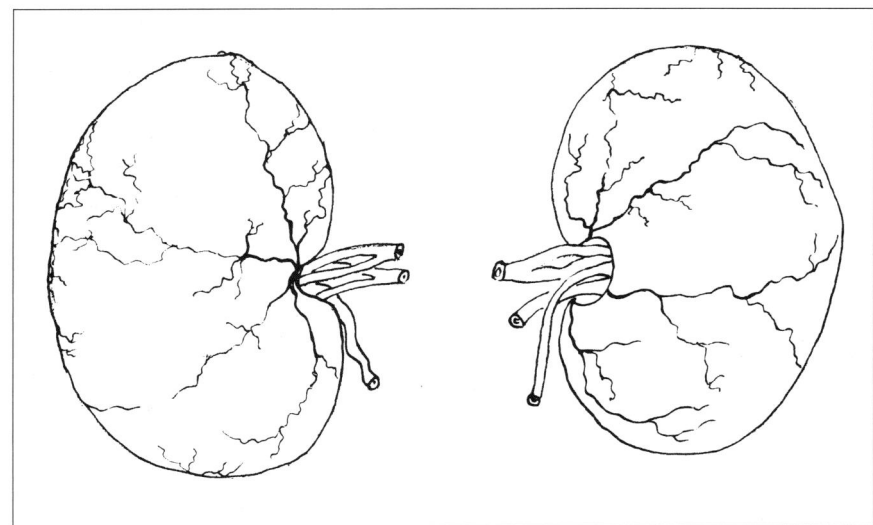

Die Kontrolle des Austrocknungsgrades ist bei Patienten mit eingeschränkter Nierenfunktion besonders wichtig.

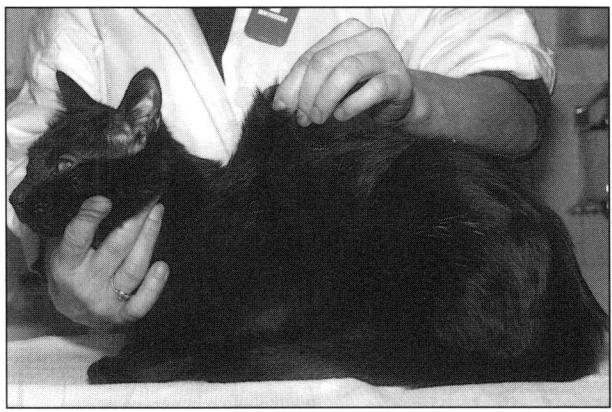

elle Filtermechanismen zurückbehalten und dem Blutkreislauf wieder zugeführt.

Neben dieser Filterfunktion haben die Nieren noch andere, produktive Aufgaben. Das für den Knochenaufbau notwendige Vitamin D wird hier in eine für den Körper verwertbare Form umgebaut. Ein Hormon, das für die Bildung roter Blutkörperchen im Knochenmark sorgt, wird in den Nieren produziert.

Der Ausfall beider Nieren führt durch Anhäufung giftiger Substanzen im Blut innerhalb kurzer Zeit zum Tod. Ein teilweiser Funktionsausfall hat verheerende Folgen für den Gesamtorganismus.

Der in den Nieren gebildete Harn fließt über die Harnleiter zur Harnblase. Bei ausreichender Füllung der Blase verspürt das Tier den Drang zum Urinieren. Dabei wird der Blaseninhalt über die Harnröhre nach außen abgesetzt. Einem unwillkürlichen Harnabsatz wirkt der Schließmuskel entgegen. Er unterliegt dem Willen und wird nur geöffnet, wenn das Tier zum Harnabsatz bereit ist. Dadurch wird verhindert, daß ständig Urin aus der Harnröhre tropft. Die übrigen Harnorgane arbeiten, ohne daß es dem Individuum überhaupt bewußt wird.

Eingeschränkte Nierenfunktion

Typische Krankheitszeichen einer eingeschränkten Nierenfunktion sind Appetitlosigkeit, verstärkter Durst, Austrocknung, Schwäche und Erbrechen. Eine eindeutige Diagnose kann nur durch eine Blutuntersuchung gestellt werden. Das chronische Nierenversagen ist eine fortschreitende Krankheit, die sich nicht stoppen läßt. Nur durch medikamentöse, diätetische und psychische Hilfe kann der Krankheitsprozeß verlangsamt und die Lebensfreude des Tieres relativ lange erhalten werden.

117

Viele, vor allem ältere Katzen leiden unter eingeschränkter Nierenfunktion. Die Filterorgane sind dabei nicht mehr in der Lage, ihre vielfältigen Aufgaben zu erfüllen. Stoffwechselschlacken, vor allem aus dem Eiweißstoffwechsel, und andere für den Organismus gefährliche Substanzen werden nicht ausreichend aus dem Blut entfernt und verursachen Schäden an den verschiedensten Organen. Auf der anderen Seite kann die kranke Niere die für den Körper wichtigen Stoffe sowie Wasser aus dem Blut nur noch ungenügend festhalten und in die Blutbahn zurückführen. Dadurch gehen dem Organismus ständig große Mengen an Wasser, Salz, wasserlöslichen Vitaminen und Kalzium verloren.

Die Nieren können einen teilweisen Funktionsausfall durch vermehrte Arbeit des intakten Gewebes ausgleichen. Viele Katzen, die an einem solchen chronischen Nierenversagen erkrankt sind, zeigen daher anfangs keinerlei Symptome. Erst wenn etwa $2/3$ der Nierenfunktion verlorengegangen sind, treten die ersten Krankheitszeichen auf. Die betroffenen Tiere sind schlapp und lustlos; beim Spielen werde sie schneller müde; sie haben weniger Appetit; das Fell wird stumpf und glanzlos. Typisch ist der vermehrte Durst. Kätzchen, die sonst kaum Wasser anrühren, sitzen jetzt häufig am Näpfchen und trinken. Gleichzeitig wird vermehrt Urin abgesetzt. Dem Tierbesitzer fällt auf, daß das

Streu in der Katzentoilette häufiger ausgewechselt werden muß.

Im fortgeschrittenen Stadium der Nierenerkrankung trocknen die betroffenen Tiere regelrecht aus. Sie scheiden mehr Urin aus, als sie durch Trinken ersetzen können. Die Niere ist nicht mehr in der Lage, das Wasser im Körper zurückzuhalten. Eine zunehmende Austrocknung kann man am Hautturgor (Hautelastizität) erkennen. Dazu zieht man eine Hautfalte am Rücken oder an der seitlichen Brustwand vom Körper leicht weg. Wenn die Haut wieder losgelassen wird, muß die Falte innerhalb 1–2 Sekunden verschwinden. Bleibt sie länger bestehen oder verstreicht sie gar nicht, ist das Tier ausgetrocknet. Es besteht die Gefahr eines Kreislaufversagens. Der Patient muß sofort zum Tierarzt gebracht werden.

Zerstörtes Nierengewebe kann sich nicht mehr regenerieren. Im Gegenteil, eine bestehende Nierenschädigung verschlimmert sich mit der Zeit. Das chronische Nierenversagen ist eine fortschreitende Erkrankung. Im Endstadium scheiden die Patienten zunächst nur noch wenig (Oligurie) und dann gar keinen Urin mehr aus (Anurie). Die Tiere sterben innerhalb weniger Stunden durch vollständigen Ausfall der gesamten Nierenfunktion. Es ist nicht immer möglich, die Ursachen für diese langsame Nierenzerstörung herauszufinden. So können zum Beispiel im Lauf des Lebens durchgemachte Infektionen oder Vergiftungen dafür verantwortlich sein. Die auslösenden Erreger oder Gifte sind bei der viel späteren Entdeckung des Nierenschadens meist längst aus dem Körper verschwunden.

Die schleichende Verschlimmerung eines Nierenleidens erfordert eine rechtzeitige Behandlung, um das Leben der Patienten noch lange lebenswert zu erhalten. Die Therapie sollte am besten schon beginnen, bevor die ersten Symptome auftreten. Dies ist möglich, wenn der Katzenbesitzer bei seinem vierbeinigen Freund einmal im Jahr (beim Impftermin) eine umfassende Gesundheitskontrolle durchführen läßt (siehe Seite 160). Durch die Bestimmung unter anderem der Nierenwerte im Blut kann der Tierarzt eine Schädigung der Filterorgane frühzeitig erkennen und entscheiden, ob, und wenn ja, welche Medikamente erforderlich sind.

Medikamente allein genügen jedoch nicht, um das Fortschreiten der Erkrankung zu stoppen oder zumindest zu verlangsamen. Hier wird der Tierbesitzer gefordert. Wenn Ihre Katze an einer eingeschränkten Nierenfunktion leidet, sollten Sie folgende Punkte genau beachten:

❑ Dem Tier muß **Wasser** immer und in ausreichender Menge zur Verfügung stehen. Der starke Flüssigkeitsverlust durch vermehrten Urinabsatz muß ständig durch Trinken ausgeglichen werden. Es ist völlig falsch und sehr gefährlich,

den häufigen Urinabsatz durch Wasserentzug »regulieren« zu wollen. Die Patienten trocknen sehr schnell aus, wodurch lebensbedrohliche Kreislaufsituationen entstehen.

❑ Damit weniger Stoffwechselschlacken entstehen, sollte die Nahrung des nierenkranken Patienten weniger Eiweiß und weniger Phosphat als beim gesunden Tier enthalten. Allerdings haben Katzen einen besonders hohen Eiweißbedarf, so daß die Eiweißreduktion auch ihre Grenzen hat. Bei zu stark eiweißarmem Futter entstehen Mangelerscheinungen. Die **Diät** sollte daher aus wenig, dafür aber hochwertigem Eiweiß in Form von Milchprodukten (Joghurt, Quark), Geflügelfleisch, magerem Rindfleisch oder auch einmal aus gekochtem Ei bestehen. Innereien sollten wegen ihres hohen Phosphatgehaltes nicht verfüttert werden. Eine Ration sollte aus etwa 50 % Eiweißträgern (Fleisch, Milchprodukte, Ei), 30 % Fett (Gänseschmalz und Pflanzenöl gemischt) sowie 10 % Kohlenhydraten (Katzenflocken, Reis, gekochte Kartoffeln) bestehen. Besser noch als selbstangefertigte Diät eignet sich ein speziell für nierenkranke Katzen hergestelltes Dosenfutter, das sie bei Ihrem Tierarzt kaufen können. Die Diät enthält alle notwendigen Nährstoffe in der richtigen Zusammensetzung **119**

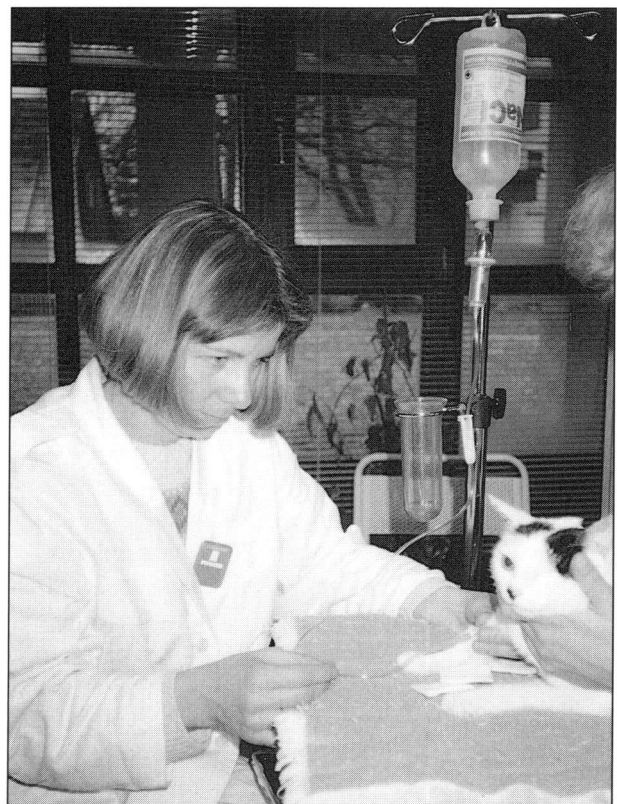

Um den chronischen Flüssigkeits- und Elektrolytverlust auszugleichen, erhält der Patient in regelmäßigen Abständen eine Tropfinfusion.

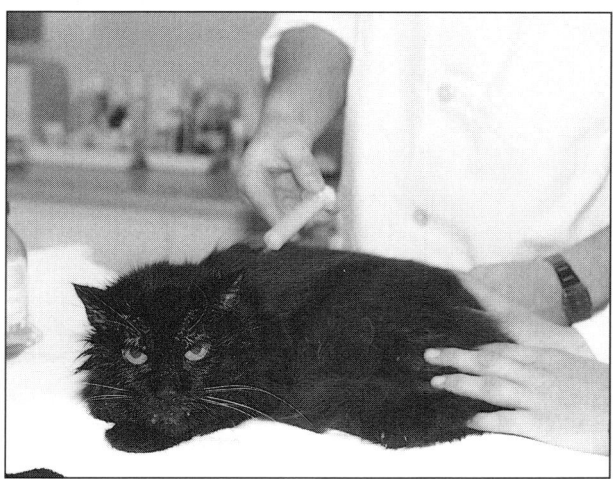

Bei der subkutanen Infusion wird die Infusionsflüssigkeit direkt unter die Haut gespritzt.

und entlastet die Nieren. Sie wird auch von heiklen Tieren gerne angenommen. Sollte Ihre Katze die Dosendiät zunächst ablehnen, wärmen Sie sie im Wasserbad etwas an (auf etwa 38 °C). Dadurch werden appetitanregende Geruchsstoffe frei.

❑ Eine nierenkranke Katze verliert über den Harn **Kochsalz**, was mit der Nahrung ausgeglichen werden muß. Geben Sie ihr daher täglich eine Messerspitze Kochsalz (aber nicht mehr!) ins Futter. Eine Ausnahme von dieser Regel bilden Katzen, die zusätzlich unter einer Herzinsuffizienz (Herzminderleistung) leiden. Sie sollten kein gesalzenes Futter erhalten.

❑ Wasserlösliche Vitamine, vor allem Vitamin C und die Vitamine der B-Gruppe, sowie Kalzium werden ebenfalls vermehrt mit dem Harn ausgeschieden und müssen ersetzt werden, damit keine Mangelerscheinungen auftreten. Speziell für die Katze geeignete Vitamin- und Kalziumpräparate erhalten Sie bei Ihrem Tierarzt.

❑ Kontrollieren Sie regelmäßig die Hautelastizität. Zeigt sich, daß der Patient ausgetrocknet ist, wobei die hochgezogene Hautfalte nur langsam oder gar nicht verstreicht, muß ihm Flüssigkeit in Form von Infusionen zugeführt werden. Der Tierarzt kann die Flüssigkeit über die Vene der Katze als Tropfinfusion verabreichen. Besser, weil für den kleinen Patienten weniger belastend, ist eine subcutane Infusion. Dabei wird die Flüssigkeit über mehrere große Injektionen direkt unter die Haut gespritzt. Das geht wesentlich schneller, so daß der Tierarztbesuch nicht so lange dauert. Im fortgeschrittenen Stadium der Erkrankung können solche Infusionen immer häufiger werden.

❑ Streßsituationen können die Nierendurchblutung herabsetzen und den Krankheitsverlauf beschleunigen. Vermeiden Sie jeglichen unnötigen Streß (längere Transporte, Ausstellungen oder ähnliches) bei Ihrer Katze. Sprechen Sie mit Ihrem Tierarzt, ob er die ab und zu notwendigen Infusionen nicht bei Ihnen zu Hause durchführen kann, um dem Tier die Aufregung des Tierarztbesuches zu ersparen.

❑ Nässe und Kälte sind ebenfalls zu vermeiden. Freilaufende Kätzchen sollten nachts und an kalten regnerischen Tagen zu Hause bleiben.

Wenn Sie alle diese Regeln konsequent befolgen, hat auch eine nierenkranke Katze die Chance auf ein langes und lebenswertes Leben.

Nierentumoren

> Tumoren der Nieren treten
> bei Katzen hauptsächlich im
> Zusammenhang mit Leukose
> auf.

Tumorähnliche Veränderungen der Nieren treten bei Katzen häufig im Zusammenhang mit einer Leukoseerkrankung auf. Die Nieren sind dabei im Röntgenbild stark vergrößert und fühlen sich beim Abtasten höckrig an. Durch Leukose hervorgerufene Nierenerkrankungen haben eine schlechte Prognose. Zur Behandlung gelten die gleichen Regeln wie bei der eingeschränkten Nierenfunktion. Eine Paramunisierung kann versucht werden (siehe auch Seite 41).

Blasenentzündung

> Für Blasenentzündungen sind
> Harnkornkremente oder bakterielle Infektionen verantwortlich.
> Häufiger Urinabsatz, Schmerzen
> beim Urinieren sowie Unsauberkeit lassen den Verdacht auf eine
> Zystitis zu. Da Blasenentzündungen leicht chronisch werden können, müssen die vom Tierarzt zur
> Behandlung verabreichten Medikamente konsequent verabreicht
> werden, auch wenn die Beschwerden nach 1–2 Tagen verschwinden. Bei zu frühzeitigem Abbruch
> einer Therapie treten schwer
> behandelbare Rückfälle auf.

Ursache von Blasenentzündungen bei Katzen sind meist Harnkonkremente sowie bakterielle Infektionen. Die erkrankten Tiere setzen häufig nur wenige Tropfen trüben, manchmal blutigen Urin ab. Sie scheinen dabei erhebliche Schmerzen zu haben, denn nicht wenige Tiere geben beim Urinabsatz klagende Laute von sich. Bei einer chronischen Blasenentzündung sind Unsauberkeit (Verschmutzen der Wohnung mit Urin) oft die einzigen Symptome.

Katzen mit Zystitis (Blasenentzündung) müssen warmgehalten werden. Ein- bis zweimal täglich Rotlichtbestrahlung, ein Wärmekissen oder ein Platz an der Heizung unterstützen den Heilungsprozeß. Auch die Gabe von Zinnkrauttee, mit einer Spritze (ohne Nadel) direkt in den Mund oder ins Futter, über 1–2 Wochen hat sich bewährt.

Bei bakteriellen Infektionen verabreicht der Tierarzt Antibiotika. Er kann sie dem kleinen Patienten spritzen oder als Tabletten verordnen. Wie auch immer sie gegeben werden, eine Antibiotika-Therapie muß immer, auch bei Besserung oder Verschwinden der Symptome, mindestens 5–7 Tage erfolgen. Nur so kann man sicher sein, daß alle krankmachenden Bakterien abgetötet werden. Wird die Behandlung zu früh abgebrochen, bleiben einige der Keime am Leben und entwickeln eine Resistenz (Unempfindlichkeit) gegenüber dem angewandten Antibiotikum. Gleichzeitig vermehren sie sich wieder rapide. Alle Nachkommen dieser Bakterien können nun nicht mehr mit dem Antibiotikum bekämpft werden. Es kommt zu gefährlichen, schwer behandelbaren Rückfällen der Krankheit. Brechen Sie daher niemals eine vom Tierarzt angeordnete Antibiotika-Behandlung aus falscher Rücksichtnahme auf das Tier vorzeitig ab. Antibiotika müssen immer in hoher Dosierung ausreichend lange gegeben werden.

FUS - das Feline Urologische Syndrom

Das Feline Urologische Syndrom ist gekennzeichnet durch die Bildung von Harngries und Harnsteinen. Beim männlichen Tier können die Konkremente die Harnröhre verstopfen und zu einer lebensbedrohlichen Notfallsituation führen. »FUS«-Katzen suchen ständig die Toilette auf oder verunreinigen die Wohnung. Typisch ist der Absatz kleiner Mengen, manchmal blutigen Urins oder das vergebliche Bemühen zu urinieren.

Wieder einmal eine beängstigende Abkürzung, die das Wohlergehen unserer vierbeinigen Freunde bedroht. Allerdings ist das Feline Urologische Syndrom, kurz FUS genannt, im Gegensatz zu den bereits besprochenen Erkrankungen FIP und FIV nicht ansteckend. Dennoch ist diese Erkrankung des unteren Harntraktes vor allem bei männlichen Katzen relativ häufig. Durch eine konsequente Behandlung können jedoch die Beschwerden der kleinen Patienten wesentlich gebessert und in den meisten Fällen sogar völlig beseitigt werden. Die Therapie sollte so früh wie möglich erfolgen, um einer Schädigung der Nieren vorzubeugen, denn ohne sachgerechte Behandlung kann auch FUS zum Tode führen.

Beim FUS bilden sich in der Harnblase des betroffenen Tieres Konkremente, die je nach Größe als Steine oder als Gries bezeichnet werden. Diese Harnkonkremente bestehen zu 90 % aus Struvit ($MgNH_4PO_4 \times 6H_2O$) und sind sehr hart. Sie irritieren die empfindliche Schleimhaut der urinableitenden Wege und führen zu einer starken Blasenentzündung. Bei weiblichen Tieren ist eine chronische Zystitis (Blasenentzündung) immer verdächtig für das Vorliegen von Blasensteinen.

Wird die Harnröhre teilweise oder ganz durch Gries oder Steine verstopft, besteht akute Lebensgefahr. Diese Notfallsituation tritt eigentlich nur beim Kater auf. Der Grund dafür ist leicht verständlich. Die Harnröhre der weiblichen Katze ist wesentlich kürzer als beim Kater und besitzt ein größeres Lumen sowie eine hohe Dehnungsfähigkeit. Harnkonkremente können daher bei der Kätzin, meist ohne größeren Schaden anzurichten, mit **123**

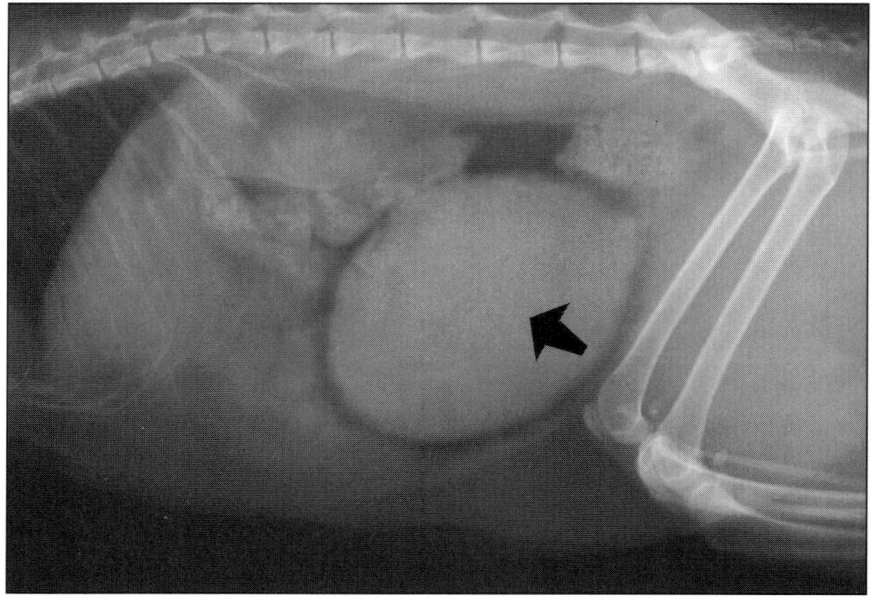

Eine übergroße Harnblase durch Verstopfung der Harnröhre mit Struvitsteinen kann man im Röntgenbild gut erkennen.

dem Urin ausgeschwemmt werden, während sie beim Kater ernste Abflußprobleme schaffen.

Als erstes Anzeichen fällt auf, daß die Katze häufig und oft erfolglos die Katzentoilette aufsucht. Vielfach wird dieses Verhalten vom Tierbesitzer zunächst als Darmverstopfung gedeutet. Eindeutiger wird die Diagnose, wenn nur tröpfchenweise stark riechender, meist blutiger Urin abgesetzt wird. Das Urinieren ist für die Kätzchen sehr schmerzhaft.

Viele der betroffenen Tiere betrachten mit der Zeit die Katzentoilette als Urheber ihrer Beschwerden und meiden sie. Frauchen oder Herrchen finden dann plötzlich kleine Urinmengen z. B. auf dem Teppich, im Bett oder auf den Polstermöbeln. Eine jahrelang stubenreine Katze wird von heute auf morgen »unsauber«. Bei weiblichen Katzen sind das meist die einzigen Anzeichen.

Beim Kater kommt es sehr schnell zu einer mehr oder weniger vollständigen Verstopfung der Harnröhre. Die Tiere versuchen ständig Urin abzusetzen, sitzen gekrümmt und zeigen individuell unterschiedlich, daß sie Schmerzen leiden. Der Penis wird unentwegt beleckt, so daß die Penisspitze durch die rauhe Zunge schließlich wund wird und sich entzündet. Spätestens jetzt, besser jedoch viel früher, d. h. bei den ersten Anzeichen von FUS, muß die Katze zum Tierarzt. Wird die Harnröhrenverstopfung nicht sofort beseitigt, stirbt der kleine Patient innerhalb von 24–48 Stunden an Nierenversagen und »Urinvergiftung«.

Zur Behebung der Harnröhrenverstopfung ist in der Regel eine Narkose erforderlich. Mit Hilfe einer Ultraschallsonde, die der Tierarzt in die Harnröhre einführt, werden größere Konkremente zertrümmert. Anschließend wird die Blase gespült, um weitere kleinere Steinchen oder Gries herauszuschwemmen. Der Tierarzt verwendet dazu eine saure Spülflüssigkeit, da sich Struvitsteine im sauren Milieu auflösen.

Da sich die Patienten meist schon in einem sehr schlechten Allgemeinzustand befinden, sind eine intensive tierärztliche Betreuung, Infusionen und kreislaufstabilisierende Medikamente erforderlich. Gegen die durch die Konkremente entstandene Entzündung des unteren Harntraktes müssen Antibiotika verabreicht werden. Blasensteine bei der weiblichen Katze werden durch Blasenspülungen mit saurer Lösung oder durch eine spezielle steinauflösende Diät (beim Tierarzt erhältlich) behandelt. In hartnäckigen Fällen müssen die Steine chirurgisch entfernt werden.

Lange Zeit war man sich über die Ursachen der Entstehung von FUS im unklaren. Umfangreiche Forschungen haben jedoch die von einigen Wissenschaftlern schon früh geäußerte Vermutung bestätigt, daß vor allem **Flüssigkeits- und Bewegungsmangel** sowie eine **zu hohe Zufuhr von Magnesium mit der Nahrung** als Auslöser von FUS verantwortlich sind.

Eine zu hohe Magnesiummenge wird von unseren Katzen durch das handelsübliche Trockenfutter aufgenommen. Dieses Trockenfutter hat eine vergleichsweise niedrige Energiedichte. Die Tiere nehmen große Mengen zu sich, um ihren Energiebedarf zu decken. Dadurch nehmen sie auch große Mengen Magnesium auf. Zusätzlich wird durch den höheren Rohfasergehalt im Trockenfutter mehr Wasser im Darm gebunden. Das führt zu einer höheren Harnkonzentration. Diese beiden Faktoren begünstigen zusammen mit Bewegungsmangel (Wohnungskatzen!) die Entstehung von Harnkonkrementen. Das Verfüttern von Trockennahrung an Katzen ist daher nicht zu empfehlen!

Bei etwa 50–70 % der Kätzchen, die bereits einmal erfolgreich gegen FUS behandelt wurden, kommt es ohne konsequente Diätmaßnahmen schon nach kurzer Zeit zu einem Rückfall. Um das zu verhindern, sollten solche Tiere **lebenslang** nur spezielles Futter erhalten, das folgende Voraussetzungen erfüllt:

❑ Es muß magnesiumarm sein.
❑ Es sollte den Urin leicht ansäuern.
❑ Es sollte etwa 70–80 % Flüssigkeit enthalten.

Alle diese Kriterien erfüllt eine spezielle Harnstein-Diät, die Sie bei Ihrem Tierarzt erhalten. Wenn Ihre Katze diese Diät verweigert, können Sie das Futter auch selbst zusammenstellen. Folgendes Rezept wird empfohlen:

- 500 g Rinderhack (leicht angebraten, Fett abgießen)
- 125 g Rinderleber (gekocht oder gebraten)
- 200 g gekochter Reis
- ½ Teelöffel Pflanzenöl (z. B. Distelöl, Sonnenblumenöl)
- ½ Teelöffel Geflügelfett (z. b. Gänseschmalz)
- 1 Teelöffel Kalziumkarbonat (aus der Apotheke)

Diese magnesiumarme Diät wird portionsweise eingefroren und vor dem Verfüttern mit etwas Wasser vermischt. Bewährt hat sich ein ausschwemmendes Heilwasser (Haderheckwasser) zur Flüssigkeitsanreicherung des Futters. Wenn Sie selbstgefertigte Diät verfüttern, müssen Sie zusätzlich spezielle harnansäuernde Medikamente in Tabletten, Pulver oder Pastenform verabreichen.

Besonders magnesiumreich sind Hülsefrüchte, Soja, Haferflocken, Mais, Knäckebrot sowie Käse. Diese Nahrungsmittel sind ebenso wie handelsübliches Trockenfutter für FUS-anfällige Kätzchen verboten!

Fortpflanzungsorgane

Weibliche Geschlechtsorgane

Zu den Geschlechtsorganen der weiblichen Katze gehören die Gebärmutter, die Eierstöcke, die Scheide und das Gesäuge mit 8 Zitzen. Eine weibliche Katze wird mit etwa 7–8 Monaten geschlechtsreif. Die erste Raunze, auch Rolligkeit genannt, kann in manchen Fällen schon zwischen dem vierten und sechsten Lebensmonat auftreten. Die Tiere sind jedoch zu diesem Zeitpunkt noch nicht ausgereift. Nach dem Deckakt kommt es in diesem Alter nicht immer zur Trächtigkeit.

Der Katzenzyklus ist eigentlich kein richtiger Zyklus. Anders als bei den meisten Säugetieren, bei denen in bestimmten Abständen ein Eisprung in den Eierstöcken erfolgt, kommt es bei der Katze nicht spontan, sondern erst beim Deckakt zum Eisprung. Die Raunze dauert ungefähr 2–5 Tage. Wird die Katze nicht gedeckt, bildet sich das Ei im Eierstock zurück und ein neues reift heran. Die Eireifung dauert etwa 10 Tage. Danach wird die Kätzin wieder rollig. Manchmal – und das ist gar nicht so selten – bildet sich das Ei nicht zurück. Die Folge ist eine Dauerrolligkeit. Was das für den Besitzer des betroffenen Kätzchens bedeutet, braucht sicherlich nicht besonders beschrieben zu werden ...

Vom Frühjahr bis Frühherbst treten die Rolligkeiten etwa alle 14 Tage auf. Ab September werden die Raunzen seltener und fallen schließlich ganz aus. Es tritt eine sogenannte Winterruhe ein. Diese Vorgänge werden durch die Länge des Tageslichtes in den einzelnen Jahreszeiten beeinflußt. Je länger das Tageslicht einwirkt, desto häufiger reift ein Ei im Eierstock der Katze. Wohnungskatzen, die an Winterabenden elektrischem Licht ausgesetzt sind, können auch im Winter rollig werden.

Wird die Katze gedeckt, so erfolgt der Eisprung. Das Ei löst sich im Eierstock von seiner Unterlage, wandert im Eileiter in Richtung Gebärmutter und wird durch den aufsteigenden Samen des Katers befruchtet. Das nun befruchtete Ei setzt sich in der Gebärmutter fest und entwickelt sich – wenn alles gut geht – zu einem kräftigen Katzenkind. Der Einfachheit halber wurde nur von **einem** Ei geredet. Tatsächlich sind es jedoch meist 4–6 Eier, die gleichzeitig heranreifen, befruchtet werden und sich in der Gebärmutter zu Kätzchen entwickeln. Nach etwa 63 Tagen – solange dauert die Trächtigkeit – werden die Katzenkinder geboren.

127

Geburt

Eine gebärende Katze braucht Ruhe. Störungen und Manipulationen durch den Besitzer führen zu Wehenschwäche und Geburtskomplikationen.

Beim Herannahen der Geburt hat die Katze den Drang, ein »Nest« zu bauen. Kurz vor dem Geburtsbeginn, wenn die Wehen einsetzen, wird das Muttertier unruhig. Es hechelt und leckt sich. Die Geburt selbst kann lange dauern. In manchen Fällen werden 1–2 Tage nach der scheinbar beendeten Geburt noch Kätzchen geboren. Solange die Katze kein Fieber hat und kein unangenehm riechender, dunkler Scheidenausfluß auffällt, brauchen Sie sich keine Sorgen zu machen.

Die Austreibungsphase ist unterschiedlich lang. Ist ein Kätzchen geboren, befreit es die Mutter von den Nabelhüllen, beißt die Nabelschnur durch und leckt das Neugeborene trocken. Die Nachgeburt wird von der Mutter gefressen. Die neugeborenen Kätzchen suchen sofort die Zitzen und beginnen Milch zu saugen.

Man sollte eine gebärende Katze völlig in Ruhe lassen. Ständige Störungen, auch wenn sie gut gemeint sind, führen zu Wehenschwäche. Wenn die Geburt recht lange dauert (mehrere Stunden) können Sie dem Muttertier etwas Wasser mit Traubenzucker zur Kräftigung anbieten. Störungen des Geburtsablaufs (Steckenbleiben des Babys, Wehenschwäche, fehlerhafte Lagerung der Kätzchen) gehören in die Hände eines Tierarztes.

Entwicklung gesunder Kätzchen

Ab der 10. Lebenswoche ist die Trennung der Katzenkinder von der Mutter unproblematisch.

Neugeborene gesunde Katzenbabys wiegen bei ihrer Geburt zwischen 80 g und 120 g. Sie kommen blind zur Welt. Folgendes Entwicklungsschema wird bei gesunden Katzenbabys beobachtet:

6.–12. Tag	Öffnen der Augen
22. Tag	Katzenbabys können laufen
23. Tag	erste Fellpflege
28. Tag	erste Kletterversuche
35. Tag	erste Spiele mit den Geschwistern

Zwischen der 8. und 10. Woche beginnt die Katzenmutter die Jungen zu entwöhnen. Ab der 10. Woche können die Kätzchen ohne Bedenken von der Mutter genommen werden. Sie sind nun selbständig genug, sich an ein neues Heim und an eine neue Familie zu gewöhnen. Die angeborene Neugierde hilft ihnen, die neue Welt zu erobern. Nach 15 Monaten ist eine Katze vollständig ausgewachsen. Ab diesem Zeitpunkt ist eine Altersbestimmung kaum mehr möglich.

An der Form und dem Abstand der Geschlechtsöffnung zum After kann man Kätzin (rechts) und Kater (links)unterscheiden.

Zwischen dem 6. und 12. Lebenstag öffnen die Welpen ihre Augen.

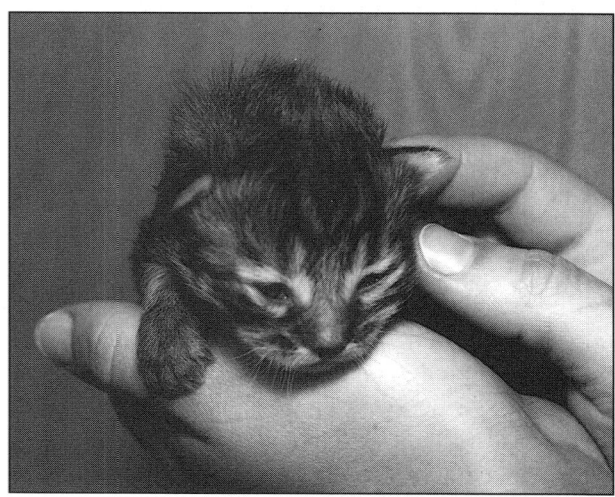

Woran erkennt man Männchen und Weibchen bei jungen Katzen? Das ist ganz einfach: Der Abstand zwischen After und Penisöffnung ist beim Kater deutlich größer als der Abstand zwischen After und Scheidenöffnung bei der Katze. Die Geschlechtsöffnung (Penisöffnung) des Katers ist rund; die Scheidenöffnung der Katze ist oval.

Scheinträchtigkeit

Scheinträchtigkeit kann bei unkastrierten Kätzinnen durch intensives Streicheln durch den Besitzer oder durch einen sterilen Deckakt auftreten.

Paart sich die Katze mit einem zeugungsunfähigen Kater (steriler Deck- **129** akt) kann Scheinträchtigkeit auftreten. Es kommt dabei zum Anschwellen des Gesäuges und zum Milchfluß. Um Milchstau und Entzündungen des Gesäuges vorzubeugen, bringen Sie das Tier am besten zur sofortigen Behandlung zum Tierarzt. Neben der Gesäugeentzündung gehen immer wieder auftretende Scheinträchtigkeiten oft Hand in Hand mit Eierstockzysten und Gebärmutterentzündungen oder -vereiterungen. Die beste Vorbeugung gegen solche zum Teil lebensbedrohliche Krankheiten ist die Kastration der Katze.

In gar nicht so seltenen Fällen kann eine Scheinträchtigkeit auch als Folge von intensivem Streicheln während der Raunze entstehen. Hierbei bewirkt das Streicheln, genau wie der Deckakt, den Eisprung und damit eine hormonelle Umstellung im Katzenkörper wie während einer richtigen Trächtigkeit.

Gesäugetumoren

Gesäugetumoren sind bei Katzen relativ selten. Bei der Entstehung solcher Geschwulste werden hormonelle Faktoren als Ursache vermutet.

Könnte man die Frage beantworten, wie Gesäugekrebs entsteht, hätte man sicherlich den Nobelpreis verdient. Eine einzige Ursache scheint Krebs nicht auszulösen. Die Krankheit ist ein multifaktorielles Geschehen, d.h.

viele Einflüsse müssen zusammenkommen, bis sich eine Krebszelle im Körper ansiedeln und vermehren kann. Beim Gesäugekrebs der Katze vermutet man unter anderem hormonelle Einflüsse. Katzen, die frühzeitig kastriert wurden (8.–9. Lebensmonat) erkranken weitaus seltener an Gesäugetumoren als Kätzinnen, die zur Zucht verwendet, sehr spät oder gar nicht kastriert wurden.

80–90 % der Tumoren sind bösartig und metastasieren häufig recht schnell in die Lunge. Vor einer chirurgischen Entfernung bestehender Tumoren sollte daher immer eine Röntgenuntersuchung der Lunge durchgeführt werden. Bei Metastasen (Tochtergeschwulste) in diesem Organ ist eine Operation nicht mehr sinnvoll, da die Lebenserwartung nur noch kurz ist und man den kleinen Patienten nur noch quälen würde. Je kleiner ein Tumor ist, desto wahrscheinlicher ist er noch nicht metastasiert.

Wie beim Menschen hat sich auch bei der Katze die regelmäßige Krebsvorsorgeuntersuchung bewährt. Dabei wird das ganze Gesäuge gründlich abgetastet. Der Besitzer des Tieres kann dies beim »Bauchkraulen« immer wieder, mindestens jedoch einmal im Monat durchführen. Einmal jährlich (beim Impftermin) sollte das Gesäuge vom Tierarzt kontrolliert werden. Schon kleinste Knötchen können so schon im Frühstadium entdeckt und meist mit Erfolg operiert werden.

Ein besonders männliches Aussehen entsteht durch den typischen breiten Katerkopf. Er entwickelt sich nur, wenn das Tier nicht zu früh kastriert wird.

Nach einer Tumoroperation sollte die körpereigene Abwehr des Tieres medikamentell gestärkt werden. Dazu stehen dem Tierarzt mehrere Möglichkeiten zur Verfügung, z. B. Frischzellen, Eigenblutbehandlung, Paramunisierung, Homöopathie und Vitaminpräparate. Welche Nachbehandlung für den Patienten geeignet ist, kann der Tierarzt nur im Einzelfall entscheiden.

Männliche Geschlechtsorgane

Zu den Geschlechtsorganen des männlichen Tieres zählen die Hoden mit Nebenhoden und Samenleiter, der Penis und die Geschlechtsdrüsen (z. B. Prostata). In den Hoden wird das männliche Hormon Testosteron gebildet. Ebenfalls in den Hoden entwickeln sich die Spermien. Sie werden beim Deckakt zusammen mit der Samenflüssigkeit aus den Geschlechts-

drüsen in den Genitaltrakt der Kätzin abgegeben.

Die Geschlechtsreife tritt beim Kater mit etwa 9 Monaten ein. Es gibt jedoch auch »frühreife« Tiere, die bereits mit 7 Monaten paarungsbereit sind. Eine Kastration vor dem 7. Monat ist nicht zu empfehlen. Die Kater sind zu diesem Zeitpunkt nicht genügend ausgereift. Je länger mit der Kastration gewartet wird, desto »männlicher« wird das Aussehen des Tieres. Der typische Katerkopf entwickelt sich erst mit 8–10 Monaten.

Der Paarung geht ein intensives, manchmal tagelang andauerndes Liebesspiel voraus. Die paarungsbereite Kätzin bietet sich »ihrem« Kater mit hochgestelltem Becken und angehobenem, seitwärts gedrehtem Schwanz an. Der Kater steigt über den durchgedrückten Rücken und beißt sich im Nacken der Katze fest. Dann wird die Paarung vollzogen.

131

Kryptorchismus

Kryptorchide Hoden neigen zu krebsiger Entartung und sollten frühzeitig chirurgisch entfernt werden.

Die Hoden eines Katers liegen vor seiner Geburt noch in der Bauchhöhle des Tieres. Normalerweise steigen sie bis kurz nach der Geburt ab und sind dann in den kleinen Hodensäckchen schon bald fühlbar. Tiere, bei denen ein oder sogar beide Hoden nicht absteigen, nennt man Kryptorchide. Es handelt sich dabei um eine Entwicklungsstörung, deren genaue Ursache nicht bekannt ist. In Ausnahmefällen kann sich die Wanderung eines oder beider Hoden verzögern und erst nach einigen Wochen, manchmal sogar erst nach einigen Monaten abgeschlossen sein.

Befinden sich die Hoden bis zur Geschlechtsreife noch immer nicht im Hodensack, ist es sehr unwahrscheinlich, daß sie noch absteigen. Spätestens mit einem Jahr sollten sie chirurgisch entfernt werden. Dazu bedarf es einer Bauchoperation (ähnlich wie beim weiblichen Tier). Hoden, die in der Bauchhöhle verbleiben, neigen zur krebsigen Entartung. Man vermutet, daß dieses erhöhte Hodenkrebsrisiko an der zu hohen Temperatur in der Bauchhöhle liegt.

Auch beim Kryptorchiden, dessen Hoden ja vorhanden sind, wenn auch nicht in der richtigen Lage, werden männliche Geschlechtsorgane gebildet und in die Blutbahn abgegeben. Beim Eintritt der Geschlechtsreife verhalten sich diese Tiere genauso wie ihre »normalen« Artgenossen. Sie sind deckbereit und markieren ihre Umgebung mit Urin. Die in den nichtabgestiegenen Hoden gebildeten Spermien sind in der Regel steril. Der Grund dafür ist auch hier die hohe Temperatur in der Bauchhöhle. Spermien benötigen, um zeugungsfähig zu bleiben, niedrigere Temperaturen, wie z. B. im Skrotum (Hodensack) vorliegen.

Einseitige Kryptorchiden sind durch den einen abgestiegenen Hoden zeugungsfähig. Allerdings sollte man grundsätzlich mit solchen Tieren nicht züchten. Die Anlage für Kryptorchismus ist erblich.

Hormonelle Beeinflussung der Geschlechtsfunktion

Die Beeinflussung der Geschlechtsfunktion beim weiblichen und männlichen Tier durch Hormone kann gesundheitliche Störungen hervorrufen und ist daher aus medizinischer Sicht abzulehnen.

Der Einsatz der »Katzenpille« (auch als Injektion möglich) zur Verhütung der Rolligkeit ist vom medizinischen Standpunkt nicht mehr vertretbar. Solche Hormonpräparate dürfen nur zu einem Zeitpunkt eingesetzt wer-

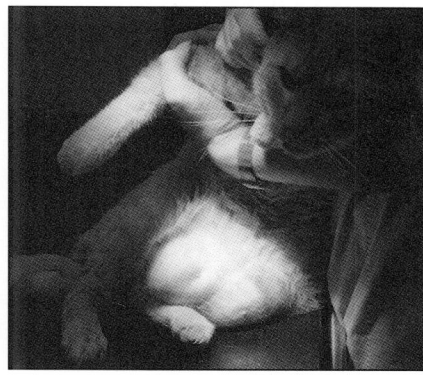

Der Hormoneinsatz beim Kater zur Unterdrückung des Markierungsverhaltens kann zu schweren Veränderungen der auch beim männlichen Tier vorhandenen Gesäugeleiste führen.

einsatzes beim männlichen Tier ist die Entstehung einer massiven Milchdrüsenschwellung. Gesäugekomplexe sind auch beim Kater angelegt. Die hormonbedingte Veränderung kann so ausgeprägt sein, daß die Tiere in ihrer Bewegungsfreiheit stark behindert sind. Oft ist die Blutversorgung des geschwollenen Gewebes gestört, so daß Entzündungen, Geschwüre oder Nekrosen (Absterben von Gewebe) entstehen. Die Schwellungen bilden sich, wenn keine irreparablen Gewebeschäden entstanden sind, oft erst nach Monaten wieder zurück, wenn das verabreichte Hormon aus dem Organismus verschwunden ist.

den, wenn der Eierstock der Katze nicht aktiv ist. Da die Katze, wie bereits erwähnt, keinen mit anderen Säugetieren vergleichbaren Sexualzyklus hat, kann der Tierarzt diesen ungefährlichen Zeitpunkt nicht mit Sicherheit bestimmen. Unkontrollierte Hormongaben führen aber erfahrungsgemäß über kurz oder lang bei der Kätzin zu lebensgefährlicher Gebärmuttervereiterung. Zudem birgt der Einsatz von Progesteronen (das in der Katzenpille enthaltene Hormon) die Gefahr des Ausbruchs eines eventuell latent vorhandenen Diabetes mellitus. Daher sollten auch **Kater**, wenn überhaupt, nur vorübergehend mit Progesteron zur Vermeidung des Markierverhaltens behandelt werden. Eine besonders unangenehme, wenn auch seltene Nebenwirkung des Hormon-

Kastration und Sterilisation

Die chirurgische Unterbindung der Geschlechtsfunktion beim männlichen und weiblichen Tier ist ein unter Vollnarkose durchgeführter Routineeingriff.

Verantwortungsbewußte Katzenfreunde haben zu diesem Thema nicht selten ein zwiespältiges Verhältnis. Instinktiv widerstrebt es ihnen, einem **gesunden** Tier eine Narkose und Operation zuzumuten, um **gesunde** Keimdrüsen (Hoden, Eierstücke) zu entfernen, die ja schließlich auch ein wichtiger Teil des Katzenorganismus sind. Die körperliche Unversehrtheit ist ein Grundrecht des Menschen. Warum sollten unsere Tiere davon ausgeschlossen sein? **133**

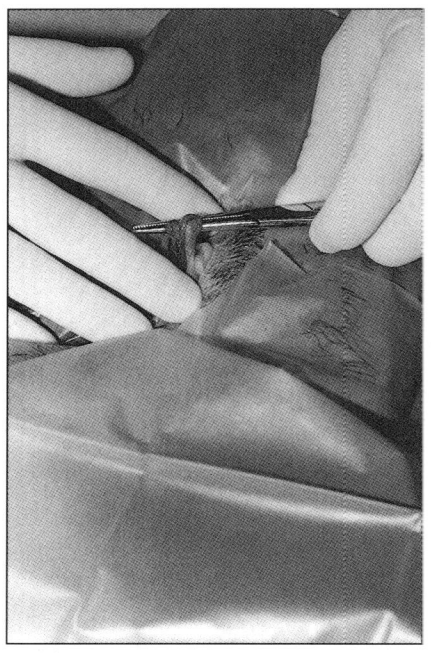

Bei der weiblichen Katze muß zur Entfernung der Eierstöcke die Bauchdecke eröffnet werden.

Um zu verhindern, daß das Tier wieder rollig wird, müssen die Eierstöcke vollständig entfernt werden.

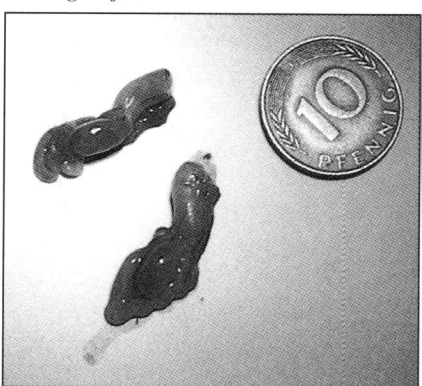

Andererseits stellt der Geschlechtstrieb und die Fortpflanzung unserer Katzen in der modernen, zunehmend naturfernen Zivilisationsgesellschaft ein großes Problem dar. Nimmt man an, **ein** Katzenpaar bekommt im Jahr zweimal Nachwuchs und jeweils 3 Kätzchen pro Wurf überleben, so ergibt das nach 10 Jahren über **80 Millionen Katzen**!! Wohin mit den vielen Kätzchen? Das »Katzenelend« in Tierheimen wird täglich größer. Selbst stark engagierten Tierschutzorganisationen gelingt es immer seltener, für auf Autobahnen ausgesetzte, in Mülltonnen gefundene, verwahrloste und mißhandelte Tiere ein Zuhause zu finden.

Hält man Kätzinnen oder Kater ausschließlich in der Wohnung, so ist das Sexualverhalten dieser Tiere für den Menschen eine unzumutbare Belastung. Im Frühjahr, Sommer und Frühherbst wird eine gesunde Katze etwa alle 14 Tage rollig. In dieser Zeit ist die Kätzin paarungsbereit. Dies zeigt sie mit dramatischen Gebärden. Sie ist unruhig, schreit, rollt sich mit gurrenden Lauten auf dem Boden hin und her und bietet sich einem echten oder imaginären Kater mit zur Seite gelegtem Schwanz zur Paarung an. Der Zustand hält etwa 2–5 Tage an und ist für den Besitzer eine wahre Geduldsprobe. Nach 3 oder 4 durchgestandenen Rolligkeiten werden sich viele zur Kastration ihres Tieres entschließen.

Ein Kater markiert, wenn er geschlechtsreif ist, sein Revier mit übel-

Nach der Operation ist der Patient in einer verschließbaren Kiste und gut zugedeckt am besten aufgehoben.

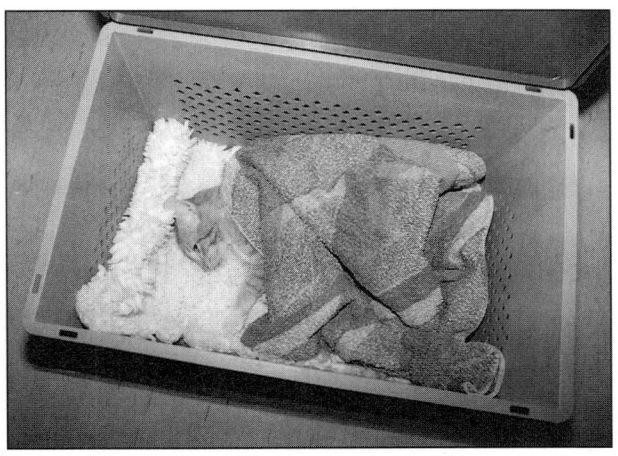

riechendem Urin. Sie merken es sofort, wenn Sie ein Haus betreten, in dem ein unkastrierter Kater lebt: Es stinkt zum Himmel!

Nach eingehender Betrachtung allen Für und Widers zeigt sich, daß die **Kastration** beider Geschlechter wohl die beste und ungefährlichste Methode zur Geburtenkontrolle und Anpassung unserer Katzen an das Leben mit dem Menschen darstellt. Als Kastration bezeichnet man die Entfernung der Hoden beim Kater und der Eierstöcke bei der weiblichen Katze. Vielfach wird bei der Kätzin der Ausdruck Sterilisation verwendet. Das ist jedoch nicht korrekt, den sterilisieren bedeutet lediglich das Unterbinden der Eileiter, um zu verhindern, daß ein reifes Ei vom Eierstock in die Gebärmutter gelangt. Zur Verhinderung der Rolligkeit müssen jedoch beide Eierstöcke vollständig entfernt werden. Als zusätzlicher Vorteil der Kastration ist die Tatsache zu werten, daß ka-

strierte Kätzinnen so gut wie nie an Gesäugetumoren oder Gebärmuttervereiterung erkranken.

Die Operation selbst ist ein ungefährlicher Routineeingriff, der unter Vollnarkose durchgeführt wird. 12 Stunden vor dem Eingriff darf die Katze oder der Kater nichts mehr fressen. Es besteht sonst die Gefahr, daß sie in der Narkose erbrechen und am Erbrochenen ersticken. Der Bauchschnitt bei der Kätzin ist maximal 3 cm lang.

Nach der Operation sollte das Tier solange beim Tierarzt bleiben, bis es aus der Narkose aufgewacht ist. Nur der Tierarzt kann in seiner Praxis bei eventuell auftretenden Narkosezwischenfällen (sie treten nur selten auf) sofort gezielt handeln. Wenn Sie ein narkotisiertes Tier mit nach Hause nehmen, können Sie ihm im Notfall nicht helfen. Auch der sofortige Transport zurück zum Arzt kann der Katze bei Narkoseproblemen (Kreislaufschwäche, Atemstillstand) das Le-

135

ben kosten. Gerade bei solchen Routineeingriffen sollte man kein unnötiges Risiko eingehen.

Meist dauert die Narkose etwa 1 bis maximal 2 Stunden. Ist der kleine Patient erwacht, können Sie ihn in einer geschlossenen Kiste vorsichtig nach Hause tragen. Achten Sie darauf, daß das Tier gut zugedeckt ist. Durch die Narkose sinkt die Körpertemperatur etwas ab, so daß die Katze warmgehalten werden muß.

Zu Hause ist der Patient in einem geschlossenen Katzenkorb am besten aufgehoben. Er kann sich darin bei den ersten unsicheren Bewegungen nach dem Aufwachen nicht verletzen. Stellen Sie den Korb etwas erhöht, z. B. auf den Schrank. Das Tier fühlt sich dort sicher und hat alles im Auge. Katzen flüchten bei Gefahr ja bekanntlich gerne auf Bäume. Füttern Sie den Patienten erst am nächsten Tage wieder. 4 Stunden nach dem Aufwachen können Sie ihm etwas Wasser oder Milch (wenn er sie verträgt) anbieten. Damit die Wunde problemlos verheilt, sollte die Katze etwa 4–5 Tage nicht springen. Am besten bauen Sie den Kratzbaum für diese Zeit ab. Freilaufende Kätzinnen müssen 10 Tage zu Hause bleiben. Nach dieser Zeit werden die Fäden gezogen, und alles ist vergessen.

Eine Kastration beim Kater ist weniger aufwendig als bei der weiblichen Katze. Durch die Lage der Hoden ist es nicht nötig, die Bauchhöhle zu eröffnen. Kater sind daher meist am fol-

Bei der Kastration der männlichen Katze werden die Hoden chirurgisch entfernt.

genden Tag wieder völlig fit. Bis zu ihrem Aufwachen aus der Narkose sollten sie wie ihre weiblichen Artgenossen beim Tierarzt verbleiben und dann zu Hause in einem geschlossenen Katzenkorb ruhen, bis sie wieder fest auf ihren vier Pfoten stehen können. Auf keinen Fall dürfen operierte Katzen unbeaufsichtigt in der Wohnung herumlaufen. Es besteht die Gefahr, daß sie versuchen irgendwo hinaufzuspringen (z. B. auf den Schrank oder Kratzbaum). Durch die noch nachwirkende Narkose sind die Tiere aber so wacklig auf den Beinen, daß sie beim Springen ihr Ziel verfehlen und sich verletzen könnten.

Eine interessante Methode zur Vermeidung von unerwünschtem Nachwuchs ist die ein- oder beidseitige **Sterilisation** des Katers. Dabei werden die Hoden (oder ein Hoden) nicht wie bei der Kastration entfernt, sondern lediglich die Samenleiter durchtrennt. Der so behandelte Kater kann den Deckakt weiterhin ausführen, eine Befruchtung der gedeckten Kätzin ist jedoch nicht mehr möglich.

Bei der Kätzin kommt es durch den Deckakt zum Eisprung mit all seinen körperlichen Folgen. Etwa 63 Tage lang (so lange wie eine normale Trächtigkeit dauert) und noch etwa 2–3 Wochen zusätzlich (Säugezeit) wird die Kätzin nicht mehr rollig und kann auch nicht von einem fruchtbaren Kater gedeckt werden. Sie ist scheinträchtig. In ländlichen Gebieten mit vielen wildlebenden Katzen kann die Sterilisation freilaufender Kater dadurch zur Geburtenreduzierung führen. Allerdings ist die Anzahl der Gebärmuttererkrankungen bei Kätzinnen, die häufig scheinträchtig werden, ungewöhnlich hoch, so daß diese Methode nicht ohne Nachteile für die Tiere bleibt.

Bei Katern, die im Haus leben, eignet sich die Sterilisation nicht. Ein lediglich sterilisierter Kater bleibt in seinem Sexualverhalten unverändert und wird weiterhin mit übelriechendem Urin die Wohnung markieren.

Atmungsorgane

Die Funktion der gesunden Atmungsorgane

Als Respirationsapparat bezeichnen die Mediziner die Gesamtheit der Atmungsorgane. Den obersten Teil bildet die **Nase**. Das Innere der Nase ist mit einer gefäßreichen Schleimhaut überzogen. Je nach Temperatur der Außenluft können sich die Gefäße verengen oder erweitern. Sehr kalte eingeatmete Luft wird durch das in den erweiterten Venen der Nasenschleimhaut fließende Blut erwärmt. Gleichzeitig wird die Atemluft in der Nase gereinigt und angefeuchtet, so daß sie im Körper keinen Schaden anrichten kann. Neben dieser wichtigen Schutzfunktion dient die Nase auch als Sinnesorgan. In ihrer Schleimhaut sind Riechzellen eingebettet, die gasförmige Geruchsstoffe in der Luft wahrnehmen und als Nervenimpulse an das Gehirn zur Identifikation weiterleiten.

Die eingeatmete Luft gelangt bei jedem Atemzug über den Kehlkopf in die **Luftröhre**. Diese aus Knorpelringen bestehende Röhre teilt sich zunächst in zwei Luftröhrengänge (Bronchialäste), die sich wiederum wie die Äste eines Baumes in der Lunge verzweigen. Der Austausch zwischen Sauerstoff aus der Luft und Kohlendioxid aus dem Stoffwechsel findet in der **Lunge** statt. Am Ende der Verzweigungen des Bronchialbaumes befinden sich die gut durchbluteten **Lungenbläschen** (Alveolen). Der lebensnotwendige Sauerstoff diffundiert dort in die Blutgefäße der Alveolen und wird durch die roten Blutkörperchen zu den Zellen transportiert. Das giftige Kohlendioxid, das als Endprodukt von Stoffwechselvorgängen anfällt, gelangt auf dem umgekehrten Weg aus dem Blut heraus und wird ausgeatmet.

Infektionen der Atemwege

Typische Krankheitszeichen für eine Infektion der Atemwege sind Nasenausfluß, Husten, Heiserkeit und Atemnot. Auch wenn es sich nur um einen leichte Schnupfen handelt, sollte der Patient therapiert werden, um eine Verschlimmerung der Infektion durch Bakterien und Ausdehnung auf die tieferen Atemwege (Bronchien, Lunge) zu verhindern.

Alle Teile des Respirationsapparates können erkranken. Entzündungen der Nasenschleimhaut bezeichnet man als Schnupfen. Die auslösenden

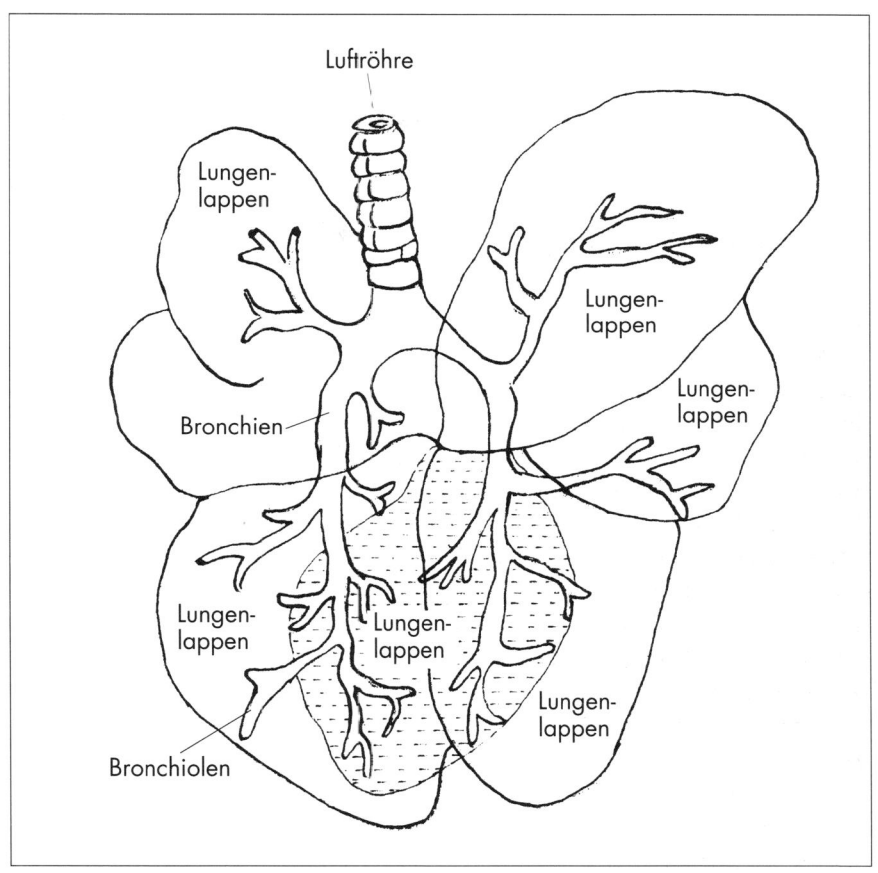

Über weit verzweigte Äste des Bronchialbaumes strömt die eingeatmete Luft bei jedem Atemzug bis tief in die Lunge.

Krankheitserreger sind in den meisten Fällen Viren, die zum Katzenschnupfenkomplex gerechnet werden (Calici-, Herpes-, Reoviren). Auch wandernde Spulwurmlarven können die Atemwege reizen (siehe Seite 95). Bakterien, die sich auf der vorgeschädigten Schleimhaut zusätzlich festsetzen, verschlimmern das Krankheitsbild.

Bei starkem Infektionsdruck (viele Tiere sind erkrankt und stecken sich gegenseitig an) und geschwächter Abwehr kann sich die Entzündung der Nasenschleimhaut auf die unteren Atemwege ausdehnen. Ist der Kehlkopf mit den darin befindlichen Stimmbändern vom Krankheitsgeschehen betroffen, so sind die kleinen Patienten heiser. Eine Beteiligung der **139**

Bronchien (Bronchitis) und der Lunge (Pneumonie) kann zu lebensbedrohlicher Störung des Allgemeinbefindens führen. Häufig besteht hohes Fieber. Leitsymptome für Erkrankungen des Atemtraktes sind Nasenausfluß, Heiserkeit, Husten und Atemnot. Da die genannten Symptome aber auch andere Ursachen haben können (z. B. Herzerkrankungen und FIP) sollte bei ihrem Auftreten immer ein Tierarzt zu Rate gezogen werden. Um einer bakteriellen Zusatzinfektion und der gefährlichen Ausdehnung der Entzündung auf die tieferen Atemwege entgegenzuwirken, wird der Tierarzt Antibiotika verabreichen. Medikamente, die die körpereigene Abwehr stärken, sind sehr hilfreich beim Kampf des Organismus gegen virale Krankheitserreger. Wärme in Form von Heizkissen oder Rotlicht hat sich bei Entzündungen des Atemtraktes besonders bewährt. Allerdings dürfen nur fieberfreie Tiere mit Wärme behandelt werden. Da sie nicht wie wir Menschen schwitzen können, kann leicht ein Hitzestau entstehen. Bei Schnupfen hilft ein Kamilledampfbad, um die Atemwege wieder freizumachen. Katzen können sich ja nicht schneuzen! Verwenden Sie keine ätherischen Öle zum Dampfbad. Die geruchsempfindlichen Tiere reagieren darauf häufig mit einem Kehlkopfkrampf, wodurch Erstickungsanfälle ausgelöst werden können. Kamille ist reizlos und wirkt heilend auf die entzündete Schleimhaut.

Fremdkörper

Plötzlich auftretende schwere Husten- und Erstickungsanfälle sind alarmierende Anzeichen für Fremdkörper, die in die Atemwege eingedrungen sind.

Als Fremdkörper können Pflanzenteile (Grannen, Grasspitzen), Nähnadeln oder Futterbestandteile (z. B. Federn von Beutetieren) in die Nase gelangen. Für die betroffenen Kätzchen ist das sehr unangenehm. Sie versuchen mit den Vorderpfoten durch Reiben und Kratzen den Eindringling wieder loszuwerden. Durch heftiges Niesen und Aufschlagen mit dem Köpfchen auf den Boden entsteht oft Nasenbluten. Manchmal schiebt sich der eingeatmete Fremdkörper tiefer in die Atemwege und erreicht den Kehlkopf oder die Luftröhre. Plötzlich auftretende schwere Husten- und Erstickungsanfälle sind die Symptome, die den Katzenbesitzer alarmieren.

Fremdkörper müssen schnellstmöglich entfernt werden. Selbst wenn sie nicht zu Erstickungsanfällen führen, drücken sie auf die empfindliche Schleimhaut der Atemwege und verursachen schwere Schäden. Durch Röntgenuntersuchungen oder durch eine Bronchoskopie (Untersuchung der Atemwege mit Hilfe einer Spiegelsonde) kann der behandelnde Tierarzt die Lage des eingedrungenen Gegenstandes bestimmen und versuchen, ihn mit einem Spezialinstrument zu entfernen. Dazu ist meist eine Vollnarkose erforderlich, da sich die Tiere die oft schmerzhafte Manipulation nicht ohne Abwehr gefallen lassen.

Tumoren

Tumoren des Atemtraktes treten im Zusammenhang mit Leukose oder als Metastasen eines Gesäugekrebses auf. Die Aussichten auf Heilung sind schlecht. Bei der Therapieentscheidung sollte die Erhaltung der Lebensfreude des Tieres im Vordergrund stehen.

Tumoren des Atemtraktes und der Brusthöhle finden wir bei der Katze im Zusammenhang mit Leukose oder als Metastasen bei Gesäugekrebs. Auch hier stehen Husten und Atemnot als Symptome im Vordergrund. Die Chancen auf Heilung sind schlecht. Bei Leukose kann eine Paramunisierung versucht werden. Bei Tumoren der Nase, des Kehlkopfes und der Luftröhre kann in manchen Fällen ein chirurgischer Eingriff zum Erfolg führen.

Ob bei Tumorerkrankungen unserer Haustiere ebenso wie beim Menschen Bestrahlung mit harten Gammastrahlen und Chemotherapie angewandt werden sollten, darüber kann man sicherlich diskutieren. Man darf jedoch niemals das Ziel einer Behandlung beim Tier aus den Augen verlieren. Es gilt die Lebensfreude wiederherzustellen und zu erhalten. Ob dies bei der ungünstigen Prognose von zum Beispiel Lungentumoren gelingt, ist sehr fraglich. Eine Behandlung, die durch ihre Nebenwirkungen den Patienten übermäßig, d. h. mehr als die Krankheit selbst, belastet, ist dann abzulehnen, wenn die Chancen auf Heilung so verschwindend gering sind wie bei Tumoren der tiefen Atemwege.

Herz-Kreislauf-System

Die Funktion des gesunden Kreislaufs

Das Kreislaufsystem besteht aus Herz und Blutgefäßen. Man unterscheidet den großen Körperkreislauf und den kleineren Lungenkreislauf. Das Herz als zentrales Organ besteht aus zwei Vorkammern und zwei Hauptkammern. Es arbeitet wie eine Druck-Saug-Pumpe und ist für den Blutfluß und damit für den Transport von Nahrungsstoffen, Gasen, Stoffwechselschlacken, Hormonen, Enzymen und vielem mehr im Körper verantwortlich.

Zum besseren Verständnis des Kreislaufes folgen wir einmal dem Weg des Blutes durch den Körper. Wenn sich das Herz zusammenzieht fließt Blut von der linken Herzkammer über die Hauptschlagader (Aorta) und Schlagadern (Arterien) bis zu den kleinsten Verzweigungen der Arterien (Kapillaren). Dort wird Sauerstoff aus dem Blut abgegeben und Kohlendioxid aufgeladen. Wenn sich der Herzmuskel dann entspannt, fließt das mit »Abfallgas« beladene Blut durch die Saugwirkung über die Venen zum rechten Vorhof des Herzens zurück. Beim nächsten Zusammenziehen des Herzmuskels schießt das venöse Blut vom rechten Vorhof in die rechte Herzkammer und von dort über die Lungenarterie in die Lunge. Dort findet der Gasaustausch statt. Kohlendioxid wird abgeladen und Sauerstoff »getankt«. Über die Lungenvene erreicht das sauerstoffreiche Blut den linken Vorhof des Herzens und dann die rechte Herzkammer. Jetzt ist der Kreislauf geschlossen.

Damit das Blut nur in der beschriebenen Richtung fließen kann, sind zwischen den Vorhöfen und den Herzkammern sowie in der Aorta und der Lungenarterie Rückschlagventilklappen eingebaut. Sie schließen sich automatisch, wenn eine bestimmte Blutmenge durchgetreten ist, und verhindern ein Zurückfließen und damit Stauungen im Kreislauf.

Herzkrankheiten

Die erfolgreiche Therapie einer Herzkrankheit setzt die konsequente Mitarbeit des Tierbesitzers voraus. Verordnete Medikamente müssen gewissenhaft, meist lebenslang verabreicht werden.

Herzerkrankungen werden bei der Katze immer häufiger diagnostiziert. Das liegt wohl daran, daß in den letzten Jahren bei dieser Tierart ein

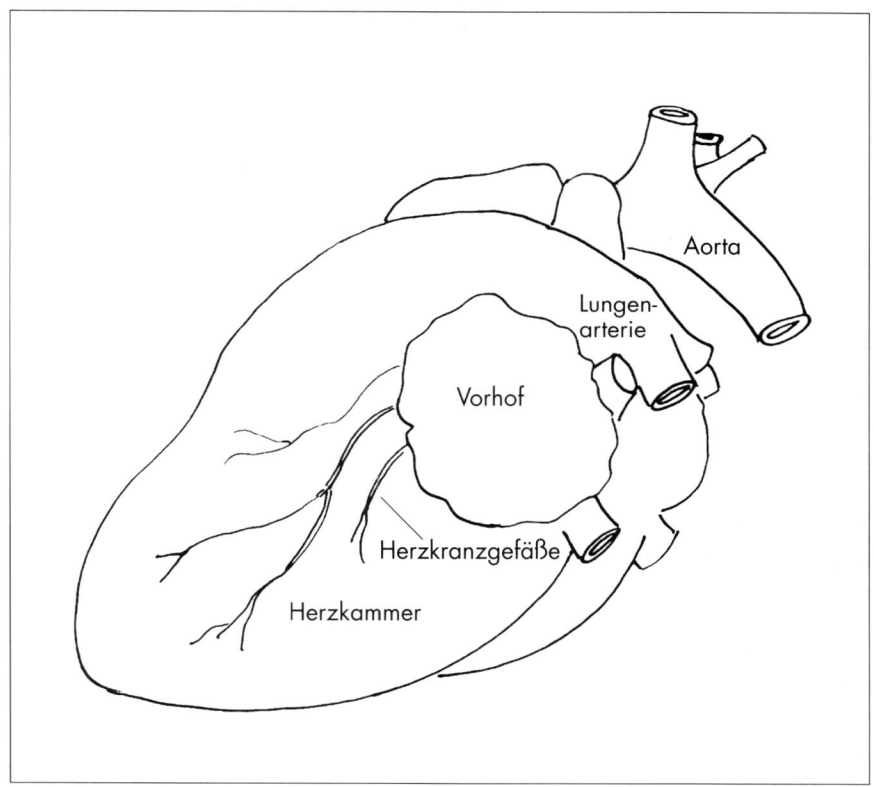

Ein gesundes Herz schlägt etwa 145 000 mal pro Tag.

größeres Augenmerk auf Vorsorge-untersuchungen gelegt wird als früher. Angeborene und erworbene Erkrankungen des Herzmuskels oder der Herzklappen können mit Hilfe verbesserter Technik (Röntgen, EKG) eher erkannt und behandelt werden. Die Symptome sind unterschiedlich, je nachdem, welcher Teil des Herzens verändert ist. Zu Beginn sind sie für den Katzenbesitzer nicht erkennbar. Eine leichte Leistungsminderung wird auf das zunehmende Alter des Tieres geschoben. Aufgrund der Man-geldurchblutung auftretende Organ-schäden, vor allem an den Nieren und im Gehirn, zeigen sich erst im fortge-schrittenen Stadium. In den meisten Fällen werden herzkranke Katzen erst zum Tierarzt gebracht, wenn sich Stauungen im Kreislauf durch Wasser-ansammlung in der Lunge manifestie-ren und die Tiere unter schwerer Atemnot leiden.

Ab einem Lebensalter von 6 Jahren sollte daher einmal jährlich im Rah-

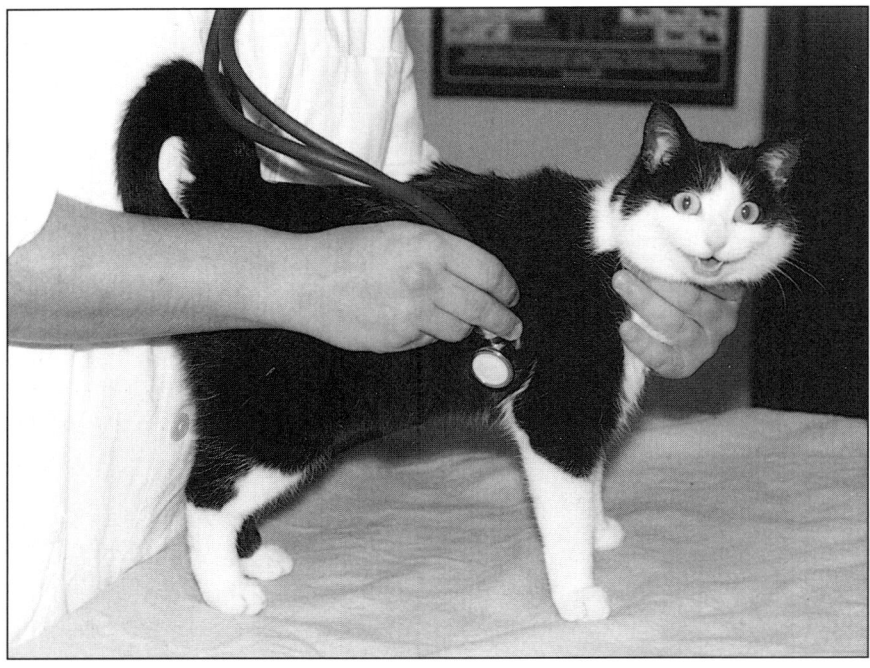

Das Abhören des Herzens mit dem Stethoskop ist Grundlage jeder Allgemeinuntersuchung beim Tierarzt.

men einer Vorsorgeuntersuchung ein EKG (Elektrokardiogramm) angefertigt werden. Dadurch können Herzmuskel- oder Herzklappenschäden vor dem Auftreten der beschriebenen Symptome behandelt werden.

Die Therapie von Herzerkrankungen gehört in die Hände eines Spezialisten. Sprechen Sie mit Ihrem Tierarzt über die erforderliche Behandlung Ihrer herzkranken Katze und verabreichen Sie die verordneten Medikamente gewissenhaft. Häufig müssen die Präparate lebenslang gegeben werden, auch wenn es dem Tier wie-

der besser geht. Da es sich bei vielen Herzerkrankungen um einen Organschaden handelt, der sich nicht mehr regenerieren kann, geht es dem Patienten ja nur deshalb besser, **weil** er die unterstützenden Medikamente erhält. Ein plötzliches Absetzen der Arzneimittel kann fatale Folgen haben, u.U. sogar den Tod des Patienten verursachen. Präparate aus der Naturheilkunde sind bei schweren Herzerkrankungen keine Alternative, sondern lediglich Begleittherapie. Sie können keine herzunterstützenden Medikamente wie z.B. Digitalis ersetzen.

Augen

Die Funktion gesunder Augen

Das Auge erscheint oberflächlich betrachtet als einheitliches Organ. Tatsächlich besteht es aus mehreren Einheiten mit verschiedenen Funktionen, die alle zusammen erst die Sehfähigkeit ermöglichen. Die Wand des Auges wird von der harten Augenhaut gebildet. Zusammen mit dem Glaskörper und dem Kammerwasser, die das Innere des Augapfels ausfüllen, bewahrt sie die runde Form des Auges. Als nächste Schicht kommt die Aderhaut. Sie liegt der Innenseite der harten Augenhaut an. Sie ernährt das

Längsschnitt durch das Auge.

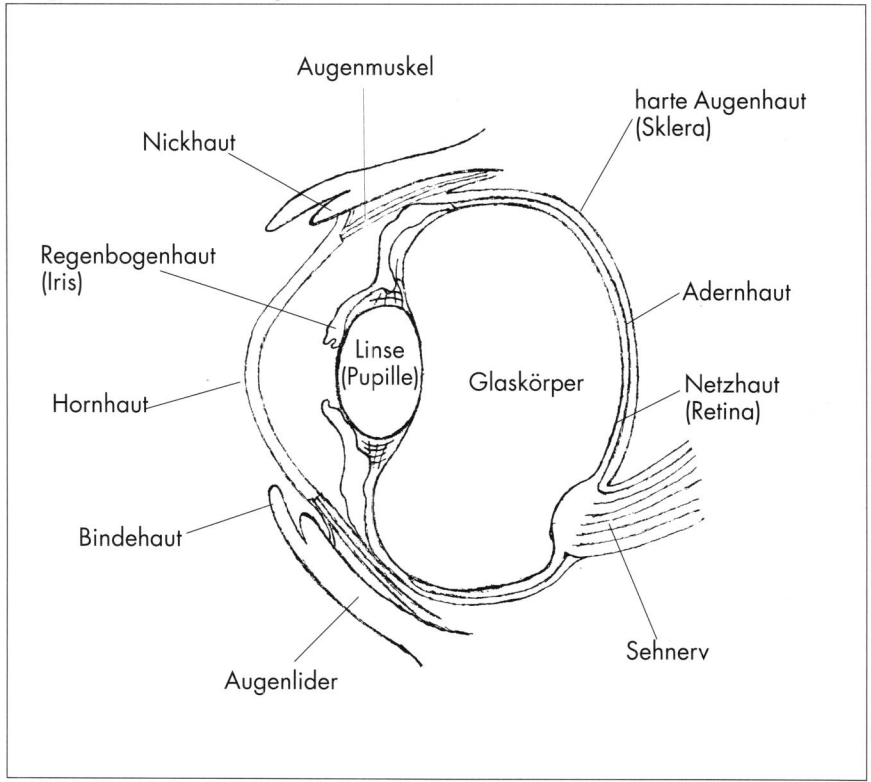

Augenmuskel

Nickhaut

harte Augenhaut (Sklera)

Regenbogenhaut (Iris)

Adernhaut

Linse (Pupille)

Glaskörper

Netzhaut (Retina)

Hornhaut

Bindehaut

Sehnerv

Augenlider

*Gesunde strahlende Augen des vier-
beinigen Freundes – ein Zustand, den
jeder Katzenfreund erhalten möchte.*

Auge und versorgt es mit Sauerstoff.
Als letzte Schicht kleidet die Netzhaut
(Retina) den Augapfel aus. Sie ist der
lichtempfindlichste Teil des Auges.
Das Licht dringt durch den vorge-
wölbten und durchsichtigen Teil der
Augenhaut (Hornhaut) in das Auge
ein. Der Lichteinfall wird von der Regenbogenhaut (Iris) und der ihr auf-
liegenden Linse geregelt. Die Iris enthält Farbstoffkörnchen (Pigmente)
und ist damit für die Augenfarbe verantwortlich. Die Blendenöffnung der
Linse (Pupille) ist verstellbar und verengt sich bei höherer Lichtintensität
(Pupillenreflex).
Erkrankungen können an allen Teilen des Auges auftreten und erfordern eine sofortige gezielte Behandlung, um Dauerschäden zu vermeiden.
Es gibt in Deutschland inzwischen
Tierarztpraxen, die sich nur auf die
Behandlung von Augenkrankheiten
spezialisiert haben. Die Chirurgie am

Auge setzt eine ausgefeilte Technik
und ein spezielles Instrumentarium
voraus, das nicht in jeder Tierarztpraxis vorhanden ist. Eine Spezialisie-
rung auf diesem Gebiet ist daher zum
Wohl der Tiere nur zu begrüßen.

Krankheiten der Augenlider

Krankheiten und Verletzungen
der Augenlider müssen frühzeitig,
je nach Art der Veränderung kon-
servativ oder chirurgisch versorgt
werden, um ihre wichtige Funktion zu erhalten.

Neben angeborenen Anomalien können Verletzungen, bakterielle Infektionen, Milben, Pilze und Tumoren
zu Veränderungen der Augenlider
führen. Bei **Verletzungen** handelt es
sich meist um Kampfwunden. Wenn
Juckreiz besteht, verletzen sich die
Tiere häufig durch Kratzen selbst am
Auge. Der Tierarzt entscheidet, ob
eine konservative oder chirurgische
Versorgung der Verletzung erforderlich ist, um die Funktion der Augenlider zu erhalten.
Bakterielle **Infektionen** entstehen
meist aus unversorgten Kampfverletzungen. Innerhalb weniger Stunden
können aus Biß- und Kratzwunden
ausgedehnte Abszesse entstehen. Solche Wunden sollten daher so früh wie
möglich gründlich gereinigt und
desinfiziert werden. Bei größeren Verletzungen ist eine Antibiotikagabe zu
empfehlen.

Lidtumoren sind bei Katzen zwar selten, dafür aber in den meisten Fällen bösartig. Es wird ein Zusammenhang zwischen starker Sonnenbestrahlung und der Entstehung von Hauttumoren bei weißen Katzen vermutet. Lidtumoren sollten immer chirurgisch entfernt werden. Eine relativ junge chirurgische Technik, die sogenannte Kryotherapie (Kältetherapie) hat sich in diesem Zusammenhang bewährt. Dabei wird der Tumor mit einer Sonde so stark vereist, daß die Krebszellen absterben.

Hautpilze und **Milben** befallen in den seltensten Fällen nur die Augenlider. Meist ist die ganze Kopfregion oder der ganze Körper des Patienten mitbetroffen. Eine Therapie muß daher auch die gesamte Haut und das Fell einbeziehen.

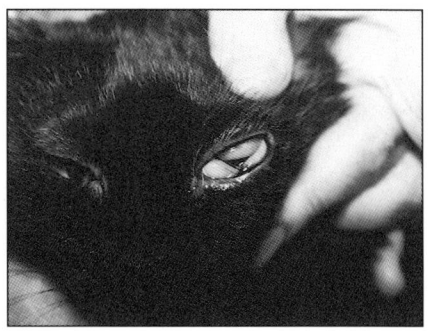

Bei einer ausgeprägten Bindehautentzündung kann das betroffene Auge vollständig zuschwellen.

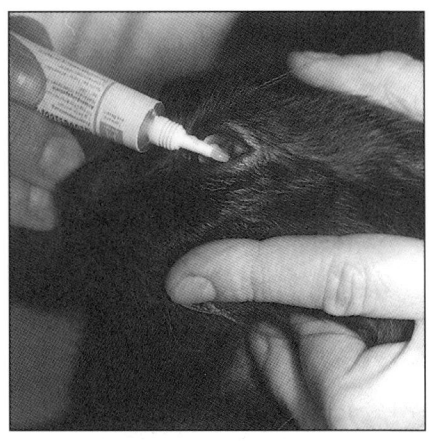

Antibiotikahaltige Augensalben müssen 5–6 Tage täglich in das erkrankte Auge eingebracht werden.

Krankheiten der Bindehaut

Bindehautentzündungen treten häufig als erstes Anzeichen oder Begleiterscheinung des infektiösen Katzenschnupfens auf.

Bindehautentzündungen (Konjunktividen) treten bei Katzen häufig auf. Typische Symptome sind Augenausfluß, Rötung und Juckreiz. Ursachen sind in der Regel Infektionserreger wie z.B. Herpes- und Caliciviren, Chlamydien oder Mykoplasmen. Diese Krankheitserreger sind auch für die Entstehung des infektiösen Katzenschnupfens verantwortlich.

Auch Allergien oder Reizungen durch starken Zigarettenrauch können eine Bindehautentzündung hervorrufen. Wird der Augenausfluß trübe, so sind Bakterien am Krankheitsgeschehen beteiligt. In diesem Fall müssen antibiotikahaltige Augensalben eingesetzt werden. Wichtig dabei ist, daß die **147**

Augensalbe mindestens 5–6 Tage verabreicht wird. Auch wenn vor Ablauf dieser Zeit die Symptome verschwinden, muß die Behandlung fortgesetzt werden, um Rückfälle zu vermeiden. Eventuell übriggebliebene Salben sollten Sie Ihrem Tierarzt zurückgeben, damit er sie zum Sondermüll geben kann. Bitte heben Sie geöffnete Augensalben-Tuben oder Augentropfen nicht länger als 8 Tage auf. Sie werden durch die Außenluft bakteriell verunreinigt und richten beim erneuten Gebrauch mehr Schaden als Nutzen an.

Eine Viruskonjunktivitis läßt sich oft durch Stärkung der körpereigenen Abwehrkräfte mit Vitamin C, Wärmeapplikation, Paramunitätsinducer (vom Tierarzt in Spritzenform) gut beeinflussen. Bei Allergien sollte im günstigsten Fall die allergieauslösende Substanz aus dem Bereich des kleinen Patienten entfernt werden. Ist dies nicht möglich, so ist bei starken Beschwerden der Einsatz von Kortison nicht immer zu vermeiden.

Das dritte Augenlid

Der Vorfall der Nickhaut ist ein Zeichen für eine Allgemeinerkrankung, zum Beispiel Infektions- und Nervenerkrankungen, starker Wurmbefall oder Schwächezustände.

Diese knorpelige Membran, auch Nickhaut genannt, liegt im inneren Augenwinkel und zieht sich senkrecht zum oberen und unteren Lid über das Auge. Die Nickhaut gehört zur Bindehaut und kann wie diese durch Viren, Bakterien und Allergien gereizt werden und mit Entzündungen reagieren. Oft ist jedoch ein Vorfall (Sichtbarwerden) des dritten Augenlides ein Symptom für eine Allgemeinerkrankung wie z. B. starker Bandwurmbefall, Schwächezustände, Infektions- und Nervenkrankheiten. Voraussetzung für eine erfolgreiche Therapie ist daher eine gründliche Allgemeinuntersuchung des Patienten durch den Tierarzt.

Erkrankungen des Tränenapparates

»Überfließende« Augen mit Sekretrinne, die vorwiegend bei kurznasigen Rassekatzen auftreten, sind ein Zeichen für Verklebungen oder Verstopfungen des Tränen-Nasen-Kanals.

Unter Epiphora, einem krankhaften Tränenfluß mit brauner Sekretrinne vom Augenwinkel bis in die Mitte des Gesichts, leiden viele Perserkatzen. Ursache ist hier die kurznasige Kopfform, die oft mit einer Verengung des Tränen-Nasen-Kanals einhergeht. Verstopft der ohnehin enge Kanal oder verklebt er durch Entzündungsvorgänge, so fließt die Tränenflüssigkeit nicht mehr ab. Das betroffene Auge läuft richtiggehend über, wodurch

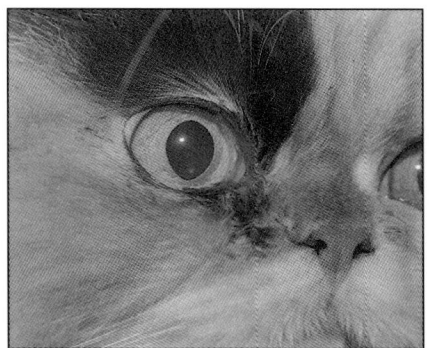

Verstopfungen oder Verwachsungen des Tränen-Nasen-Kanals treten bevorzugt bei Perserkatzen auf.

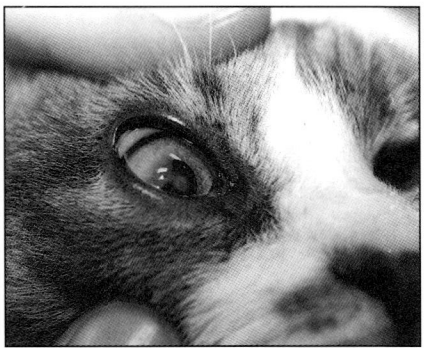

Ein mit fluoreszierender Flüssigkeit sichtbar gemachtes Hornhautgeschwür über der Pupille.

die bereits erwähnte Sekretrinne entsteht.

Handelt es sich nur um eine Verstopfung des Abflußkanals, so kann das Übel durch eine Spülung oft beseitigt werden. Wehrhafte Kätzchen erhalten eine Narkose, um Verletzungen des Auges durch Abwehrbewegungen vorzubeugen. Bei Verkleben des Tränen-Nasen-Kanals wird der Tierarzt versuchen, mit einer Sonde das Hindernis zu durchstoßen. Oft muß diese Prozedur mehrmals wiederholt werden, bis sich dauerhafter Erfolg einstellt.

In manchen Fällen ist die Therapie nicht erfolgreich. Hier hilft nur regelmäßiges Säubern der Augen mit Kamillentee oder sterilem Augenwasser (beim Tierarzt erhältlich). Eine übermäßige Verfärbung des Fells und Entzündung der Haut durch die überfließende Tränenflüssigkeit kann durch Einreiben mit Vaseline verhindert werden.

Erkrankungen der Hornhaut (Kornea)

Verletzungen und entzündliche Veränderungen der Augenhornhaut erfordern eine sofortige Behandlung, um das Augenlicht zu erhalten. Bei starker Rötung oder Trübung eines oder beider Augen gibt der Fluoreszin-Test Gewißheit über den Zustand der Hornhaut.

Eine wäßrige Anschwellung der Augenhornhaut wird häufiger bei Manx-Katzen beobachtet. Im Alter von 4–5 Monaten entwickelt sich bei den betroffenen Tieren an beiden Augen ein Ödem der Hornhaut, das sich im Laufe von etwa 2 Jahren zu einer schweren Entzündung mit starker Flüssigkeitsansammlung entwickelt. Die Hornhaut wird trübe. Es bilden sich Blasen, die aufplatzen und

149

oberflächliche Wunden hinterlassen. Eine zusätzliche Infektion mit Bakterien kann zum Verlust des Augenlichtes führen. Eine spezielle Therapie gibt es nicht. Es muß jedoch bis zum Abheilen der Hornhautwunden durch Antibiotika einer Sekundärinfektion mit Bakterien vorgebeugt werden. Entzündliche und nicht-entzündliche Korneaveränderungen können ebenfalls durch Verletzungen, Infektionserreger (vor allem Herpesviren) oder Allgemeinerkrankungen hervorgerufen werden. Vor einer Therapie ist auch hier eine eindeutige Diagnose erforderlich. Zur Untersuchung der Kornea tropft der Tierarzt eine fluoreszierende Flüssigkeit in das kranke Auge. Hornhautverletzungen oder Geschwüre werden dadurch gelblich gefärbt und gut sichtbar.

Nicht rechtzeitig versorgte Augenerkrankungen wie der grüne Star können zum Verlust eines oder beider Augen führen.

Der grüne Star (Glaukom)

Bei Nichtbehandlung eines akuten Glaukoms erblindet der Patient innerhalb weniger Stunden.
Ein grüner Star ist sehr schmerzhaft und führt zu Verhaltensänderungen des Tieres. Zusammen mit Rötungen eines oder beider Augen ist das als Notfall zu werten und sollte Sie sofort (auch nachts!) zum Tierarzt führen.

Als Glaukom wird die Erhöhung des Augeninnendrucks bezeichnet. Die Ursache ist meist eine Behinderung des Kammerwasserabflusses. Das Glaukom ist eine Notfallsituation und erfordert sofortiges Handeln. Die Tiere leiden durch den Druck auf den Sehnerv sehr starke Schmerzen und können innerhalb weniger Stunden erblinden. Das betroffene Auge ist gerötet und fühlt sich prall an. Das Verhalten der kleinen Patienten ist gestört. Je nach Charakter zeigen sich die starken Schmerzen recht unterschiedlich. Manche Katzen verkriechen sich und lehnen Nahrung und Flüssigkeit ab. Andere wiederum sind unruhig und reiben sich das Köpfchen an den Polstermöbeln oder am Boden. Jede Verhaltensänderung der Katze, die auf Schmerzen schließen läßt, in Verbindung mit Rötung eines Auges sollte immer Anlaß genug sein, einen Tierarzt zu konsultieren (auch nachts!).

Ein Glaukom kann durch krankhafte Veränderungen am Auge selbst (z.B. entzündliche Verklebungen) oder auch im Rahmen einer Infektion mit dem Leukose- oder FIP-Virus entstehen. Die Therapie richtet sich nach der Grundkrankheit. Mit Kammerwinkel erweiternden Augentropfen kann der Augendruck in manchen Fällen gut kontrolliert werden. Bei fortgeschrittenem Glaukom hilft meist nur ein chirurgischer Eingriff.

Die Pupille

Einseitige Größenveränderung der Pupille sowie ein- oder beidseitige Pupillenstarre bei Lichteinfall beobachtet man im Zusammenhang mit Nervenerkrankungen, Virusinfektionen (Leukose, FIP) oder bei Tumoren des Zentralnervensystems. Aber auch eine

Unterschiedliche Pupillengröße aufgrund einer Nervenerkrankung.

Schädigung des Gehirns, z.B. durch einen Verkehrsunfall, kann solche Veränderungen hervorrufen.

Der graue Star (Katarakt)

Eine Trübung der Linse tritt als Altersveränderung oder im Zusammenhang mit Diabetes mellitus auf.

Unter einem grauen Star versteht man die Trübung der Linse, wodurch je nach Ausprägung die Sehkraft mehr oder weniger stark beeinträchtigt wird. Der Altersstar, d.h. die langsame Trübung der Linse mit zunehmendem Alter, kommt bei der Katze seltener vor als beim Hund. Oft sind Durchblutungsstörungen aufgrund Minderleistung des Herzens die Ursachen solch schleichender Veränderungen.

Katarakte bei der Katze werden häufig im Zusammenhang mit Diabetes mellitus und infolge von Kampfverletzungen beobachtet. Die chirurgische Entfernung der getrübten Linse wird bei der Katze nur selten durchgeführt.

Die Iris

Weiße Katzen mit blauen Augen sollten aus der Zucht ausgeschlossen werden, da sie ein Gen tragen, das neben weißem Fell und blauen Augen auch Taubheit vererben kann.

151

Eine Blaufärbung der Iris finden wir normalerweise bei Katzenbabys. Erst im Alter von etwa 5–6 Wochen färbt sich die Iris zur endgültigen Augenfarbe.

Ein- oder beidseitige Blaufärbung der Iris kann bei weißen Katzen ein Zeichen für das Waardenberg-Syndrom sein. Es handelt sich dabei um eine angeborene Degeneration des inneren Ohres mit Taubheit. Dieser Defekt tritt nur bei weißhaarigen Katzen auf. Etwa 20 % aller weißen Katzen sind taub, wobei langhaarige Kätzchen häufiger betroffen sind als kurzhaarige. Der größte Teil der tauben weißen Katzen hat blaue Augen. Das Waardenberg-Syndrom ist auf ein Gen zurückzuführen, das immer weißes Fell, in vielen Fällen zusätzlich blaue Augen und manchmal Taubheit bewirkt. Da man einer Katze nicht ansehen kann, ob sie das Waardenberg-Gen in ihren Erborganen trägt, sollte man zur Sicherheit weiße Katzen mit blauen Augen von der Zucht ausschließen.

Verschieden gefärbte Augen sind, wenn das Phänomen von Geburt an besteht, eine individuelle und hübsche Besonderheit. Wenn sich die Iris jedoch bei einer erwachsenen Katze plötzlich umfärbt oder rostähnliche Flecke darin auftauchen, könnte das ein Krankheitszeichen sein. So können z.B. Blutungen in der Netzhaut solche Farbveränderungen hervorrufen. Eine tierärztliche Untersuchung der Katze ist empfehlenswert.

Die Netzhaut (Retina)

Krankhafte Veränderungen der Netzhaut werden durch Viren (Katzenseuchen-Virus, Leukose- und FIP-Viren) sowie durch einseitige Ernährung hervorgerufen.

Nicht entzündliche Retinaerkrankungen sind im Zusammenhang mit dem Panleukopenie-Virus (Katzenseuchen-Virus) beobachtet worden. Retinaablösungen- und Blutungen findet man nicht selten bei FIP- und Leukose-Infektionen.

Eine ernährungsbedingte Retinadegeneration entsteht durch vegetarische oder einseitige Fütterung. Katzen, die lediglich Milcherzeugnisse als Eiweißquelle erhalten (z.B. Quark, Milch, Joghurt usw.), leiden unter einem Mangel an der essentiellen Aminosäure Taurin. Schon innerhalb weniger Wochen kommt es bei mit Taurin unterversorgten Kätzchen zu einer Veränderung der Retina mit fortschreitender Erblindung. Netzhautdegeneration infolge Mangeldiät wurde auch bei Katzen beobachtet, die ausschließlich mit Hundefertigfutter ernährt wurden. Eine Analyse verschiedener Hundefutter ergab sehr niedrige Taurinspiegel.

Die sofortige Futterumstellung kann die Augenveränderungen stoppen. Bei fortgeschrittener Degeneration kommt jedoch jede Hilfe zu spät. Katzen sind Fleischfresser. Eine vegetarische Ernährung dieser Tiere (z. B. aus ethischen Gründen) oder die einseitige Ernährung mit Milchprodukten oder Hundefutter ist Tierquälerei!

Progressive Retinaatrophie (PRA)

Die fortschreitende Retinaatrophie ist ein erbliches Phänomen, das bei Perserkatzen und Abessinischen Rassekatzen beobachtet wird.

Diese fortschreitende Netzhautdegeneration ist ein erbliches Syndrom und tritt vornehmlich bei Perserkatzen auf. Die ersten Anzeichen manifestieren sich schon im Alter von 2–3 Monaten. Es entsteht eine Sehbehinderung. Vollständige Erblindung findet man bei diesem Syndrom selten. Die betroffenen Tiere können in der Regel damit leben, vor allem, wenn sie nur in der Wohnung gehalten werden. Da diese langsam fortschreitende Degeneration der Netzhaut erblich bedingt ist, müssen die erkrankten Katzen aus der Zucht ausgeschlossen werden. Eine erfolgreiche Therapie gibt es nicht.

Bei Abessinischen Rassekatzen wird ebenfalls in den letzten Jahren zunehmend ein ähnliches Krankheitsbild beobachtet. Die Sehbehinderung tritt im Gegensatz zu der Netzhautdegeneration der Perserkatzen erst ab dem 6. Lebensjahr auf und führt häufig relativ schnell zur vollständigen Erblindung. Auch hier ist eine Behandlung nicht möglich.

Ohren

Die Funktion gesunder Ohren

Die Organe des Gehörsinns sind die Ohren. Durch das **äußere Ohr** mit der Ohrmuschel werden die Schallwellen aufgefangen und zum Trommelfell geleitet. Katzen können die Ohrmuscheln wie kleine Antennen in die Richtung der ankommenden Geräusche verstellen. Gleichzeitig dienen die Ohrmuscheln als Kommunikationsmittel. An der Stellung der Ohren können Katzen die Stimmungslage eines Artgenossen ablesen. Spezielle Drüsen im äußeren Gehörgang sondern ein talgiges Sekret (Ohrenschmalz) ab, wodurch das Ohr von eingedrungenem Schmutz gereinigt und geschmeidig gehalten wird.

Das Trommelfell ist die Grenze zwischen äußerem Ohr und **Mittelohr**. Im Mittelohr befinden sich die Gehörknöchelchen. Sie gleichen in ihrer Form einem Amboß, einem Hammer sowie einem Steigbügel und werden auch so genannt. Die Gehörknöchelchen leiten die Schwingung des Trommelfells ins Innenohr weiter.

Das **Innenohr** besteht aus einem komplizierten Labyrinth, das teilweise mit Flüssigkeit gefüllt ist. Ein Teil des Labyrinths hat die Form einer Schnecke. Nur sie ist für den Hörvorgang von Bedeutung. Die von den Gehörknöchelchen des Mittelohrs übertragenen Schwingungen reizen feine Nervenzellen in der Schnecke. Die Nervenzellen wiederum leiten den Reiz ins Gehirn weiter, wo er verarbeitet und von der Katze als Ton empfunden wird.

Der größere Teil des Labyrinths im Innenohr dient als Gleichgewichtsorgan. Es hat die Aufgabe Lage- und Bewegungsempfindungen an das Gehirn zu vermitteln.

Krankheiten des äußeren Gehörgangs

Katzenohren sollten niemals mit Wattestäbchen traktiert werden. Ohrenschmalz und Krankheitserreger werden damit tief in den Gehörgang gedrückt und können nur durch eine Ohrspülung wieder herausgelöst werden.

Ein gesundes Katzenohr reinigt sich selbst und sollte nicht mit Wattestäbchen oder sonstigen Instrumenten traktiert werden. Normalerweise sind Katzenohren ganz sauber. Wenn sich in der Ohrmuschel dunkler, krümeliger oder sogar schmieriger Ohrenschmalz sammelt, besteht Verdacht auf eine Infektion mit Ohrmilben, Bakterien oder Pilzen. Bringen Sie den kleinen Patienten zum Tierarzt. Er wird durch eine Untersuchung der Ohren die Ursachen herausfinden und die richtige Behandlung einleiten.

Bitte versuchen Sie nicht selbst, mit einem Wattestäbchen die verschmutzten Ohren zu reinigen. Oft wird dadurch Ohrenschmalz tief nach unten gedrückt, wo es als fester Pfropf einen guten Nährboden für Bakterien abgibt. Ein Ohrenschmalzpfropf kann so fest werden, daß er nur durch eine Ohrspülung herausgelöst werden kann. Nur wenige Katzen lassen sich das so ohne weiteres gefallen. In den meisten Fällen muß eine Ohrspülung unter Narkose durchgeführt werden.

Ohrmilben leben im äußeren Gehörgang und verursachen starken Juckreiz und Entzündungen des Ohrs.

Ohrmilben

Ohrmilben treten selten allein auf. Sie sind Wegbereiter für Bakterien und Pilze und führen so zu schweren Infektionen des Gehörgangs. Juckreiz, Kopfschütteln sowie dunkelbraune, krümelige oder schmierige Beschaffenheit des Ohrenschmalzes sind Anzeichen für Massenbefall mit den Parasiten.

Ohrmilben können Katzen jeden Alters befallen. Das Ohr wehrt sich normalerweise durch vermehrte Ohrenschmalzproduktion, wodurch einzelne Milben absterben. Lediglich bei geschwächten Tieren kommt es zu Massenbefall mit Ohrmilben und den daraus entstehenden Störungen. Erstes Anzeichen ist deutlicher Juckreiz. Die Katze kratzt sich ständig an den Ohren und schüttelt den Kopf. Typisch für Milbenbefall ist die dunkelbraune Farbe und die trockene, krümelige Beschaffenheit des Ohrenschmalzes. Zusätzliche Infektionen mit Bakterien und Pilzen führen zu schweren Entzündungen, die sich, wenn sie nicht behandelt werden, bis ins Mittelohr ausdehnen können.

Der Tierarzt wird zunächst das Ohr gründlich reinigen und danach ein Mittel gegen die Parasiten hineinträufeln. Diese Behandlung müssen Sie dann zu Hause mindestens 6 Tage konsequent fortsetzen. Das flüssige Medikament wird einmal täglich in die Ohren getropft. Sparen Sie nicht dabei. Die Ohren müssen randvoll **155**

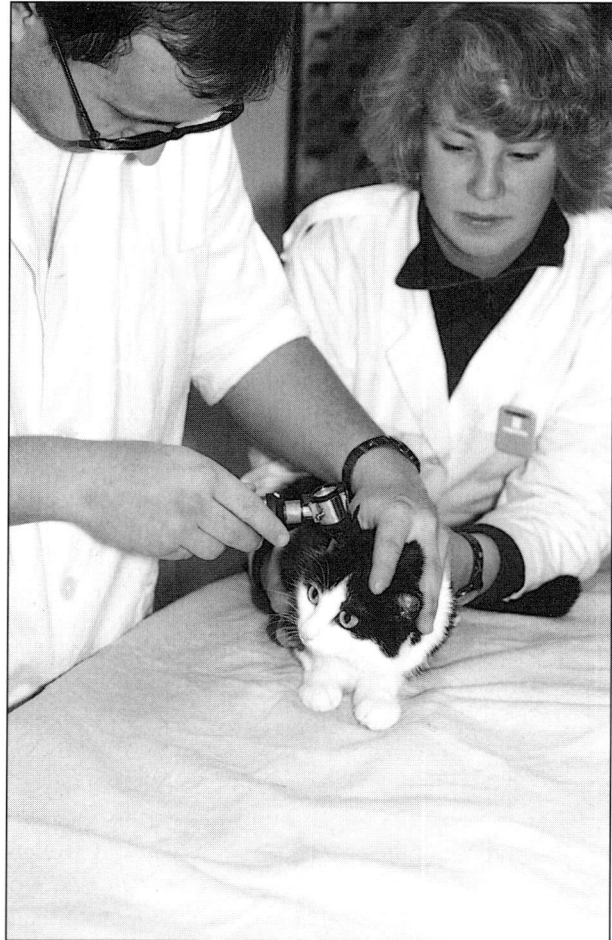

Der Tierarzt kontrolliert mit dem Otoskop den Gehörgang auf Entzündungen und Milbenbefall.

gefüllt werden. Das Präparat wird mit kreisenden Bewegungen bis zum Trommelfell massiert, damit auch tiefsitzende Parasiten erreicht werden. Putzen Sie die Ohrmuscheln der Katze nach der Behandlung nur außen mit einem Papiertaschentuch leicht ab. Um es nochmals zu betonen: Gehen Sie niemals mit einem Wattestäbchen in den Gehörgang.

Nach einer Woche sollten Sie den Patienten erneut dem Tierarzt zur Kontrolle vorstellen. Manchmal kann es erforderlich sein, die Therapie noch ein paar Tage zu verlängern, damit die Ohrerkrankung völlig abheilt. Tiere mit massivem Parasitenbefall sind in ihrer körpereigenen Abwehr geschwächt, sonst könnten sich die Milben gar nicht erst in diesen Mengen vermehren. Zusätzlich zu der lokalen Ohrbehandlung empfiehlt es sich daher, die Abwehrkräfte zu stärken. Dazu eigenen sich Echinacea-Präparate, Vitamin C (eine Messerspitze pro Tag ins Futter) oder Paramunitätsinducer, die vom Tierarzt gespritzt werden müssen. Besonders die Paramunitätsinducer (siehe Seite 45), sind sehr wirksam und haben sich als Begleittherapie auch bei parasitären Erkrankungen bewährt.

Krankheiten des Mittelohrs

Mittelohrentzündungen sind sehr schmerzhaft. Typisches Zeichen ist das Schiefhalten des Kopfes nach der Seite des erkrankten Ohres. Bei dieser Erkrankung ist der Einsatz hochdosierter Antibiotika nicht zu vermeiden.

Chronische Entzündungen des äußeren Gehörgangs oder aufsteigende Infektionen vom Nasen- und Rachenraum können sich auf das Mittelohr ausdehnen. Eine Mittelohrentzündung ist sehr schmerzhaft. Typisches Symptom ist das Schiefhalten des Kopfes nach der Seite des erkrankten Ohres. Ohrspülungen durch den Tierarzt und der Einsatz hochdosierter Antibiotika führen in den meisten Fällen zur Heilung.

Bei verschleppter Erkrankung kann die Entzündung chronisch werden oder in Schüben immer wieder aufflackern. Auch hier sollte neben der Antibiotikabehandlung gleichzeitig auch die körpereigene Abwehr medikamentös gestärkt werden. Die Applikation von Wärme (Rotlicht) auf das erkrankte Ohr ist nicht immer richtig. Bei eitrigen Prozessen im Mittelohr kann sie sogar die Entzündung verschlimmern. Ob mit Wärme behandelt werden darf, kann nur im Einzelfall entschieden werden. Ihr Tierarzt wird Sie entsprechend beraten.

Krankheiten des Innenohrs

Die Ursachen einer Innenohrerkrankung sind nicht immer herauszufinden. Je nach Schwere der Infektion können Schiefhalten des Kopfes, Gleichgewichtsstörungen und Taubheit auftreten.

Die auffallendsten Symptome für eine Innenohrerkrankung sind entsprechend der Funktion dieses Organs Gleichgewichtsstörungen, Kopfschiefhalten und Taubheit. Natürlich müssen nicht alle Krankheitszeichen immer gleichzeitig auftreten. Als Ursache für Störungen im Innenohr kommen aufsteigende Entzündungen aus dem Mittelohr, Arzneimittelvergiftungen, Schädelverletzungen und Durchblutungsstörungen (z.B. bei Herzerkrankungen) in Frage.

Nicht immer gelingt es, die auslösende Ursache herauszufinden. Die Therapie richtet sich nach der Grundkrankheit und muß auf den Einzelfall abgestimmt werden. **157**

Gesundheitsvorsorge

Um Krankheiten vorzubeugen sowie versteckte Erkrankungen frühzeitig zu erkennen, empfiehlt sich eine regelmäßige Gesundheitskontrolle der Katze. Folgendes Vorsorgeprogramm hat sich bewährt:

- Schutzimpfung
- Entwurmung und Kotuntersuchungen
- Blutuntersuchung
- EKG
- Zahnkontrolle

Schutzimpfung

Die jährliche Schutzimpfung ist die beste Vorbeugung gegen Infektionskrankheiten wie Katzenseuche, Katzenschnupfen, Leukose und Tollwut.

Was ist eigentlich eine Impfung? Der englische Arzt Edward Jenner entdeckte im 18. Jahrhundert durch Zufall das Wirkungsprinzip einer Impfung. Er beobachtete, daß Menschen, die sich mit den relativ harmlosen Kuhpocken infiziert hatten, nicht mehr an dem tödlichen Pockenvirus erkrankten, das zu dieser Zeit weltweit viele Menschenleben kostete. Durch den Kontakt mit den Kuhpocken hatten sich im Körper der Patienten Antikörper gebildet, die vor einer Infektion mit dem verwandten Erreger der menschlichen Pocken schützten. Edward Jenner wußte damals noch nichts von Antikörpern. Er kannte nur die Wirkung: Die durch ihn mit dem Sekret aus Kuhpockenblasen geimpften Menschen blieben bei einer Pockenepidemie gesund.

Heute weiß man über das Immunsystem eines Organismus sicherlich mehr als zu Edward Jenners Zeiten und kann wirksamere und nebenwirkungsfreiere Impfstoffe herstellen. Das Grundprinzip der Vaccination (Impfung) ist jedoch das gleiche geblieben. Auch heute noch werden den Patienten abgeschwächte oder abgetötete Viren oder auch nur Teilstücke eines Krankheitserregers eingeimpft. Obwohl diese »verkrüppelten« Impfkeime keine Krankheit mehr auslösen können, reagiert das Immunsystem darauf mit der Bildung ganz spezieller Antikörper. Die Antikörper bleiben für eine gewisse Zeit im Blut und verhindern die Infektion mit potenten Erregern der Erkrankung, gegen die geimpft wurde.

Katzenbabys geimpfter Mütter nehmen die Antikörper mit der Muttermilch auf und sind dadurch bis zur 8. Lebenswoche immun. Es ist daher nicht sinnvoll eine Katze vor der 8. Le-

Impfschema		
	Grundimmunisierung	Auffrischung
Katzenseuche	2mal im Abstand von 3–4 Wochen	alle 2 Jahre*
Katzenschnupfen	2mal im Abstand von 3–4 Wochen	jährlich
Leukose	2mal im Abstand von 3–4 Wochen	jährlich
Tollwut	1mal	jährlich
* bei Verwendung eines Todimpfstoffes jährlich		

benswoche zu impfen. Danach allerdings sollte sie grundimmunisiert werden. Da man die Erreger von **Katzenseuche** und **Katzenschnupfen** mit Kleidung und Schuhen in die Wohnung einschleppen kann, müssen auch reine Wohnungskatzen gegen diese Krankheiten geimpft sein.

Leukose wird hauptsächlich durch direkten Kontakt mit infizierten Katzen übertragen. Besteht kein Kontakt zu anderen Katzen, ist die Leukose-Impfung nicht unbedingt erforderlich. Sie ist jedoch zu empfehlen, da man ja nie sicher sein kann, ob es im Leben der Katze nicht doch einmal eine Situation gibt, in der sie mit anderen Katzen in Berührung kommt (z. B. wenn sie einmal »ausbüchst«).

Tollwut wird nur durch den Biß eines tollwütigen Tieres übertragen. Aus diesem Grund brauchen eigentlich nur Freigänger dagegen geimpft zu werden. In Waldgebieten empfiehlt sich aber auch Wohnungskatzen zu impfen – aus dem gleichen Grund wie bei Leukose. Wer kann, wenn das Tier einmal wegläuft, garantieren, daß es nicht mit einem tollwütigen Fuchs in Berührung kommt. Wenn die Wahrscheinlichkeit auch sehr gering ist, sollte man dennoch vorbeugen. Um eine Katze mit ins Ausland nehmen zu können, müssen Sie eine aktuelle Tollwutimpfung durch einen Impfpaß nachweisen.

Entwurmung und Kotuntersuchungen

Katzenbabys müssen nach Absetzen von der Mutter vollständig entwurmt werden. Bei erwachsenen Katzen genügt eine mikroskopische Kotuntersuchung einmal pro Jahr.

Fast alle jungen Kätzchen sind verwurmt (siehe Seite 93). Sie müssen daher vollständig gegen Spul-, Haken- und Bandwürmer behandelt werden. Erwachsene Tiere sollten nur entwurmt werden, wenn durch eine Kotuntersuchung festgestellt wurde, daß sie auch wirklich Würmer in ihrem Darm beherbergen. Zur Kontrolle reicht eine regelmäßige mikroskopische Kotuntersuchung durch den **159**

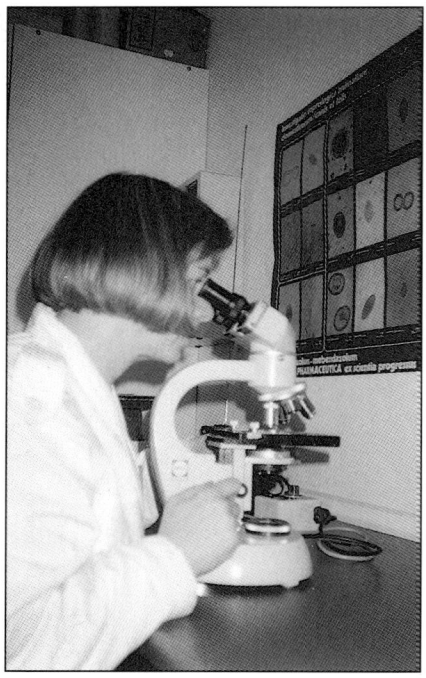

Durch eine mikroskopische Kotunter-suchung kann der Tierarzt feststellen, ob die Katze verwurmt ist.

Tierarzt. Bringen Sie am besten einmal im Jahr zum Impftermin eine bohnengroße Menge Kot zur Untersuchung mit.

Gewichtskontrolle

Regelmäßige Gewichtskontrollen alle 14 Tage geben Auskunft über schleichende Gewichtsveränderungen, die erste Anzeichen für chronische Erkrankungen sein können.

Wenn man mit einem Tier Tag für Tag zusammenlebt, bemerkt man eine schleichende Gewichtsveränderung zumeist nicht. Eine Gewichtszunahme ist ein Anzeichen für Überernährung. Gewichtsabnahme ist eventuell ein Symptom für versteckte Erkrankungen. Beides erfordert eine Reaktion. Im ersten Fall hilft die Futterreduzierung zur Gewichtsstabilisierung; im zweiten Fall eine gründliche tierärztliche Untersuchung, um der Ursache des Abnehmens auf die Spur zu kommen.

Objektive Kontrollen des Gewichts sind daher ein wesentlicher Punkt der Gesundheitsvorsorge.

Stellen Sie sich alle 14 Tage mit Ihrem vierbeinigen Freund auf die Waage. Anschließend wiegen Sie sich alleine und ziehen Ihr Gewicht vom Gesamtgewicht ab. Die Differenz ergibt das Körpergewicht der Katze (siehe Seite 12).

Blutuntersuchung

Um Organerkrankungen frühzeitig zu erkennen, sollte bei Katzen ab dem 6. Lebensjahr jährlich einmal eine Blutuntersuchung durchgeführt werden.

Viele Organerkrankungen zeigen sich erst im fortgeschrittenen Stadium. Ab dem 6. Lebensjahr sollte daher bei der Katze einmal jährlich eine Blutuntersuchung durchgeführt werden, um die Funktion der Organe zu kontrollieren. Das Argument mancher überängstlicher Tierbesitzer, die Blutabnahme belaste die Katze zu sehr, ist falsch verstandene Tierliebe. Wenn sich versteckte Erkrankungen später mit massiven Symptomen manifestieren, leidet der Patient sicher mehr als unter einem kleinen Stich in die Vene als Vorsorgemaßnahme. Die meisten Organkrankheiten lassen sich durch Medikamente gut beeinflussen, wenn sie nur frühzeitig erkannt werden. Fast alle Katzen lassen sich eine Blutabnahme vom Tierarzt ohne Gegenwehr gefallen.

Elektrokardiogramm (EKG)

Zur frühzeitigen Diagnose von Herzerkrankungen empfiehlt es sich, bei Katzen ab dem 6. Lebensjahr einmal jährlich ein EKG durchführen zu lassen.

Zur Kontrolle der Herzfunktion eignet sich neben der routinemäßig durchgeführten Auskultation (Abhören) des Herzens mit dem Stethoskop das Elektrokardiogramm. Die Impulse des Herzschlags werden dabei durch ein spezielles Gerät gemessen

Die meisten Katzen lassen sich eine Blutabnahme ohne Gegenwehr gefallen.

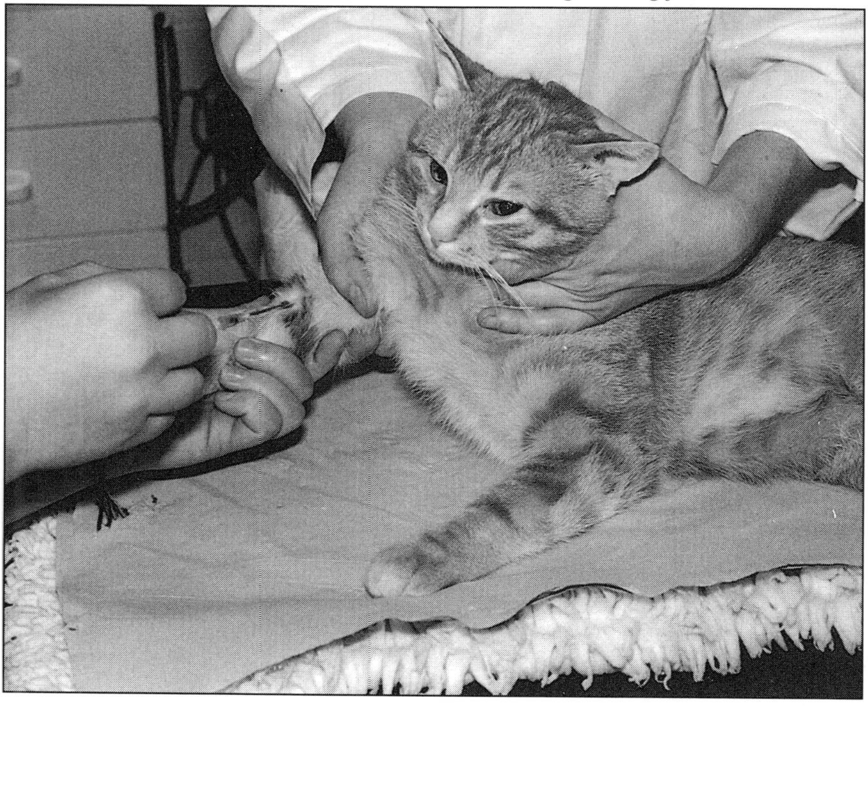

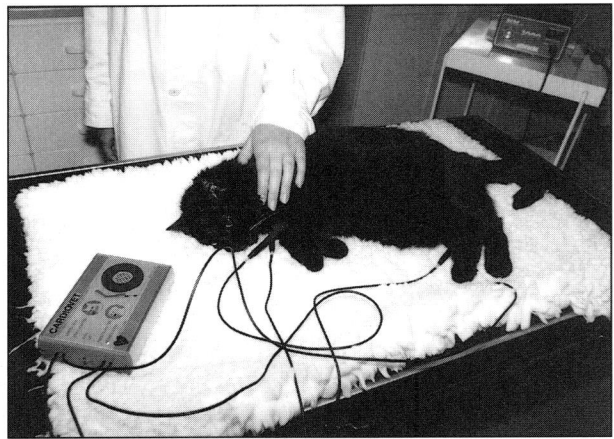

Ab dem 6. Lebensjahr sollte zur Vorsorge einmal jährlich ein EKG angefertigt werden.

und als Kurven ausgedruckt. Veränderungen des Herzmuskels, Herzrhythmusstörungen oder eine Minderleistung des Kreislauforgans können so zuverlässig diagnostiziert werden. Ein EKG sollte ab dem 6. Lebensjahr einmal jährlich durchgeführt werden.

Zahnkontrolle

Zahn- und Zahnfleischerkrankungen kann durch regelmäßige Zahnhygiene (Zähneputzen, richtige Ernährung) vorgebeugt werden. Einmal jährlich sollten die Zähne vom Tierarzt kontrolliert werden.

Bei jedem Impftermin wird der Tierarzt das Gebiß der Katze kontrollie-

ren. Zahnstein muß schnellstmöglich entfernt, erkrankte Zähne versorgt werden. Damit die Wirkung der Impfung nicht beeinträchtigt wird, sollte der Narkosetermin zur eventuell erforderlichen Zahnsteinentfernung erst 2 Wochen später vereinbart werden. Impfung und Narkose zusammen sind für den Körper zu belastend. Er ist dann nicht in der Lage, genügend Antikörper zu bilden, und die Impfung wäre »für die Katz«.

Zur Vorbeugung gegen Zahnstein- und Zahnerkrankungen empfiehlt es sich, einmal pro Woche die Zähne der Katze mit einer speziell für Tiere hergestellten Zahnpasta zu putzen. Diese Zahnpasta ist auf Knochenmehlbasis hergestellt und kann von den Tieren abgeschluckt werden (siehe Seite 82).

Ernährung

Die Bezeichnung Fleischfresser ist für die Katze nicht ganz zutreffend. Beutefresser wäre richtiger. Die natürliche Nahrung der Katze besteht aus kleinen Säugetieren (z. B. Mäusen) und gelegentlich Vögeln. Diese Beutetiere liefern nicht nur Muskelfleisch, sondern auch Innereien, Knochen und damit Mineralstoffe (Kalzium und Phosphat), Mageninhalt (vorverdaute Kohlenhydrate), Blut und damit Salze sowie Ballaststoffe in Form von Fell oder Federn.

Die ideale Katzenration sollte in ihrer Zusammensetzung der natürlichen Nahrung weitgehend entsprechen. Eine Reihe von Krankheiten sind ernährungsbedingt oder werden durch falsche Ernährung ausgelöst. Bieten Sie daher Ihrem Kätzchen von Anfang an eine abwechslungsreiche und hochwertige Ernährung. Einseitige Futterzusammenstellung und mindere Futterqualität ist Sparsamkeit am falschen Ende, die Sie nicht selten im Laufe des Katzenlebens durch hohe Tierarztrechnungen teuer bezahlen müssen. Industriell vorgefertigtes Dosenfutter entspricht in seiner Zusammensetzung

Eine ausgewogene Ernährung ist für das Wohlbefinden der Katze von besonderer Bedeutung.

sicherlich den Bedürfnissen der Katze. Es ist jedoch denaturierte, hochsterilisierte Nahrung, künstlich mit Vitaminen angereichert. Durch die weiche Konsistenz des Dosenfutters werden die Katzenzähne kaum beansprucht. Die Zahnbeläge werden nicht abgerieben und es entsteht in kurzer Zeit der gefürchtete Zahnstein. Es ist für die meisten Menschen undenkbar, sich ausschließlich von Konserven zu ernähren. Wir sollten es unseren vierbeinigen Freunden ebenfalls nicht zumuten.

163

Auch Trockenfutter als Hauptnahrung ist vom gesundheitlichen Standpunkt äußerst problematisch. Da dem Futter in dieser Form die Feuchtigkeit auf 10 % entzogen wurde, müßte die Katze für jedes Gramm Trockenfutter, das sie frißt, mindestens das drei- bis vierfache an Wasser trinken. Auch wenn immer frisches Trinkwasser in ausreichender Menge zur Verfügung steht, nehmen viele Katzen nicht genügend Flüssigkeit auf, um diesen großen Bedarf zu decken. Mangelnde Flüssigkeitszufuhr führt jedoch zu stark konzentriertem Harn. Wie inzwischen festgestellt wurde, ist das **eine** wesentliche Ursache für die Entstehung von Harngries und Harnsteinen bei Katzen (siehe Seite 123).

Um es nochmals zu betonen: Die natürliche Nahrung der Katze sind Beutetiere wie z. B. Mäuse oder Vögel. Sie bestehen in der Regel zu 70–80 % aus Wasser. Wie kann man angesichts dieser Tatsache Trockenfutter als Hauptnahrungsquelle empfehlen? Zur Belohnung und als Leckerbissen zwischendurch ist nichts dagegen einzuwenden, vorausgesetzt das Tier leidet nicht an Übergewicht.

Das Hauptargument, das die Befürworter von industriell gefertigtem Katzenfutter immer wieder in die Debatte einbringen ist, daß vor allem bei Wohnungskatzen, die keine Mäuse erjagen, durch selbst zusammengestellte Futterrationen Mangelschäden auftreten. Das ist dann richtig, wenn die selbstgefertigte Nahrung nicht alle notwendigen Nährstoffe, Vitamine und Mineralstoffe in ausreichender Menge enthält. Wenn Sie sich entschließen, Ihre Katze »biologisch«, d. h. mit frischen, möglichst naturbelassenen Produkten zu füttern, sollten Sie nachfolgende Kapitel aufmerksam lesen. Es ist gar nicht schwer und wenig arbeitsaufwendig, ein gesundes Katzenmenue zuzubereiten.

Als Grundsatz gilt: vielseitig und abwechslungsreich füttern. Katzen entwickeln sich leicht zu Nahrungsspezialisten. Wenn Sie Ihrem Vierbeiner immer nur die Lieblingsspeise anbieten, wird er bald nichts anderes mehr anrühren. Die Folge dieser einseitigen Ernährung sind schwerwiegende Mangelerscheinungen. Gewöhnen Sie daher Ihr Kätzchen frühzeitig an die verschiedensten Geschmacksrichtungen. Jeden Tag etwas anderes füttern, und die Katze wird bis ins hohe Alter in Bezug auf das Fressen »flexibel« bleiben. Damit Ihre Katze Dosenfutter nicht ganz ablehnt, sollten Sie einmal pro Woche auch mal eine Dose anbieten. In den meisten Tierkliniken wird der Einfachheit halber Dosennahrung verfüttert. Man kann ja nicht wissen, ob im langen Katzenleben nicht doch einmal ein Klinikaufenthalt nötig wird. In einem solchen Fall ist es von Vorteil, wenn es wegen des Futters keine Probleme gibt.

Übrigens ist die Fütterung unserer Tiere mit Frischfutter ein aktiver Beitrag zum Umweltschutz. Wenn eine Katze täglich den Inhalt einer Dose frißt, so sind das im Durchschnitt in einem Jahr 365 und im Laufe des Katzenlebens 5475 leere Konservendosen. Eine ganz schöne Belastung für unsere Umwelt, vor allem wenn man dabei noch berücksichtigt, wie viele Katzen in Deutschland in der Obhut des Menschen leben.

Die Zusammensetzung einer Katzenration sollte weitgehend der eines Beutetieres entsprechen. Daraus ergeben sich für die Hauskatze folgende Fütterungsempfehlungen: Das tägliche Menue sollte etwa ¾ Eiweißträger und ¼ leichtverdauliche Kohlenhydrate enthalten. Fett, Vitamine, Mineral- und Ballaststoffe sind in der Menge erforderlich, in der sie natürlicherweise auch im Beutetier vorliegen.

Eiweiß

> Die Katze benötigt viel und hochwertiges Eiweiß. Um die Versorgung mit allen notwendigen Aminosäuren zu gewährleisten, sollten Eiweißträger wie Fleisch, Milchprodukte, Fisch und Eier abwechselnd verfüttert werden.

Die Katze benötigt viel und hochwertiges Eiweiß. Sie kann im Gegensatz zum Menschen und zum Hund eine zeitweise Verringerung des Eiweißangebotes nicht kompensieren. Mangelerscheinungen treten bei ihr daher viel schneller und ausgeprägter zutage. Im Durchschnitt sollte die Tagesration 4–5 g Eiweiß pro Kilogramm Körpergewicht enthalten. Eine 4 kg schwere Katze muß zur Deckung ihres Bedarfs am Tag also mindestens 16–20 g Eiweiß fressen. In die Praxis umgesetzt bedeutet das, daß ein gefüllter Futternapf mindestens ¾ hochwertige Eiweißträger und lediglich ¼ Zusätze wie z. B. Katzenflocken oder Reis enthalten sollte.

Nicht nur die Menge, sondern auch die Zusammensetzung des Eiweißes ist entscheidend für eine optimale Versorgung. Eiweiß setzt sich aus verschiedenen Bausteinen, den Aminosäuren zusammen. Die Katze benötigt 10 essentielle (lebensnotwendige) Aminosäuren. Muskelfleisch, Fisch, Innereien, Geflügelfleisch, Eier und Milchprodukte sind hochwertige Eiweißträger. Sie enthalten das gesamte für die Katze notwendige Aminosäurenspektrum. Eiweißen in Bindegewebe und Pflanzen fehlen einige der erforderlichen Bausteine. Sie sind daher als Katzennahrung nicht geeignet.

Fleisch kann roh, gekocht oder gebraten verfüttert werden. Im rohen Zustand sind Nährstoffe und Vitamine in unveränderter Form enthalten. Rohes Fleisch ist daher auch gesünder als erhitztes. Ausnahmen sind Schweine- und Hühnerfleisch. Diese Fleischsorten dürfen niemals roh an Katzen verfüttert werden. Schweinefleisch kann das gefährliche Aujeszky-Virus enthalten (siehe Seite 40); durch rohes Hühnerfleisch können sich die Tiere mit Salmonellen infizieren. Beide Fleischsorten müssen gekocht oder gebraten werden. **165**

Bandwürmer bekommen unsere Katzen nicht durch roh verfüttertes Fleisch, wie so oft vermutet, sondern hauptsächlich durch den Verzehr von Mäusen. Mäuse sind Zwischenwirte des typischen Katzenbandwurms (siehe Seite 93). Durch die tierärztliche Fleischbeschau in Deutschland wird weitgehend verhindert, daß finnenhaltiges Fleisch von Schlachttieren in den Verkehr gebracht wird. (Finnen nennt man die eingekapselten Übergangsformen des Bandwurms in der Muskulatur des Zwischenwirtes, siehe Seite 94). Wenn Sie jedoch ganz sicher sein wollen, frieren Sie das Fleisch vor dem Verfüttern im Gefrierschrank 2–3 Tage bei mindestens –15 °C ein. Eventuell vorhandene Bandwurmfinnen werden dadurch sicher abgetötet. Für die Katze wertvolle Fleischsorten sind Rind-, Schaf-, Pferde-, Schweine-, Wild- und Geflügelfleisch.

Entsprechend der Zusammensetzung der Beutetiere sollte die tägliche Ration der Hauskatze etwa 20 % **Innereien** enthalten. Sie sind sehr vitaminreich. Roh erzeugen Sie oft Durchfall, gekocht werden sie meist lieber aufgenommen. Zu den für die Katze wertvollen Innereien zählen Nieren, Leber, und Pansen (Vormagen des Rindes). Das Herz wird nicht den Innereien zugerechnet. Durch seine Faserstruktur zählt es zum Muskelfleisch und kann ebenso wie dieses in größeren Mengen verfüttert werden.

Die Katze ist nicht in der Lage das in Pflanzen als Karotin enthaltene Vitamin A zu verwerten. Sie ist deshalb auf die Zufuhr dieses lebensnotwendigen Vitamins über tierische Kost angewiesen. Zur Deckung ihres Vitamin-A-Bedarfs benötigt eine Katze etwa 100–150 g Leber **pro Woche**. Diese Menge sollte allerdings auf Dauer nicht überschritten werden, da bei Überdosierung von Vitamin A Verknöcherungen der Halswirbelsäule mit Einengung des Wirbelkanals entstehen können. Die Folgen sind Lähmungen der Vordergliedmaße und Bewegungsstörungen von Hals und Kopf. Natürlich entwickeln sich solche Erscheinungen nicht von heute auf morgen. Erst eine jahrelange falsche Ernährung mit chronischer Vitamin-A-Überversorgung führt zu den beschriebenen Wirbelveränderungen.

Milchprodukte enthalten viel leichtverdauliches Eiweiß sowie Kalzium und sind daher eine wertvolle Ergänzung zur Fleischfütterung. Ein Kätzchen, das von Jugend an Milch zu trinken bekommt, wird sie auch als erwachsene Katze gerne trinken und meist gut vertragen. Einige Katzen reagieren auf Milch mit Durchfall. Nicht das Fett in der Milch ist Schuld daran, sondern der Milchzucker, der in allen Milchprodukten enthalten ist. Milchzucker wird normalerweise im Darm durch ein Enzym abgebaut. Fehlt dieses Enzym, so entsteht Durchfall. Wenn Ihre Katze jedoch Milch ohne Verdauungsstörungen verträgt – und das tun erfahrungsgemäß die meisten – können Sie dieses wertvolle Nahrungsmittel

Frischmilch enthält viel Eiweiß und Kalzium. Nur ganz wenige Katzen reagieren auf den in der Milch enthaltenen Milchzucker mit Durchfall.

ohne Bedenken unverdünnt anbieten. Ein kleines Schüsselchen täglich zur üblichen Ration genügt jedoch, denn auch Milch enthält Kalorien und viele Katzen leiden an Übergewicht. Kondensmilch wird von vielen Katzen ebenfalls gerne getrunken. Durch die Verarbeitung und Konservierung enthält sie jedoch so gut wie keine Vitamine, dagegen relativ viel Phosphat. Als Kalziumspender eignet sie sich daher nicht. Sollte ihre Katze von Milch Durchfall bekommen, verfüttern sie vergorene Milchprodukte wie z. B. Joghurt, Dickmilch oder Quark. Der Milchzucker wurde in diesen Produkten von Milchsäurebakterien in Säure vergoren, wodurch sie für die Katze verträglich werden.

Auch **Eier** sind wertvolle Eiweißspender. Rohes Eiklar enthält allerdings ein »Antivitamin«, das Vitamin H (Biotin) im Darm der Katze bindet und dadurch zu Biotinmangelerscheinungen führt. Solche Mangelerscheinungen zeigen sich durch stumpfes Fell sowie infektionsanfällige Haut. Ein rohes Eigelb dagegen ist eine willkommene und gesunde Abwechslung für die Katze. Auch hartgekochte Eier, Spiegel- oder Rühreier werden gut vertragen. Manche Katzen mögen sie. Eier sollten jedoch nicht öfter als einmal pro Woche verfüttert werden.

Viele Katzen lieben **Fisch**. Fische sind gesund und enthalten viel leichtverdauliches Eiweiß. Rohe Fische und rohe Schalentiere (z. B. Muscheln) enthalten jedoch ein Enzym, das das Vitamin B_1 zerstört. Daher sollten Fisch- und Schalentiere nur gekocht oder gebraten verfüttert werden, um Vitamin-B_1-Mangelerscheinungen zu vermeiden.

Kohlenhydrate

Als Fleischfresser sind Katzen auf die Zufuhr von Kohlenhydraten mit der Nahrung nicht unbedingt angewiesen. Sie können nur hochaufgeschlossene Kohlenhydrate verwerten. Vollkornprodukte werden weitgehend unverdaut ausgeschieden.

167

Nach Ansicht von Ernährungswissenschaftlern scheinen Kohlenhydrate für Katzen nicht lebensnotwendig zu sein. Leicht verdauliche Kohlenhydrate können aber durchaus von ihnen ausgenutzt werden. Sie erinnern sich: der Mageninhalt der Beutetiere enthält halbverdaute Pflanzenteile (Kohlenhydrate) und wird von der Katze gerne gefressen. Aus diesem Grund sollte ein kleiner Teil (etwa $\frac{1}{4}$) der täglichen Nahrung unserer Hauskatze aus Kohlenhydraten bestehen. Besonders geeignet sind:

- gekochter Reis (kein Vollkornreis)
- gekochte Kartoffeln
- aufgeschlossene Katzen- oder Hundeflocken
- Cornflakes

Vollkornprodukte oder grobe Haferflocken sind nicht genügend aufgeschlossen und werden von der Katze zum größten Teil unverdaut wieder ausgeschieden. Manche Kätzchen reagieren darauf mit Durchfall.

Fette

Tierische Fette werden von Katzen gut vertragen. Die ungesättigte Fettsäure Linolsäure, die in Pflanzenölen enthalten ist, kann von Katzen nicht verwertet werden. Seetieröle (z. B. Lebertran) sollten grundsätzlich nicht verfüttert werden.

Katzen können fette Nahrung gut vertragen. Bis zu 30 g Fett pro Tag werden ohne irgendwelche Verdauungsstörungen toleriert. Sie brauchen sich also keine Sorgen zu machen, wenn einmal ein Stück Butter oder der Inhalt einer Sahneschüssel vom Tisch verschwunden ist und ihre Katze sich zufrieden das Schnäuzchen leckt. Nur in seltenen Fällen tritt danach Durchfall auf. Schuld daran ist dann nicht das Fett, sondern der in der Sahne enthaltene Milchzucker. Ist die Katze zu dick, muß natürlich der Fettgehalt der Nahrung reduziert werden.

Füttern Sie grundsätzlich keine Seetieröle (z. B. Lebertran). Diese Fette werden aufgrund ihres hohen Gehalts an ungesättigten Fettsäuren schnell ranzig und können bei den empfindlichen Katzen zur Gelbfettkrankheit führen (siehe Seite 69). Außerdem enthalten sie hohe Mengen an Vitamin A, das bei Überdosierung über längere Zeit bei Katzen zu Veränderungen der Halswirbelsäule führt (siehe Seite 179).

Katzen sind nicht in der Lage, die in Pflanzenfetten enthaltene Linolsäure in Arachidonsäure umzuwandeln. Sie sind auf die Zufuhr dieser lebensnotwendigen ungesättigten Fettsäure durch tierische Fette angewiesen. Ein Mangel an Arachidonsäure zeigt sich durch trockenes, schuppiges Fell. Vor allem Katzen, die hauptsächlich Trockenfutter erhalten, haben solche Mangelerscheinungen. Reich an Arachidonsäure ist Geflügelfett. Zur Unterstützung der Haut- und Fellfunktion eignet sich ein halber Teelöffel Gänseschmalz täglich als Zusatz zum Futter.

Mineralstoffe

> Die Mineralstoffe Kalzium und Phosphor müssen im richtigen Verhältnis zueinander mit der Nahrung aufgenommen werden. Da Fleisch sehr viel Phosphor enthält, müssen Katzen, die keine Knochen fressen (z.B. beim Verzehr einer Maus), zusätzlich mit Kalzium versorgt werden.

Die Mineralien Kalzium und Phosphor werden meist zusammen genannt, weil ihr Vorliegen im richtigen Verhältnis zueinander für den gesunden Knochenbau eine große Rolle spielt. Das optimale Verhältnis von Kalzium zu Phosphor in der Nahrung beträgt 1:1 bei erwachsenen und 1,5–2:1 bei wachsenden Katzen. Im Fleisch ist relativ viel Phosphor und nur wenig Kalzium enthalten. Knochen dagegen enthalten viel Kalzium und weniger Phosphor. Wenn die Katze eine Maus oder einen Vogel samt Knochen frißt, nimmt sie die Mineralstoffe im richtigen Verhältnis zueinander auf. Frißt die Katze nur Fleisch, entsteht auf Dauer Kalziummangel und Phosphatüberschuß. Abbau von Knochengewebe mit Neigung zu Brüchen und Wirbelsäulenverkrümmungen, besonders bei jungen Katzen, sind die Folgen. Siamkatzen haben zudem oft eine geringere Kalzium-Ausnutzung als ihre andersrassigen Artgenossen und sind daher für Kalziummangelerscheinungen besonders anfällig.

Füttern Sie daher zu Fleisch Nahrungsmittel mit hohem Kalziumanteil wie z.B. Milchprodukte, Knochen, Knochenfuttermehl oder Kalziumpräparate vom Tierarzt. Als Berechnungsgrundlage gilt: 100 g Fleisch müssen 0,5 g Kalzium zugesetzt werden. Der natürlichen Nahrung entsprechend eignen sich Knochen als Zugabe zur täglichen Futterration ganz besonders. Die Knochen dürfen nicht zu hart sein und nicht splittern. Hühnerhälse und Kalbsknochen erfüllen diese Voraussetzungen. Die Katze muß die Knochen, um sie zu zerkleinern, ordentlich kauen. Neben der Kalziumversorgung ist das auch eine gute Vorbeugung gegen Zahnstein. Hühnerhälse müssen wegen der Gefahr einer Salmonelleninfektion gut gekocht, Kalbsknochen können roh verfüttert werden.

Ältere Katzen, die Knochen ablehnen oder aufgrund von Zahnproblemen keine feste Nahrung zerkleinern können, müssen Sie durch die Zugabe von Knochenfuttermehl oder Kalziumtabletten (beim Tierarzt erhältlich) ausreichend mit dem notwendigen Mineralstoff versorgen. Bitte beachten Sie bei der Dosierung immer die Berechnungsgrundlage, denn auch Kalzium kann man überdosieren. Es kommt auf das richtige Verhältnis der beiden Mineralien Kalzium und Phosphor an!

169

Ballaststoffe

> Ballaststoffe wie zum Beispiel Weizenkleie verhelfen, vor allem bei älteren Katzen, zu regelmäßigem Stuhlgang.

Zur Anregung der Verdauung, vor allem bei älteren Katzen mit Neigung zur Verstopfung, eignet sich Weizenkleie. Sie muß, um wirksam zu sein, allerdings immer in Wasser aufgeweicht werden. ½ Teelöffel Weizenkleie, in 3–4 Eßlöffel Wasser eingeweicht und dann mit dem üblichen Futter vermischt, verhilft zu regelmäßigem Stuhlgang.

Gras

> Katzen benötigen Gras, um die bei der Körperpflege abgeschluckten Haare aus dem Magen wieder zu entfernen.

Katzenhaare, die beim Putzen in den Magen der Tiere gelangen, können sich dort zu Ballen zusammenklumpen und zu schweren Verdauungsstörungen mit Erbrechen bis hin zum Darmverschluß führen (siehe auch Seite 87). Freilebende Katzen fressen grobfaserige Grasarten, um sie gemeinsam mit den Haaren zu erbrechen. Auch Wohnungskatzen benötigen eine solche »Brechhilfe«. Der Zoofachhandel bietet Katzengras in praktischen Behältern zum Selbstziehen an. Sie können jedoch auch Gerste aus

Die Grünlilie, eine schnellwachsende ungiftige Zimmerpflanze, wird von vielen Katzen als Alternative zum Katzengras gerne angenommen.

dem Reformhaus im Keimapparat oder auf feuchter Watte keimen und auswachsen lassen. Die Grünlilie, eine schnellwachsende und ungiftige Zimmerpflanze, wird ebenfalls von unseren Katzen gerne angenommen.

Kleine »Sünden«

> Kleine »Sünden« heben die Lebensfreude und stärken die Abwehrkräfte gegen Krankheitserreger.

Es gilt die Regel: Alles, was schmeckt (außer Genußmittel wie z.B. Alkohol oder Kaffee) sind in **Maßen** erlaubt. So zum Beispiel auch einmal ein Stück

Butter vom Frühstückstisch oder ein Stück Wurst oder Schokolade. Wie beim Menschen schaden kleine »Sünden« nicht. Sie heben lediglich die Lebensfreude und stärken damit auch die Abwehrkräfte gegen Infektionskrankheiten. Erst wenn Ernährungssünden überhand nehmen, sind auf Dauer Schäden zu erwarten. Das gilt natürlich nur für gesunde Tiere. Bei bestimmten Erkrankungen kann die konsequente Einhaltung einer vom Tierarzt verordneten Diät lebensrettend sein.

Die Ernährung junger Katzen

Katzen im Wachstumsalter benötigen hochwertige, eiweißreiche und leicht verdauliche Nahrung. Eine ausreichende Versorgung mit Mineralstoffen ist für die Ausbildung des Skeletts von besonderer Bedeutung.

Die Ernährung ganz junger Katzen ab der 8. Lebenswoche unterscheidet sich in der Zusammensetzung nicht wesentlich von der einer erwachsenen Katze. Um die kleinen Tiere frühzeitig an verschiedene Futtertypen zu gewöhnen, ist es ratsam, so abwechslungsreich wie möglich zu füttern. Katzen akzeptieren häufig später nur, was sie in ihrer Jugend kennengelernt haben. Das Futter in den ersten Lebenswochen muß aus hochwertigem Eiweiß bestehen und leicht verdaulich sein. Gekochtes Ei, Hackfleisch, gekochter Fisch,

Quark zusammen mit Reis, eingeweichten Cornflakes oder Katzenflokken haben sich bewährt.

Wichtig ist, daß Sie, wenn Sie ein kleines Kätzchen übernehmen, sich genau erkundigen, mit was es bisher gefüttert wurde. Eine plötzliche Futterumstellung kann nämlich zu schweren Verdauungsstörungen und Durchfällen führen. Füttern Sie das gewohnte Futter noch einige Tage, und stellen Sie dann erst nach und nach auf die von Ihnen bevorzugte Ernährung um. Achten Sie auch auf eine ausreichende Mineralstoffversorgung des Kätzchens. Gerade im Wachstumsalter ist das für den Knochenaufbau sehr wichtig.

Ab der 9. Lebenswoche genügen 5 Mahlzeiten pro Tag. Dann kann die Anzahl der Rationen bis zum 9. Lebensmonat langsam auf 2 pro Tag reduziert werden. Ab dem 9. Monat werden Katzenkinder wie erwachsene Katzen ernährt.

Aufzucht mutterloser Kätzchen

Katzenmilch hat einen wesentlich höheren Gehalt an Eiweiß und Fett als Kuhmilch. Die Fütterung mutterloser Katzenbabys allein mit Kuhmilch ist nicht ausreichend und führt zu massiven Mangelerscheinungen. Die Verwendung von mit Wasser verdünnter Kuhmilch führt zum Hungertod des Kätzchens.

171

Für die Aufzucht von Katzenwelpen eignen sich spezielle im Zoofachhandel erhältliche Milchflaschen.

Ist die Mutterkatze nicht in der Lage, ihre Jungen zu säugen, so müssen Sie einspringen und die Katzenbabys von Hand aufziehen. Beim Tierarzt erhalten Sie Katzennährmilchpräparate, die der Zusammensetzung der Katzenmilch sehr nahe kommen. Kuhmilch alleine genügt nicht. Sie hat einen wesentlich niedrigeren Gehalt an Eiweiß und Fett als die natürliche Katzenmilch. Wenn Sie (z. B. übers Wochenende) keine spezielle Katzennährmilch kaufen können, nehmen Sie 1 Liter Kuhmilch und reichern sie mit etwa ⅛ Liter Sahne an. Das ist allerdings nur eine Notlösung für 1–2 Tage. Dann sollten Sie sich spezielle Katzennährmilch zur Aufzucht besorgen. Die Temperatur der Ersatzmilch sollte etwa 38 °C betragen. Mit einem Thermometer sollten Sie das messen, um Verbrennungen zu verhindern.

Geeignete Milchfläschchen für Katzen erhalten Sie im Zoofachhandel. Als Alternative (für Notfallsituationen am Wochenende) können Sie auch eine 2-ml-Einmalspritze ohne Nadel verwenden.

Neugeborene Kätzchen müssen etwa 7 Tage lang alle 2–3 Stunden gefüttert werden. Pro Mahlzeit trinken gesunde Katzenbabys etwa 2 ml Milch. Diese Milchmenge steigert sich bis zur 4. Lebenswoche auf 10 ml pro Mahlzeit. Ab der 4. Lebenswoche können Sie langsam feste Nahrung zufüttern. Etwas Hackfleisch, Quark, Joghurt oder durchgedrehtes Rinderherz werden in der Regel gut vertragen. Bis zum Alter von 8 Wochen benötigen die Katzenbabys 6 Mahlzeiten pro Tag.

Die Ernährung der alten Katze

Zusätzliche Vitamingaben sind bei alten Tieren nur dann erforderlich, wenn sie nicht abwechslungsreich und vollwertig ernährt werden können oder wenn Störungen im Magen-Darm-Trakt die Aufnahme von Nährstoffen aus dem Futter verhindern.

Der ältere Organismus ist meist weniger flexibel und reagiert empfindlicher auf Fütterungsfehler und Mangelsituationen. Eine ausgeglichene Ernährung ist daher für die alte Katze ganz besonders wichtig. Sind die Tiere seit früher Jugend an abwechslungsreiche Nahrung gewöhnt, werden in Bezug auf die Versorgung mit den notwendigen Nährstoffen auch im Alter kaum Probleme auftreten. Einseitig ernährte Katzen, die sich weigern, andere als die gewohnte Nahrung aufzunehmen, müssen zusätzlich Vitamine und Mineralstoffe erhalten. Es gibt spezielle Vitamin- und Mineralstoffpräparate für Katzen. Ihr Tierarzt wird Sie gerne beraten. Verwenden Sie keine Multivitaminpräparate für Menschen. Sie entsprechen in Ihrer Zusammensetzung nicht den Bedürfnissen der Katze und schaden mehr als sie nützen.

Die Katze ist zu dick

Fettleibigkeit ist ein schwerwiegendes Gesundheitsrisiko. Übergewicht entsteht, wenn die Katze mehr Energie mit der Nahrung aufnimmt, als sie für die Aufrechterhaltung der Körperfunktionen benötigt.

Sicher haben Sie schon einmal Wildkatzen oder Großkatzen (z.B. Panther oder Leoparden) im Fernsehen oder in einem Zoologischen Garten gesehen und die Anmut und Leichtigkeit dieser schlanken, geschmeidigen Raubtiere bewundert. Tiere in der freien Wildbahn haben niemals Übergewicht. Ein gesundes Gefühl für Hunger und Sättigung läßt sie nur soviel Nahrung aufnehmen, wie der Körper auch wirklich braucht. Erst im Zusammenleben mit dem Menschen wurde das Körpergewicht für viele unserer Haustiere zum Problem.

Hormonelle Ursachen für Übergewicht spielen bei unseren Hauskatzen kaum eine Rolle. Eine drüsenbedingte krankhafte Fettsucht (z.B. Cuching-

Die Lebensqualität dieser 13 kg schweren Katze ist stark beeinträchtigt. Eine Fütterung, die zu solchem Übergewicht führt, hat nichts mit Tierliebe zu tun.

Syndrom) ist bei Katzen außerordentlich selten. Die übermäßige Vermehrung von Körperfett beruht zu 99 % auf zu reichhaltiger Nahrung. Die Futteraufnahme übersteigt den Energiebedarf. Und um es nochmals ganz deutlich zu sagen: Eine Katze, die zu dick wird oder dick bleibt, ißt zuviel! Woran liegt es, daß Katzen mehr fressen, als sie benötigen? Unsere vierbeinigen Freunde müssen sich ihre Nahrung nicht mehr erjagen. Sie finden sie fix und fertig täglich aufs Neue im Futternapf. Nicht einmal kauen müssen sie. Während die wildlebenden Verwandten unserer Hauskatzen nach einem spannenden Jagdspiel ihre Beute mit dem Raubtiergebiß genüßlich

zerkleinern, ist die vielfach verfütterte Dosennahrung der »zivilisierten« Katze schluckgerecht zubereitet. Wie langweilig! Die vergleichsweise reizlose Umwelt der Wohnungskatze ist für diese überaus intelligenten Tiere oft viel zu eintönig. Was ist zum Beispiel eine Spielzeugmaus im Vergleich zu dem aufregenden Jagdspiel mit einer richtigen Maus? Tausende Gerüche, die Auseinandersetzungen mit Artgenossen um Weibchen und Revier, all diese wunderbaren Dinge werden unseren »Wohnungstigern« vorenthalten.

Wen wundert es dann, daß der gefüllte Futternapf als Abwechslung im täglichen Einerlei einen so hohen Stellenwert erhält. Und wie schnell ist so ein Futternapf geleert. Braucht eine freilebende Katze je nach Jagdglück etwa 1–2 Stunden für die Erbeutung und den Verzehr einer Maus, so dauert die Mahlzeit einer Wohnungskatze oft nicht mehr als wenige Minuten. Was bleibt, ist das Warten auf die nächste Ration.

Die Liebe zum Menschen geht auch bei Katzen durch den Magen. Ein Katzenfreund formulierte es einmal treffend: Er habe manchmal das Gefühl, daß er für seine Katze lediglich ein Dosenöffner auf zwei Beinen sei. Sicherlich ist die Beziehung der Vierbeiner zum Menschen nicht ganz so einseitig, aber ein Körnchen Wahrheit ist auch hier mit dabei. Eine ganze Industrie hat sich mit der Produktion von Tierfutter darauf eingestellt und verdient nicht schlecht daran. Da gibt es Belohnungen in Mäuseform, getrocknete Fische, Kräcker in Herzform, Spielbällchen aus denen Leckerbissen herausfallen, wenn man sie über den Boden rollt und vieles mehr. Sicherlich eine willkommene Abwechslung für unsere Samtpfoten, aber nicht selten auch eine Belastung für den empfindlichen Stoffwechsel der ursprünglich reinen Fleischfresser. Zusätzlich zu der täglichen Futterration bedeuten Belohnungen, in welcher Form auch immer, zusätzliche Kalorien und führen zu Übergewicht.

Natürlich hat jeder Tierfutterhersteller ein Interesse daran, daß seine Produkte gekauft werden. Gekauft wird das Tierfertigfutter jedoch nur, wenn Katzen es auch gerne mögen. Der Marketing-Fachausdruck dafür ist Akzeptanz. Millionen Forschungsgelder wurden investiert, um eine gute Akzeptanz sowie Markentreue der vierbeinigen Verbraucher zu erreichen. Mit Hilfe appetitanregender Duft- und Geschmacksstoffe werden pflanzliche und tierische **Neben**erzeugnisse (= angegebene Inhaltsstoffe auf Tierfertigfutterdosen) zu schmackhaften Leckerbissen, denen fast jede Katze verfallen ist.

Und »verfallen« ist dabei wörtlich zu nehmen. Die vierbeinigen Konsumenten des mit Lockstoffen verfeinerten Futters nehmen mehr Nahrung auf, als sie für die Deckung ihres Energiebedarfs benötigen. Sie verlieren das natürliche Gefühl für Sättigung. Die appetitanregende Wirkung des Fertigfutters läßt offensichtlich im Gegensatz zu Frischfutter keine befriedigende Sättigung entstehen. Die Tiere verspüren weiterhin Lust oder eher Gelüste und fordern häufig schon nach kurzer Zeit eine erneute Ration.

Fettleibigkeit birgt bei Katzen ähnliche Gesundheitsrisiken wie beim Menschen: Überlastung des Herz-Kreislauf-Systems und der Gelenke, Veränderungen an den Blutgefäßen durch erhöhten Cholesterinspiegel, Leberschäden sowie Verdauungsprobleme bis hin zum akuten Darmverschluß durch knochenharten Kot – alle diese Erkrankungen treten bei übergewichtigen Katzen gehäuft auf.

Diabetes mellitus, eine Störung des Kohlenhydratstoffwechsels, wird bei Hauskatzen in den letzten Jahren immer häufiger beobachtet (siehe auch Seite 112). Ursache dieses sogenannten Erschöpfungsdiabetes ist meistens eine Überlastung der Bauchspeicheldrüse bei übermäßigem Kohlenhydratangebot durch die Nahrung. Die betroffenen Kätzchen müssen im günstigsten Fall ein Leben lang strengste Diät halten. Oft jedoch rettet ihnen nur die tägliche Insulinspritze das Leben. Aber soweit sollte es erst gar nicht kommen! Eine vernünftige, dem Bedarf der Katze angepaßte Ernährung, das ist echte Tierliebe und die beste Voraussetzung gegen Zivilisationskrankheiten unserer Vierbeiner.

Ist die Katze schon zu dick, so muß sie abnehmen. Im Anschluß finden Sie zwei Reduktions-Diätpläne. Die Diät **175** sollte mehrere Monate durchgeführt werden. Der Erfolg stellt sich nach und nach ein. Die Katze nimmt langsam und kontinuierlich ab, ohne daß Herz, Kreislauf oder die Leber belastet werden. Die Diät ist vollwertig. Eine weitere Zugabe von Vitaminpräparaten ist nicht erforderlich.

Bitte halten Sie sich genau an die Mengenangaben. Das Fleisch sollte auf einer Küchenwaage abgewogen werden. Gefüttert wird zweimal täglich. Die letzte Mahlzeit darf nicht später als 18.00 Uhr gegeben werden. Zu spätes Essen macht dick! Es ist kein zusätzliches Futter, auch nicht in kleinsten Mengen erlaubt. Denken Sie bitte daran; das Tier leidet unter seinem Übergewicht und unter den daraus entstehenden Verdauungsstörungen. Die überflüssigen Pfunde schränken die Beweglichkeit und damit die Lebensfreude ein. Sie sind ein ernstzunehmendes Gesundheitsrisiko und verkürzen das Leben der Katze.

Damit sich der Körper nicht auf die reduzierte Nahrungsmenge einstellt und auf »Sparflamme« schaltet, sollte man einmal pro Woche einen »Freßtag« einlegen. An diesem Tag (eventuell am Sonntag) ist alles, was der Katze schmeckt, und in der Menge, die von der Katze gewünscht wird, erlaubt. Der Stoffwechsel des Körpers wird dadurch wieder beschleunigt. Das führt zur schnelleren Gewichtsreduktion. Voraussetzung ist allerdings die konsequente Einhaltung der Diät wieder ab Montag.

Reduktionsdiätplan für Katzen mit Verdauungsproblemen und Verstopfung

Montag

morgens: 100 g Seelachsfilet (gekocht oder gedünstet).

abends: 1 Tasse Vollmilch mit 1 Eßlöffel Weizenkleie vermischt.

Dienstag

100 g Rinderhackfleisch, je nach Geschmack der Katze roh oder leicht angebraten. Wird das Fleisch gebraten, verwenden Sie Gänseschmalz als Bratfett ($\frac{1}{2}$ Teelöffel).
$\frac{1}{2}$ Teelöffel Milchzucker,
1 Eßlöffel gekochter Vollkornreis.
Diese Futtermenge wird auf 2 Mahlzeiten aufgeteilt.

Mittwoch

morgens: 100 g Rinderleber, roh oder gekocht.

abends: 1 Tasse Vollmilch mit 1 Eßlöffel Weizenkleie und 1 Teelöffel Hefeflocken vermischt.

Donnerstag

100 g Putenfleisch oder Hühnerfleisch in $\frac{1}{4}$ l Wasser und 1 Prise Salz kochen. Die Brühe mit Gelatine, Agar-Agar oder Nestagel[R] (in der Apotheke erhältlich) eindicken und abkühlen lassen. Das Geflügelfleisch und 1 Eßlöffel Weizenkleie hinzugeben und auf 2 Mahlzeiten verteilt verfüttern.

Freitag

morgens: 100 g rohes Rinderherz,
1 schwach gehäufter Eßlöffel Katzenflocken.

abends: 1 Tasse Vollmilch mit
1 Eßlöffel Weizenkleie vermischt.

Samstag

morgens: 100 g rohes Rinder-Muskel-
fleisch,
1 schwach gehäufter Teelöffel Hefeflocken.

abends: 1 Eigelb,
1 Teelöffel Milchzucker,
1 Eßlöffel Sahne,
alles gut vermischt verfüttern.

Reduktionsdiätplan für Katzen ohne Verstopfung

Montag

morgens: 50 g geräucherter Fisch
(z.B. Makrele, Sprotten).

abends: 1 Becher Naturjoghurt.

Dienstag

100 g rohes oder leicht angebratenes
Rinderhackfleisch. Wird das Fleisch
gebraten, sollten Sie Gänseschmalz
(etwa ½ Teelöffel) als Bratfett verwenden.
1 Teelöffel Hefeflocken,
1 Eßlöffel geschälten, gut gekochten
Reis.
Diese Futtermenge wird auf 2 Mahlzeiten verteilt verfüttert.

Mittwoch

morgens: 100 g gekochtes (weißes)
Hühnerfleisch mit Brühe,
1 Eßlöffel gekochter Reis.
Brühe, Fleisch und Reis gut vermischt verfüttern.

abends: 1 Becher Naturjoghurt oder
Fruchtjoghurt, je nach Geschmack
der Katze.

Donnerstag

morgens: 50 g Leber (roh,
gekocht oder gebraten),
1 Eßlöffel Sahnequark.

abends: 50 g Leber,
1 Eigelb,
1 Eßlöffel Katzenflocken.
Die Zutaten gut vermengen und
eventuell etwas Wasser zugeben,
damit die Flocken am Fleisch besser
haften und somit eher aufgenommen
werden.

Freitag

morgens: 50 g rohes oder gekochtes
Rindfleisch (Gulasch- oder Suppen-
fleisch),
1 Teelöffel Gänseschmalz,
1 Teelöffel Hefeflocken.

abends: 50 g gedünsteten Fisch
(z.B. Seelachsfilet),
1 Eßlöffel Sahnequark.

Samstag

morgens: 50 g Rinderherz, roh
oder gekocht,
1 Eigelb.

abends: 50 g gekochtes Hühner- oder Putenfleisch,
1 Eßlöffel geschälter Reis,
1 Eßlöffel Sahne.

Natürlich können Sie die einzelnen Rezepte austauschen und an anderen als angegebenen Tagen verfüttern. Wenn Sie einmal überhaupt keine Zeit haben, die Diät für Ihre Katze zuzubereiten, können Sie auf eine Reduktionsdosen-Diät (beim Tierarzt erhältlich) ausweichen. Sie enthält alle notwendigen Nährstoffe sowie einen hohen Rohfaseranteil, so daß das Tier satt wird ohne viel Kalorien zu sich zu nehmen.

Vitamine

Vitamine sind Nährstoffe, die der Körper unbedingt braucht, wenn auch im Vergleich zu Eiweiß, Fett und Kohlenhydraten in wesentlich kleineren Mengen. Sie erfüllen im Organismus mannigfaltige Aufgaben. Als Bestandteile von Enzymen und Hormonen unterstützen sie unter anderem den Stoffwechsel, den Sehvorgang und die körpereigene Abwehr gegen Krankheitserreger. Ein Zuwenig dieser lebensnotwendigen Nährstoffe führt zu Mangelerscheinungen bis hin zum Tod. Ein Zuviel bestimmter Vitamine kann Vergiftungen hervorrufen. Einseitige Fütterung und die übermäßige Verabreichung von Vitaminen in Tabletten-, Tropfen- oder Pastenform sollten Sie daher vermeiden. Wird eine gesunde

Katze artgerecht, d. h. abwechslungsreich und ihren Bedürfnissen entsprechend ernährt, so ist eine optimale Vitaminversorgung gewährleistet. Lediglich bei geschwächten, kranken oder alten Tieren kann zur Steigerung der Abwehrkräfte und Beschleunigung des Genesungsprozesses die Zufuhr künstlicher Vitamine erforderlich werden.

Vitamin A

Zur Deckung ihres Vitamin-A-Bedarfs benötigt die Katze 100–150 g Leber **in der Woche**. Die Zufuhr von größeren Mengen Leber oder Vitamin A über Vitaminpräparate führt zur Vitamin-A-Vergiftung.

Der Mensch und die meisten anderen Säugetiere sind in der Lage, die in Pflanzen vorkommende Vorstufe des Vitamin A, das Provitamin Karotin, in Vitamin A umzuwandeln. Die Katze kann das nicht! Es ist daher unsinnig, Katzen mit Karotten oder sonstigen Gemüsearten »vollzustopfen«. Abgesehen davon, daß Katzen bis auf wenige Ausnahmen Pflanzennahrung nicht mögen, können sie das darin enthaltene Provitamin A nicht verwerten. Sie sind auf die Zufuhr von Vitamin A durch tierische Nahrungsmittel angewiesen.

Katzen benötigen pro Tag zwischen 1500 und 2100 IE (Internationale Einheiten) Vitamin A. Dieser Bedarf wird gedeckt, wenn Sie dem Tier **pro Woche** 100–150 g Leber, eventuell auf zwei

Mahlzeiten verteilt, füttern. Rohe Leber hat einen um 30 % höheren Vitamin-A-Gehalt als gekochte oder gebratene Leber. Wenn Ihre Katze es verträgt und nicht mit Durchfall reagiert, sollten Sie ihr die wöchentliche Leberration roh servieren. Aber bitte keine rohe Schweineleber! In rohem Schweinefleisch kann das für die Katze tödliche Aujeszkysche Virus enthalten sein. Hühnerleber sollte ebenfalls wegen der Gefahr einer Salmonelleninfektion zur Sicherheit nur gebraten oder gekocht verfüttert werden. Am besten für eine optimale Vitamin-A-Versorgung eignet sich rohe Rinderleber. Manche Katzen reagieren jedoch auf rohe Leber mit Durchfall. Probieren Sie es einfach einmal aus. Denken Sie daran, daß auch die Leber der erbeuteten Maus roh verzehrt wird. Und Mäuse sind die natürliche Nahrung der Katze.

Eine Überdosierung von Vitamin A führt bei der Katze zu Vergiftungserscheinung. Aus diesem Grunde darf die Menge von 100–150g Leber pro Woche auf Dauer nicht überschritten werden. Eine chronische Vitamin-A-Vergiftung zeigt sich durch Verknöcherung der Halswirbelsäule mit Einengung des Wirbelkanals. Dadurch werden die Nerven im Halsbereich gequetscht. Die Folgen sind Lähmungen der Vordergliedmaße und Bewegungsstörungen von Hals und Kopf. Selbstverständlich entwickeln sich solche Erscheinungen nicht von heute auf morgen. Erst eine jahrelange falsche Ernährung mit chronischer Vitamin-A-Überversorgung führt zu den beschriebenen Wirbelsäulenveränderungen. Sie sind jedoch, einmal entstanden, nicht mehr rückgängig zu machen. Vitaminpräparate für Menschen oder Hunde sollten an Katzen nicht verfüttert werden, da diese Produkte meist zuviel Vitamin A enthalten.

Ein Mangel an Vitamin A führt mit der Zeit zu Appetitverlust, Gewichtsabnahme und Muskelschwund. Ganz typische Erscheinungen für Vitamin-A-Unterversorgung sind stumpfes Fell, Haarausfall, Fruchtbarkeitsstörungen und Augenveränderungen.

Vitamin B$_1$ (Thiamin)

Ein halber bis ein Teelöffel Hefeflocken am Tag decken den gesamten Bedarf der Katze an Vitaminen des B-Komplexes. Rohe Fische und Schalentiere enthalten ein Enzym, das Vitamin B$_1$ zerstört. Fische und Schalentiere müssen daher gekocht oder gebraten verfüttert werden.

Dieses Vitamin wird durch Hitze oder längere Lagerung leicht zerstört. Aus diesem Grunde treten Mangelerscheinungen bei Verfütterung von überlagertem Futter relativ häufig auf. Sie beginnen mit Appetitlosigkeit und Gewichtsverlust. Später können Gleichgewichtsstörungen und Herzrhythmusstörungen hinzukommen. Absoluter Mangel des Futters an Vitamin B$_1$ führt auf Dauer zum Tod.

179

Täglich 1 Messerspitze Vitamin-C-Pulver steigert die natürlichen Abwehrkräften und schützt auch Katzenkinder vor Infektionskrankheiten.

Qualitativ hochwertigem Dosenfutter wird das B-Vitamin zugesetzt, um den Verlust durch Konservierung und Lagerung auszugleichen. Zur Anreicherung der selbsthergestellten Futterration mit diesem lebenswichtigen Vitamin eignen sich ganz besonders Hefeflocken. Ein halber bis ein Teelöffel pro Tag deckt den Bedarf der Katze an Vitamin B_1 und allen anderen Vitaminen des B-Komplexes. Zudem enthalten Hefeflocken wichtige Mineralstoffe und Eiweiß.

Der Bedarf der Katze an Vitamin B_1 liegt bei etwa 1 mg pro Tag. Bei Trächtigkeit und Aufzucht von Welpen ist dieser Bedarf erhöht. Krankheitserscheinungen durch Überdosierung von Vitamin B_1 sind nicht bekannt. Rohe Fische oder rohe Schalentiere wie z.B. Muscheln enthalten ein Enzym (Thiaminase), das Vitamin B_1 zerstört. Verfüttern Sie daher Fisch und Schalentiere nur gekocht oder gebraten.

Vitamin C (Ascorbinsäure)

Die Gabe von Vitamin C hat sich als Begleittherapie bei Infektionskrankheiten und chronischen Organerkrankungen als sehr hilfreich erwiesen.

Lediglich der Mensch, Affen und Meerschweinchen sind auf die regelmäßige Zufuhr dieses Vitamins durch die Nahrung angewiesen. Bei allen anderen Säugetieren – auch bei der Katze – wird es vom Körper selbst hergestellt. Bei Infektionskrankheiten oder chronischen Erkrankungen hat es sich jedoch bewährt, dem Futter eine Messerspitze Ascorbinsäure-Pulver pro Tag zuzusetzen. Die körpereigene Abwehr wird dadurch gesteigert und die Katzen genesen schneller. Vor allem bei Infektionen der oberen Luftwege wie z.B. Katzenschnupfen wurden mit Vitamin C als Begleittherapie gute

Erfahrungen gemacht. Ascorbinsäurepulver erhalten Sie in jeder Apotheke oder bei Ihrem Tierarzt.

Vitamin D

> Bei Vitamin-D-Überversorgung kommt es zu Vergiftungserscheinungen. Bei gesunden Tieren sollte daher auf die Gabe von Vitamin D als Medikament verzichtet werden.

Unter normalen Haltungs- und Fütterungsbedingungen ist die Versorgung mit Vitamin D gesichert. Der Bedarf der Katze liegt bei etwa 50–100 IE (Internationale Einheiten). Für Katzen, die gerne Pflanzen anknabbern, stellt der Zierstrauch Jasmin eine gewisse Gefahr dar. Er enthält Vitamin D in hohen Dosen und kann zur Vitamin-D-Vergiftung führen. Ähnlich wie bei der Vitamin-A-Vergiftung kommt es dabei zu Verknöcherungen der Wirbelsäule mit Bewegungsstörungen und Lähmungserscheinungen. Auf die Gabe von Vitamin D als Medikament sollte bei gesunden Tieren verzichtet werden.

Vitamin H (Biotin)

> Bei Fellwechselstörungen und als Begleittherapie bei Hauterkrankungen wird die tägliche Gabe von Vitamin H (Biotin) empfohlen.

Der Bedarf der Katze an Vitamin H liegt bei 0,1 mg pro Tag. Fütterungsbedingter Biotinmangel ist nur dann zu erwarten, wenn rohes Eiklar gegeben wird. In rohem Eiweiß ist ein Protein enthalten, das Biotin im Darm der Katze bindet. Dadurch wird die Resorption des Vitamins verhindert. Gekochte Eier oder rohes Eigelb können ohne Bedenken verfüttert werden.

Obwohl Biotin in Muskelfleisch, Innereien, Hefe oder Eigelb reichlich enthalten ist, kann es bei chronischen Durchfällen oder Erkrankungen der Bauchspeicheldrüse zur Unterversorgung mit Biotin kommen. Typische Biotinmangelsymptome sind Haarausfall mit auffallender Verdünnung des Haarkleides, trockene und schuppige Haut sowie Farbverlust des Felles. Kätzchen mit Biotinmangel sind besonders anfällig für Hauterkrankungen und Parasitenbefall. Krankheitserscheinungen durch Biotinüberversorgung sind nicht bekannt. Bei Fellwechselstörungen und als Begleittherapie bei Hauterkrankungen hat sich die tägliche Gabe von Biotinpräparaten bewährt.

Nahrungsmittelallergien

> Auch Katzen können gegen viele Bestandteile der Nahrung allergisch sein. Die Suche nach dem Allergen mit Hilfe der Eliminationsdiät erfordert Konsequenz und Geduld.

Nahrungsmittelallergien werden bei Hunden und Katzen in den letzten Jahren immer häufiger beobachtet. **181**

Die Symptome reichen von Hautveränderungen, Erbrechen bis hin zu chronischen wäßrigen, manchmal auch blutig-wäßrigen Durchfällen. Die Diagnose wird vom Tierarzt durch Ausschluß aller anderen, ähnliche Symptome auslösenden Krankheiten gestellt. Dazu sind umfangreiche Laboruntersuchungen von Blut und Kot des kleinen Patienten erforderlich.

Als Behandlung hat sich die sogenannte **Eliminationsdiät** bewährt. Dabei sollen die allergieauslösenden Substanzen durch konsequente Suche herausgefunden und in der Folge bei der Fütterung vermieden werden. Die strenge Diätanfangsphase muß mindestens 3 Wochen durchgehalten werden. In dieser Zeit wird nur **ein** Nahrungsmittel, das erfahrungsgemäß bei Katzen nicht oder nur selten allergisch wirkt, verfüttert. Als gut geeignet haben sich Hüttenkäse und Magerquark erwiesen. Auch gekochtes Schaffleisch kann versucht werden. Außer der gewählten Diät (Schaffleisch oder Hüttenkäse, nicht beides gleichzeitig!) darf der Patient keinerlei Zusatznahrung oder Leckereien erhalten. Zu trinken erhält er nur reines Wasser. Die Symptome bessern sich in der Regel nach einigen Tagen und verschwinden dann nach und nach völlig. Nach 3 Wochen wird jeweils eine einzige weitere Futterart für eine Woche hinzugegeben (z. B. Rindfleisch oder Hühnerfleisch). Bei erneutem Auftreten der Symptome hat man die oder eine der allergieauslösenden Substanzen gefunden und kann sie in Zukunft bei der Zusammenstellung der Katzenration meiden. Oft ist es nicht nur eine Substanz, gegen die der Patient allergisch reagiert. So können Rückfälle auch während der Behandlung bzw. Durchführung der Eliminationsdiät auftreten. Solche Rückfälle sollten jedoch alle Beteiligten nicht entmutigen. Erst eine konsequente Behandlung über längere Zeit ist erfolgversprechend.

Die Eliminationsdiät sollte mehrmals am Tag in kleinen Mengen verfüttert werden, um den bereits vorgeschädigten und im hochgradigen Maße gereizten Darm nicht zu belasten. Schaffleisch muß gut gekocht werden. Es ist dadurch leichter verdaulich. Nach Anordnung des Tierarztes können zusätzlich entzündungshemmende und stopfende Präparate verabreicht werden.

Vergiftungen – Verhütung und Erste Hilfe

Im Vergleich zu anderen Haustierarten ist der körpereigene Entgiftungsmechanismus bei der Katze weniger entwickelt. Sie reagiert daher auf viele Substanzen sehr empfindlich. Manche Stoffe, die uns recht harmlos erscheinen, führen bei unseren Samtpfoten schon in geringen Mengen zu mehr oder weniger starken Vergiftungserscheinungen.

Benzoesäure

Der Konservierungsstoff Benzoesäure wird im Katzenkörper sehr langsam abgebaut. Häufige Verfütterung von Nahrungsmitteln, die Benzoesäure enthalten, führt daher zur Ansammlung des Stoffes und zu Vergiftungserscheinungen.

Dieser Konservierungsstoff (E 210 bis 213) ist in Lebensmitteln wie z. B. Seelachs in Öl, Fischkonserven, Krebs- und Krabbenerzeugnissen, Fleischsalat und Anchosen enthalten. Eine etwa 4 kg schwere Katze toleriert 0,8 g Benzoesäure. Größere Mengen rufen Vergiftungserscheinungen hervor. Sie zeigen sich in unkoordinierten Bewegungen, Muskelzittern und Erblinden. Bei Aufnahme größerer Mengen des Konservierungsmittels können Todesfälle auftreten.

In den genannten Konserven sind pro 100 g etwa 0,4 g Benzoesäure enthalten. Eine Vergiftung durch den Genuß zum Beispiel einer Dose Seelachs in Öl wird daher nicht auftreten. Aber Vorsicht: Das Konservierungsmittel wird im Katzenkörper nur sehr langsam abgebaut. Wenn das Tier **täglich** benzoesäurehaltige Nahrungsmittel erhält, wird sich dieser Konservierungsstoff im Körper ansammeln und die kritische Grenze von 0,8 g schnell überschreiten. Achten Sie daher darauf, daß Ihre Katze nicht öfter als einmal pro Woche Leckerbissen erhält, die Benzoesäure als Konservierungsmittel enthalten. Benzoesäure ist deklarierungspflichtig, d. h. es muß auf der Packung bzw. Dose angegeben werden.

Aspirin^R (Acetylsalicylsäure)

Für Menschen relativ gut verträgliche Medikamente wie z.B. Aspirin^R sind für Katzen giftig. Daher sollten Sie niemals ohne tierärztliche Verordnung Humanpräparate für Ihre Katze verwenden.

Acetylsalicylsäure ist Bestandteil von verschiedenen Schmerztabletten. Katzen vertragen maximal 100 mg dieses Wirkstoffes ohne ernsthafte Schädigung. **183**

Eine einzige Aspirin-Tablette enthält jedoch bereits 500 mg Acetylsalicylsäure!! Schwere Vergiftungserscheinungen mit Magenblutungen, Leber- und Knochenmarksschädigung, Blutbildveränderung, Erbrechen und Krämpfe sind die Folgen, wenn ein Kätzchen Acetylsalicylsäure erhält. Ein bis zwei Aspirintabletten führen bei der Katze innerhalb kurzer Zeit zum Tode.

Ein Tierorganismus reagiert auf Medikamente meist anders als der menschliche Körper (übrigens ist dies auch eines der besten Argumente gegen Tierversuche). Behandeln Sie daher Ihre Katze niemals ohne tierärztliche Verordnung mit Präparaten aus Ihrer eigenen Hausapotheke. So harmlos die Medikamente für uns Menschen auch scheinen mögen – für die Katze können sie tötlich sein.

Äthylenglykol

Das süßlich schmeckende Konservierungsmittel wird von Katzen gerne aufgenommen. Es führt zu schweren Vergiftungen und sollte immer verschlossen aufbewahrt werden.

Der Name Äthylenglykol war vor einigen Jahren im Zusammenhang mit einem Weinskandal in aller Munde. Das Frostschutzmittel wurde seines süßlichen Geschmacks wegen dem Wein zugesetzt. Über ernsthafte Gesundheitsschäden, abgesehen von Kopfschmerzen, wurde relativ wenig bekannt. Das lag sicherlich auch daran, daß in dem gepantschten Wein das »Gegengift« bereits enthalten war. Mit reinem Alkohol kann man einer Äthylenglykolvergiftung entgegenwirken.

Unsere Katzen werden wohl kaum mit Äthylenglykol versetzten Wein trinken. Wegen seines süßen Geschmacks schlabbern sie es jedoch gerne auf, wenn sie eine geöffnete Flasche z. B. in der Garage entdecken. Frostschutzmittel sollte daher nicht nur für Kinder, sondern auch für Katzen unzugänglich aufbewahrt werden.

Vergiftungen mit Äthylenglykol zeigen sich durch Verhaltens- und Gleichgewichtsstörungen, Erbrechen, Krämpfe und zuletzt durch Nierenversagen. Wenn Sie eine solche Vergiftung vermuten, so bringen Sie Ihre Katze **sofort** zum Tierarzt. Innerhalb von 6–24 Stunden nach Aufnahme des Giftes kann er das Tier durch entsprechende Intensivbehandlung oft noch retten. Eine Behandlung nach dieser Frist kommt meist zu spät.

Nikotin

Nikotin wird von Katzen beim Spielen mit Zigaretten aufgenommen. Es wirkt auf das Atemzentrum und kann durch Atemstillstand zum Tode führen.

Nikotin wird von jungen Kätzchen eventuell beim Spielen durch Zerknabbern von Zigaretten, Tabak oder abgebrannten Zigarettenresten aufgenommen. Ältere Katzen werden sich kaum damit vergiften. Nikotin wirkt auf das Atemzentrum und führt bei Katzen nach anfänglicher Erregung mit Speicheln und Erbrechen zu verminderter Atmung. Der Tod tritt durch Atemstillstand ein. Lassen Sie daher in Gegenwart eines jungen verspielten Kätzchens keinen Tabak, keine Zigaretten oder Zigarren herumliegen. Aschenbecher sollten, bevor Sie das Zimmer verlassen, ausgeleert werden.

Wenn Sie vermuten oder feststellen, daß trotz aller Vorsicht Tabak von der Katze aufgenommen wurde, so suchen Sie sofort den Tierarzt auf. Er wird, wenn es erforderlich ist, medikamentös Erbrechen auslösen oder eine Magenspülung bei der Katze durchführen.

Terpentin

Lösungsmittel wie Terpentin sind für Katzen auch bei lokaler Anwendung z.B. zur Entfernung von Farblecken aus dem Fell hochgiftig.

Terpentin wird durch die unverletzte Haut aufgenommen. Es führt zu Übelkeit, Koliken und Nierenschäden. Katzen, die mit größeren Mengen Terpentin in Kontakt kommen, können daran sterben. Bei Wohnungsrenovierungen passiert es manchmal, daß das Fell der Hauskatze plötzlich die gleiche Farbe annimmt, wie die Wände

oder die frischgestrichenen Möbel. Verwenden Sie in einem solchen Fall niemals Terpentin, um die Farbe aus dem Fell herauszuwaschen. Wenn es sich nur um einige Spritzer Farbe handelt, schneiden sie die Verschmutzung mit der Schere heraus. Bei größeren mit Farbe verklebten Flächen muß die Schermaschine ran. Aber, wie gesagt, niemals Terpentin oder andere Lösungsmittel verwenden!

Jod und Desinfektionsmittel

Phenolhaltige Desinfektionsmittel und Jodoform sind für Katzen gesundheitsschädlich.

Auf phenolhaltige Desinfektionsmittel und Jodoform reagiert die Katze sehr empfindlich. Durch die Aufnahme dieser Substanzen kann es zu Magen-Darm-Entzündungen, Herzminderleistungen bis hin zum Koma kommen. Verwenden Sie zur Desinfektion kleiner Hautwunden nur Präparate, die jod- und phenolfrei sind, z.B. 3%iges Wasserstoffsuperoxid oder Merfen[R] (siehe auch Seite 191.).

Hexachlorophen

Hexachlorophenhaltige Seifen und Toilettenartikel dürfen bei Katzen wegen der Gefahr einer Vergiftung nicht angewandt werden.

Hexachlorophen ist in vielen antiseptischen Mitteln und Toilettenartikeln enthalten. Wie Terpentin kann diese Substanz durch die intakte Haut aufgenommen werden. Zu Vergiftungen bei Katzen kommt es, wenn größere Haut- und Fellflächen mit hexachlorophenhaltigen Seifen gewaschen werden. Die Vergiftungen zeigen sich durch zentralnervöse Störungen mit schweren Krampfzuständen, die der Tierarzt oft nur durch Narkose beeinflussen kann. Hexachlorophenhaltige Toilettenartikel dürfen daher bei Katzen nicht verwendet werden.

Heizöl und Benzin

Mit Benzin oder Heizöl verschmutztes Fell muß sofort gereinigt werden. Es können bei Kontakt der unverletzten Haut mit diesen Stoffen Vergiftungen auftreten.

Heizöl und Benzin rufen bei Katzen Hautreizungen hervor. Wenn die Tiere es beim Putzen ihres Fells aufnehmen, entstehen Entzündungen der Mundschleimhaut und des Magen-Darm-Kanals. Größere Mengen führen zu Kreislaufschwäche und Krämpfen. Auch Todesfälle sind bei Katzen, die sich gerne in warmen Heizungskellern oder Garagen aufhalten, schon vorgekommen.

Kommt Ihre Katze mit Heizöl oder Benzin in Berührung, sollten Sie sofort das Fell gründlich reinigen. Verwenden Sie dazu ausnahmsweise eine milde Seife (Babyseife), um das Öl zu lösen. Anschließend muß das Fell sorgfältig mit klarem Wasser ausgespült werden, um auch die kleinsten Reste von Öl und Seife zu beseitigen.

Flohpulver

Flohspray oder Flohpulver dürfen niemals am Tier direkt angewendet werden. Katzen schlecken die Insektizide bei der Körperpflege ab und nehmen dadurch große Mengen der giftigen Substanzen auf.

Vor allem in der warmen Jahreszeit werden häufig Katzen mit akuten oder chronischen Vergiftungen in der tierärztlichen Praxis vorgestellt. Nach Befragung des Besitzers stellt sich heraus, daß das Fell der Tiere 1–2 Tage vor Auftreten der Krankheitszeichen mit einem Präparat gegen Flöhe in Pulver- oder Sprayform behandelt wurde. Katzen sind jedoch sehr reinlich und lecken alles, was sich in ihrem Fell befindet, einfach ab. So gelangt der hochgiftige Wirkstoff des Flohmittels in den Körper der Tiere und verursacht, je nach aufgenommener Menge, mehr oder weniger starke Vergiftungserscheinungen. Die betroffenen Kätzchen nehmen weder Nahrung noch Flüssigkeit zu sich. Sie sind matt und lustlos, in schweren Fällen sogar völlig apatisch. Das Zahnfleisch und die Augenbindehäute sind sehr blaß.

Manchmal werden auch starker Speichelfluß, Durchfall, unkoordinierte Bewegungen und Krämpfe beobachtet. Ganz junge oder geschwächte ältere Tiere sind besonders gefährdet.

Die Therapie besteht zunächst darin, eventuell noch im Fell haftende Rückstände des Insektizides gründlich mit Wasser zu entfernen. Eine tierärztliche Behandlung ist in jedem Fall erforderlich, um bleibende Schäden zu verhindern. Als beste Vorbeugemaßnahme gegen Vergiftungen mit Insektiziden gilt: Niemals das Fell einer Katze mit für sie schädlichen Substanzen behandeln!

Für die Katze wesentlich verträglicher als Flohpulver oder Flohspray sind Halsbänder (mit Gummizug oder Bruchstelle!) oder Präparate, die über die Blutbahn gegen Parasiten wirken (siehe auch Seite 57).

Rattengifte

> Krämpfe und erweiterte Pupillen sowie Schwäche, porzellanweiße Schleimhäute und blutige Durchfälle können Anzeichen für eine Vergiftung mit Rattengift sein. Bei Verdacht sollten Sie sofort einen Tierarzt aufsuchen. Jede Minute zählt!

Eine Katze wird selten ausgelegte Köder mit Nagetiergiften fressen. Die Aufnahme von Rattengift geschieht meist indirekt durch vergiftete Beutetiere oder durch die Körperpflege. Je-

der Giftstoff, der sich im Fell befindet, wird abgeleckt und gelangt somit in den Körper der Katze. Beim Streifzug durch Keller, Garagen oder Uferböschungen kann die Katze mit Rattengift in Berührung kommen.

Es gibt verschiedene Substanzen, die zur Ratten- und Mäusebekämpfung verwendet werden. Allen gemeinsam ist die starke Giftwirkung auch auf andere Lebewesen. Die am häufigsten verwendeten Gifte sind:

Strychnin: Es wirkt stark anregend auf das Zentralnervensystem. Jeglicher Reiz löst bei den vergifteten Tieren Krämpfe und Zuckungen aus. Die Augäpfel sind starr und die Pupillen erweitert.

Cumarin: Es verhindert die Blutgerinnung. Die damit vergifteten Tiere verbluten innerlich. Typische Anzeichen sind blasse bis porzellanweiße Schleimhäute (bei der Katze am besten am Zahnfleisch zu sehen), blutiger Durchfall und Schwäche. Der Tod tritt, je nach aufgenommener Giftmenge, innerhalb 2–3 Tagen ein.

Wenn Sie eine Vergiftung mit Rattengift bei Ihrer Katze vermuten, gehen Sie **sofort** (auch nachts) zum Tierarzt. Jede Minute kann für das Überleben des Tieres entscheidend sein. Ein genauer Bericht wann, wo und in welcher Weise die Katze das Gift aufgenommen hat und wie sie darauf reagierte, erleichtert dem Tierarzt die Diagnose und hilft, wertvolle Zeit bis zum Beginn der richtigen Behandlung einzusparen.

187

Nadelbäume

> Nadelbäume führen zu Zahnfleisch- und Magen-Darm-Entzündungen. Vor allem junge verspielte Kätzchen sind in der Weihnachtszeit gefährdet.

Das Anknabbern oder Fressen von Nadeln verschiedener Nadelbäume (Tanne, Fichte, Kiefer) führt bei der Katze häufig zu Zahnfleisch- und Magen-Darm-Entzündungen mit Übelkeit, Erbrechen und Durchfall. Das gleiche gilt für die Aufnahme von Wasser, das mit Nadeln in Berührung gekommen ist. Vor allem in der Weihnachtszeit sind viele Wohnungen mit Tannenzweigen geschmückt. Ältere Katzen, die damit bereits Erfahrungen gemacht haben, werden diese Pflanzen meiden. Junge Kätzchen sollten Sie nach Möglichkeit daran hindern, an den Nadeln zu knabbern oder Wasser aus der Blumenvase zu trinken. Unbelehrbare Kätzchen müssen sich eben den Magen verderben. Sehr viel mehr kann nicht passieren. Ein zweites Mal lassen sie dann Pfoten und Schnauze davon weg.

Zimmerpflanzen

> Viele Zimmer- und Gartenpflanzen sind giftig. Ein Versuch, das Anknabbern von Zimmerpflanzen zu unterbinden, hat nur Erfolg, wenn der Katze eine ungiftige Alternative (Katzengras) zur Verfügung gestellt wird.

Viele Zimmer-, Balkon- und Gartenpflanzen sind für Katzen giftig. Wenn Sie auf schmückende Pflanzen in Ihrer Wohnung nicht verzichten wollen, so sollten Sie schon beim jungen Kätzchen durch geeignete Erziehungsmaßnahmen das Anknabbern der Pflanzen unterbinden. Vielfach hilft ein abschreckender Wasserstrahl aus der Blumenspritze und die Katze straft die »nasse« Pflanze mit Verachtung. Gleichzeitig sollten Sie dem Tier eine Alternative anbieten. Katzen benötigen für Ihre Verdauung grobfaserige Gräser (siehe auch Seite 170). Katzengras zum Selbstziehen aus den Zoofachhandel, gekeimte und ausgewachsene Gerste (die Körner erhalten Sie im Reformhaus) oder die Grünlilie, eine ungefährliche Zimmerpflanze, eignen sich hervorragend und werden von Katzen gerne angenommen. Bei vielen Pflanzenarten ist die Giftwirkung auf Katzen noch nicht bekannt. Katzenfreunde sind sich sicherlich darüber einig, daß Tierversuche zur Erweiterung dieses Wissens abzulehnen sind. Folgende Pflanzen können bei Katzen Vergiftungen hervorrufen: Wolfsmilcharten, Mistel, Oleander, Eibe, Philodendron, Buchsbaum, Langblättriger Efeu, Spindelbaum (Pfaffenhütchen), Narzissenzwiebeln, Seidelbast, Hyazinthenzwiebel, Goldregen, Lorbeer, Glyzinien, Rhododron, Lupine, Azaleen, Maiglöckchen, Bittersüßer Nachtschatten, Eisenhut, andere Nachtschattengewächse, Hortensien, Nadelbäume, Bohnen.

Das Anknabbern von Zimmerpflanzen kann gefährlich sein. Vor allem exotische Zierpflanzen wie dieser Gummibaum sind oft giftig.

Erste Hilfe bei Vergiftungen

Bei Kontakt mit Giften sollten Sie folgende Erste-Hilfe-Maßnahmen beachten:

1. Entfernen des Giftes aus dem Fell.
2. Entfernen (oder Neutralisation) des Giftes aus dem (im) Magen-Darm-Trakt.
3. Tierärztliche Intensivbehandlung zur Stabilisierung des Kreislaufs und Verhinderung weiterer Schäden.

Zunächst einmal müssen Sie verhindern, daß die Katze noch mehr Gift aufnimmt. Da sie die Substanzen, die ins Fell gelangt sind, ableckt, ist es unbedingt erforderlich, Gifte sofort aus dem Fell zu entfernen. Wasserlösliche Stoffe können mit einer milden Seife und viel Wasser sorgfältig ausgewaschen werden. Lassen sie sich nicht auswaschen, muß das Fell geschoren werden.

Als zweite Maßnahme gilt es, das aufgenommene Gift soweit wie möglich unschädlich zu machen. Als Erste-Hilfe-Maßnahme hat sich bewährt, **189** dem Tier 2 Teelöffel Aktivkohle, in 75 ml Wasser aufgeschwemmt, einzugeben. Die Kohle erhalten Sie in jeder Apotheke, sie sollte in Ihrer Hausapotheke nicht fehlen. Sie bindet das Gift im Magen-Darm-Trakt. Füllen Sie die aufgelöste Aktivkohle in eine Einmalspritze (ohne Nadel) und geben Sie der Katze die Flüssigkeit schluckweise seitlich in die Mundhöhle.

Wenn Ihre Katze ätzende Säuren oder Laugen aufgenommen hat, müssen die Schleimhäute vor weiteren Verätzungen geschützt werden. Waschen Sie die Mundhöhle des Tieres, am besten unter fließendem Wasser, aus. Danach geben Sie der Katze das Eiklar von 4 Eiern mit etwas Salatöl vermischt ein. Dadurch wird die Schleimhaut des Magen-Darm-Traktes ausgekleidet.

Nach diesen Ersten-Hilfe-Maßnahmen müssen Sie einen Tierarzt, der die weitere Behandlung in die Hand nehmen wird, aufsuchen. Wenn Sie jedoch nicht in der Lage sind, die genannten Maßnahmen schnell und sicher durchzuführen, so versuchen Sie die Katze zumindest daran zu hindern, weiteres Gift durch Ablecken ihres Fells aufzunehmen und fahren Sie, ohne Zeit zu verlieren, sofort zum Tierarzt. Bei Vergiftungen zählt oft jede Minute.

Verletzungen und Erste Hilfe

Wunden

Biß-, Kratz-, Riß- oder Schürfwunden müssen gründlich gereinigt und desinfiziert werden, um Wundinfektionen, Abszessen und Blutvergiftungen vorzubeugen.

Vor allem freilaufende männliche Katzen kommen immer wieder mit Bißverletzungen nach Hause. Kaum ein Kater, älter als ein Jahr, der nicht ein paar Narben oder zerfetzte Ohrmuscheln als Kampfspuren aufweisen kann. Da die Zähne eines Kampfgegners jedoch nicht sauber sind, werden Bißwunden schon bei ihrer Entstehung mit Krankheitserregern infiziert. In der Mundhöhle von Katzen befinden sich in der Regel sehr aggressive Bakterien, die für schwere Wundinfektionen verantwortlich gemacht werden.

Ganz besonders gefährlich sind Bißwunden, die sich an der Oberfläche schnell schließen. Die mit den Zähnen tief in das Gewebe eingedrückten Bakterien können dann nicht mit der Zunge und dem Speichel herausgespült werden und führen innerhalb weniger Stunden zu schmerzhaften eitrigen Abszessen. Solche Abszesse können bis zu hühnereigroß werden. Sie brechen meist nach einigen Tagen auf und hinterlassen nach Entleerung des Eiters große Läsionen. Eine ernsthafte Komplikation entsteht durch Streuung der Eiterbakterien in die Blutbahn (»Blutvergiftung«). Dabei tritt oft hohes Fieber auf. Die Tiere sind matt und appetitlos und schlafen viel. Es besteht die Gefahr einer Herzmuskel- und Nierenschädigung durch die eingedrungenen Eitererreger.

Es ist daher sehr wichtig, alle Bißverletzungen und auch andere Wunden (Schürf-, Riß- oder Schnittwunden) gründlich zu säubern und zu desinfizieren. Zur Reinigung nehmen Sie am besten 3%iges Wasserstoffsuperoxid (H_2O_2). Spülen Sie die Wunde, indem Sie das H_2O_2 großzügig hinein- und darübergießen. Dadurch wird der Schmutz herausgespült. Lassen Sie die Flüssigkeit für 1–2 Minuten einwirken. Bakterien werden durch H_2O_2 abgetötet, kleiner Blutungen gestoppt. Die Wirkung erkennen Sie an der Schaumbildung. Anschließend tupfen sie die **Wundränder** (nicht die Wundfläche) mit einem sauberen Tuch ab. Danach tropfen oder sprühen Sie etwas Desinfektionsmittel auf die Verletzung. Dazu eignet sich Merfen[R] (aus der Apotheke) oder ein Präparat von Ihrem Tierarzt. Jodhaltige Desinfektionsmittel sind für Katzen gesundheitsschädlich und dürfen daher nicht verwendet werden.

191

Ist die Wunde klein und tief, sollten Sie sie etwa 2 Tage offenhalten, damit die in die Tiefe eingedrungenen Bakterien keinen Schaden anrichten können. Lösen Sie dazu einmal am Tag den auf der Oberfläche der Wunde gebildeten Schorf vorsichtig ab und spülen Sie erneut mit Wasserstoffsuperoxid. Größere Wunden sollten Sie einem Tierarzt zeigen. Er kann entscheiden, ob genäht werden und eventuell ein Antibiotikum zur Verhinderung einer Wundinfektion eingesetzt werden muß.

Blutungen

Blutungen können, je nach Ausdehnung und Größe der Verletzung durch mechanische Einwirkung (Druck mit dem Finger oder Druckverband) oder durch Medikamente (Eisen-III-Chlorid, H_2O_2, blutstillende Watte) zum Stillstand gebracht werden. Starker Blutverlust muß durch Infusion oder Transfusion ausgeglichen werden.

Abgebrochene oder unsachgemäß geschnittene Krallen, Biß- oder Schnittverletzungen können stark und anhaltend bluten. Blutungen aus kleinen Wunden kann man recht gut durch festen Druck auf das verletzte Blutgefäß mit einem in Eisen-III-Chlorid getränkten Wattebausch oder blutstillender Watte zum Stillstand bringen. Eisen-III-Chlorid-Lösung und blutstillende Watte erhalten Sie in jeder Apothe-

ke. Wenn Sie im Notfall kein solches Präparat zur Verfügung haben, genügt es oft auch, wenn Sie die Wunde mit einem sauberen Tupfer oder Tuch komprimieren. Durch den ausgeübten Druck schließt sich das Gefäß und verklebt meist nach ein paar Minuten. Reiben Sie dann einige Zeit nicht über die Wunde. Das verklebte Gefäß könnte sich wieder öffnen und erneut bluten.

Stoßweise austretendes helles Blut deutet auf eine Verletzung einer Arterie (»Schlagader«) hin. Dadurch verlieren die Patienten in relativ kurzer Zeit viel Blut. Es besteht Lebensgefahr! Auch hier können Sie zunächst versuchen, das Blutgefäß durch Druck zu verschließen. Je nach Größe der Arterie kann es bis zu 20 Minuten dauern, bis das Gefäß verklebt. Wenn nach dieser Zeit bei Verringerung des Druck noch immer Blut austritt, müssen Sie bei einer Gliedmaßenverletzung das Gefäß abbinden. Verwenden Sie dazu einen 2–3 cm breiten Stoffstreifen, und binden Sie etwa 3 cm herzwärts über der Wunde ab. Lockern Sie auf dem Weg zum Tierarzt alle Viertelstunde etwa 1 Minute lang die Staubinde und ziehen Sie sie danach wieder fest. Sie verhindern damit, daß der untere Teil der abgebundenen Gliedmaße abstirbt. Tritt die Blutung am Rumpf auf, so hilft ein Druckverband. Pressen Sie ein sauberes, zu einem kleinen Päckchen zusammengelegtes Tuch oder eine Monatsbinde fest auf die blutende Stelle. Fixieren Sie sie unter Druck mit

Bei stoßweise austretendem Blut an den Gliedmaßen wird das Blutgefäß mit einem etwa 2-3cm breiten Stoffstreifen abgebunden.

Ein Holzstück wird auf den ersten Knoten gelegt und mit einer weiteren Schlinge befestigt.

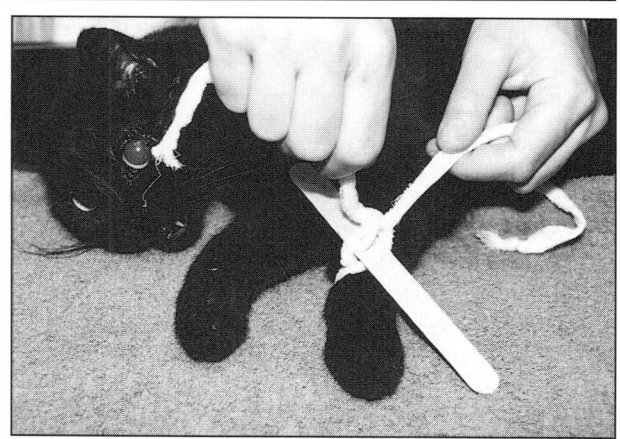

Das Holzstück wird vorsichtig solange gedreht, bis die Blutung zum Stillstannd gekommen ist. Durch Drehung in die entgegengesetzte Richtung kann der Stau (bei längerem Transportweg zum Tierarzt) alle Viertelstunde für kurze Zeit gelockert werden.

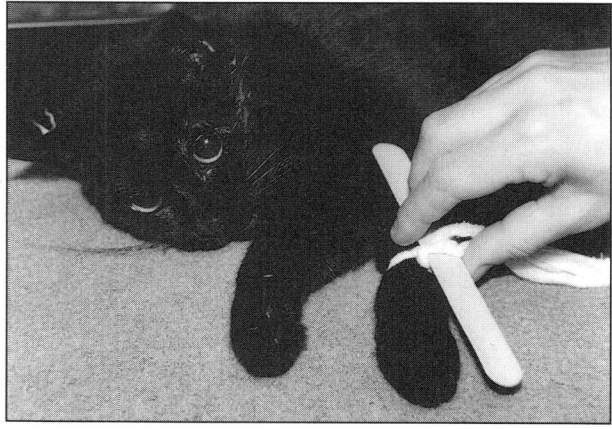

einem Verband um den ganzen Rumpf. Wenn das Blut durch den Verband sickert, nehmen Sie ihn nicht wieder weg, sondern wickeln sie einen neuen Verband unter verstärktem Druck darüber. Pressen Sie die Hand fest auf den Verband und fahren Sie unverzüglich zum Tierarzt.

Verbrennungen

Brandwunden müssen sofort eisgekühlt werden.

Verbrennungen können durch offenes Feuer, durch heißes Öl oder kochendes Wasser entstehen. Sie sind sehr schmerzhaft und, wenn größere Flächen betroffen sind, lebensbedrohlich. Halten Sie Brandwunden sofort etwa 10 Minuten unter eiskaltes fließendes Wasser. Anschließend legen Sie Eiswürfelpackungen auf die Verletzung und fahren zum Tierarzt. Verwenden Sie niemals Mehl, Brandsalben oder sonstige lokal anzuwendende Medikamente als Erste-Hilfe-Maßnahme. Die Anwendung solcher falschen Hausmittel führt zu schwersten Komplikationen bei der Wundheilung.

Tabletteneingabe

Bei vielen Gesundheitsstörungen muß der Tierbesitzer die vom Tierarzt in der Praxis begonnene Therapie zu Hause über einen längeren Zeitraum mit Tabletten weiterführen. Viele chronisch kranke Katzen (z. B. Herzpatienten) brauchen lebenslang täglich Medikamente. Mancher Tierfreund steht dem Problem, seiner Katze Tabletten einzugeben, hilflos gegenüber. Dabei ist das gar nicht so schwer. Es gibt mehrere Möglichkeiten.

Für die direkte Eingabe einer Tablette sollte man zu zweit sein. Eine Person hält den Patienten fest, während die zweite ihre linke Hand um den Kopf des Tieres legt. Dabei sollte die Handfläche die Ohren vollständig bedecken, und die Fingerspitzen von Daumen und Mittelfinger sollten rechts und links an den Mundwinkel der Katze liegen. Bewegen Sie den Kopf der Katze mit leichtem Druck nach oben (zur Zimmerdecke). Dabei öffnet sich der Mund des Patienten automatisch. Mit einem Finger der rechten Hand drücken Sie den Unterkiefer vorsichtig nach unten und öffnen damit die Mundhöhle so weit, daß Sie die Tablette problemlos tief im Rachen der Katze deponieren können. Anschließend halten Sie den Mund der Katze so lange mit der Hand geschlossen, bis diese die Tablette heruntergeschluckt hat. Sie können den Schluckreflex auslösen, indem Sie etwas Wasser auf die Schnauze träufeln. Wenn das Tier, dadurch angeregt, mit der Zunge über die Schnauze leckt, wird gleichzeitig die Tablette abgeschluckt.

Bei besonders widerspenstigen Tieren, bei denen keinerlei Manipulationen möglich sind, kann man Medikamente auch mit dem Futter verabreichen.

Zur Eingabe von Tabletten bedarf es der richtigen Technik.

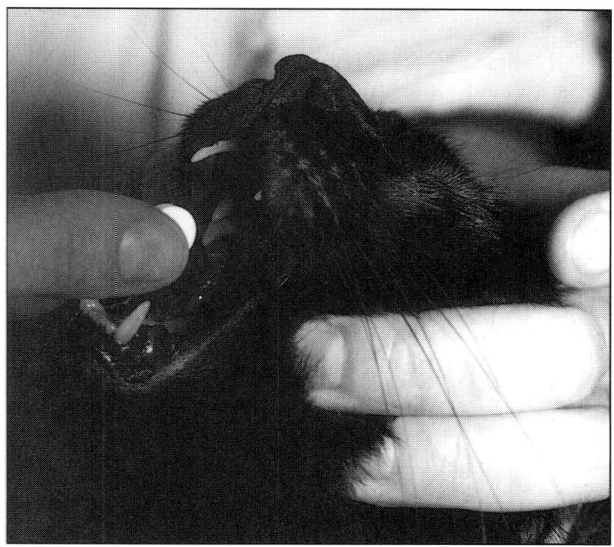

Allerdings muß gesichert sein, daß das präparierte Futter vollständig aufgenommen wird. Zerkleinerte Tabletten sollten Sie daher unter eine nur kleine Menge Lieblingsfutter mischen und warten, bis die Katze hungrig ist. Erst wenn das präparierte Futter gefressen wurde, darf die übliche Ration verfüttert werden.

Katzen, deren Allgemeinbefinden so eingeschränkt ist, daß sie keine Nahrung aufnehmen, jedoch ihre Körperpflege nicht vernachlässigen, kann man überlisten. Man zerkleinert die zu verabreichende Tablette, vermischt sie mit Vitaminpaste oder Leberwurst und streicht sie auf die Vorderpfoten. Die reinlichen Tiere putzen sich wieder sauber und nehmen damit das verordnete Medikament auf.

Ist der Gesundheitszustand soweit reduziert, daß sich der Patient nicht mehr putzt, muß man die notwendigen Medikamente direkt in den Mund geben. Neben der bereits beschriebenen direkten Tabletteneingabe können Sie Arzneimittel auch in Wasser auflösen und mit einer 2-ml-Spritze (selbstverständlich ohne Nadel) hinter dem oberen Eckzahn (Caninus) schluckweise in den Mund spritzen (siehe auch Seite 30).

Hitzschlag

Eine Überhitzung des Katzenkörpers auf über 42 °C ist eine lebensgefährliche Notfallsituation.

Ein Hitzschlag entsteht durch Aufheizung des Katzenkörpers über 42 °C. Das kann sehr schnell passieren, wenn sich das Tier im Sommer zum Beispiel in einem geschlossenen Auto befindet, **195** das der prallen Sonne ausgesetzt ist. Innerhalb ganz kurzer Zeit, wenn Frauchen nur ein paar Einkäufe erledigt, entstehen im Innern des Fahrzeuges Temperaturen bis 60 °C. Eine Katze, die sich in einem solchen Auto aufhalten muß, wird sehr schnell das Bewußtsein verlieren. Als Erste-Hilfe-Maßnahme muß das gesamte Tier mit kaltem Wasser abgespritzt oder übergossen werden. Bringen Sie die Katze in einen kühlen Raum, und machen Sie bis zum Eintreffen des Nottierarztes kalte Umschläge mit Eisbeuteln oder mit in kaltem Wasser getränkten Tüchern.

Kann der Tierarzt nicht zu Ihnen nach Hause kommen, so kühlen Sie Ihr Fahrzeug vor dem Transport der Katze ab. Sie erreichen eine relativ gute Abkühlung, indem Sie mehrmals mit geöffneten Fenstern »um den Block« fahren. Auch auf dem Transport zur Tierarztpraxis sollte die Katze durch Umschläge gekühlt werden.

Schock

Ein akutes Kreislaufversagen kann bei starkem Flüssigkeitsverlust (Blutungen, Durchfall, Erbrechen), bei Allergien, Vergiftungen oder auch Herzerkrankungen auftreten. Bei Schock besteht Lebensgefahr! Betroffene Tiere müssen sofort tierärztlich versorgt werden. Bei bestehendem Schockzustand über längere Zeit entstehen irreversible Organschäden.

Unter Schock versteht man ein akutes Kreislaufversagen. Die häufigste Ursache ist starker Blutverlust (z. B. bei Unfällen). Daneben können auch Vergiftungen, Allergien oder starker Wasserverlust (Erbrechen, Durchfall) einen Schock auslösen. Beim Auftreten der Schockursache werden zuerst alle weniger wichtigen Organsysteme von der Blutversorgung abgekoppelt. Das geschieht durch Engstellen der Blutgefäße. Durch diesen Schutzmechanismus können Gehirn und Herz als lebenswichtigste Organe zunächst noch ausreichend mit Sauerstoff versorgt werden. Dauert der Schockzustand länger an, werden die abgekoppelten Organsysteme durch Sauerstoffmangel und anfallenden Stoffwechselendprodukte geschädigt. Der Mechanismus zum Schutz von Gehirn und Herz versagt, die enggestellten Gefäße erschlaffen und das Blut sackt in die Körperhöhle ab und zirkuliert nicht mehr in den Gefäßen.

So können Sie feststellen, ob die Katze – z.B. nach einem Unfall – unter Schock steht:

1. Drücken Sie mit dem Finger auf das Zahnfleisch der Katze. Die Druckstelle wird weiß. Wenn Sie den Finger wieder wegnehmen muß sich das Zahnfleisch innerhalb 1–2 Sekunden wieder rosa färben. Dauert die Kapillarfüllungszeit (KFZ) länger oder ist das Zahnfleisch schon ohne Druck porzellanweiß, so ist das ein Zeichen für Schock.

2. Fühlen Sie den Herzschlag der Katze. 80–120 Schläge pro Minute sind normal. Unter Schock schlägt das Herz in der Minute 150mal und mehr.
3. Fühlen Sie die Hauttemperatur der Gliedmaßen. Beim Schock fühlen sie sich kühl an.

Das akute Kreislaufversagen erfordert umgehendes Handeln, denn es besteht Lebensgefahr. Legen Sie das Tier vorsichtig auf eine flache, weiche Unterlage, den Kopf etwa 10 % tiefer gelagert. Krümmen Sie vor allem Unfallopfer beim Hochheben nicht zusammen. Eine eventuelle Wirbelsäulenverletzung kann dadurch verschlimmert werden. Die Atemwege müssen frei sein. Wischen Sie verklebtes Blut oder Schmutz von den Nasenöffnungen ab. Legen Sie eine leichte Decke über den Patienten, um die Körperwärme zu erhalten, und fahren Sie unverzüglich zum Tierarzt. Durch kreislaufstützende Medikamente und Infusionen wird er versuchen das Leben des Tieres zu retten. Je eher der Patient versorgt wird, desto höher ist die Überlebenschance.

Verhaltensprobleme

Unsauberkeit

Unsauberkeit bei Katzen kann gesundheitliche oder psychische Probleme als Ursache haben. Die Tiere dürfen niemals durch Schütteln, Schlagen oder Hineinstupsen in den hinterlassenen Urin bestraft werden. Bestrafungen jeglicher Art verstärken die Verhaltensstörung.

Wenn eine erwachsene stubenreine Katze »aus heiterem Himmel« für ihr Geschäftchen nicht mehr die bereitgestellte Katzenkiste, sondern den Teppich, das Sofa oder Frauchens Bett wählt, kann das eine noch so harmonische Katze-Mensch-Beziehung stark erschüttern. Katzenurin riecht scharf und durchdringend. Mit der Zeit läßt es sich beim Betreten der Wohnung nicht mehr verleugnen: Hier wohnt eine unsaubere Katze.

Bestrafen Sie das Tier niemals durch Schütteln, Schlagen oder sogar Hineinstupsen in den Fleck. Dadurch wird alles nur noch schlimmer. Sie erreichen lediglich, daß Ihre Katzen neben der Unsauberkeit auch noch verschreckt und menschenscheu wird. Versuchen Sie die Ursache für die plötzliche Verhaltensänderung herauszufinden. Das ist nicht immer leicht

und erfordert viel Geduld und Einfühlungsvermögen, denn es gibt sehr viele Gründe für Unsauberkeit bei Katzen.

Zunächst einmal lassen Sie die Katze von einem Tierarzt gründlich untersuchen. Gar nicht selten sind es gesundheitliche Probleme wie zum Beispiel Harnwegsinfektionen, Harngries, Nierenerkrankungen sowie Verletzung oder Lähmung der Blase, die zur Unsauberkeit führen. Tiere, die beim Urinabsatz Schmerzen empfinden (z. B. bei einer akuten Blasenentzündung) verbinden dieses unangenehme Gefühl häufig mit der Katzentoilette und versuchen ihm durch Absetzen des Urins an anderen Stellen zu entgehen.

Eine Blasenlähmung, die bei Wirbelsäulenerkrankungen oder Unfällen auftreten kann, führt zu unkontrollierter Entleerung. Oft ist den erkrankten Tieren »von außen« nichts anzusehen. Jede plötzlich auftretende Unsauberkeit bei Katzen kann daher eine Gesundheitsstörung sein. Durch die Untersuchung von Urin und Blut sowie durch eine Röntgenaufnahme kann der Tierarzt feststellen, ob die Katze krank ist. Ist eine Krankheit Ursache für die Unsauberkeit, so muß das Tier konsequent behandelt werden. In den meisten Fällen verschwindet dann die lästige Verhaltensänderung nach kurzer Zeit.

Ist Ihre Katze jedoch gesund, prüfen Sie die Katzentoilette. Haben Sie Kot und Urin nach jedem Toilettengang beseitigt? Viele Katzen benutzen ihre Kiste nur einmal. Wird die verunreinigte Einstreu danach nicht mit einer Schaufel herausgenommen, werden die reinlichen Tiere, bevor sie sich die Pfoten beschmutzen, das nächste Mal einen anderen Ort aufsuchen. Manchmal hilft es, wenn Sie 2 Katzentoiletten aufstellen. Viele Katzen setzen Kot und Urin lieber getrennt in 2 verschiedenen Kästchen ab. Verwenden Sie keine Desinfektionsmittel zur Reinigung der Toilette. Manche Vierbeiner stört der scharfe Fremdgeruch. Heißes Wasser und Bürste reichen zur hygienischen Reinigung völlig aus.

Futter- und Wassernäpfchen sollten an einem anderen, weit von der Toilette entfernten Ort aufgestellt sein. Katzen mögen es nicht, in unmittelbarer Nähe ihrer Ausscheidungen zu fressen.

Ungewöhnliche Geräusche oder allzuviel Unruhe in der Umgebung können den Tieren ihre Toilette ebenfalls vermiesen. Stellen Sie die Katzenkiste an einen völlig ungestörten Ort. Katzen möchten beim Verrichten ihrer Geschäftchen nicht gestört oder beobachtet werden.

Auch die Form und die Stabilität einer Katzenkiste kann sensible Tiere davon abschrecken, sie zu benutzen. Wacklige Kisten, deren Rand sehr hoch ist und die beim Betreten umfallen, können Katzen die Sauberkeit »austreiben«. Sie suchen sich dann lieber ein sicheres Plätzchen, um Urin oder Kot abzusetzen.

Wenn Sie eine erwachsene Katze zu sich nehmen, empfiehlt es sich, sich beim Vorbesitzer nach der Form der Toilette und der Einstreumarke zu erkundigen. Katzen sind Gewohnheitstiere und lehnen häufig ungewohnte Kisten und Streu ab. Verhaltensforscher warnen vor Kisten mit Dach. In Freiheit verscharren Katzen nämlich ihre Ausscheidungen nicht in geschlossenen Räumen. Die Verwendung höhlenartiger Katzentoiletten könnte ein Grund für Unsauberkeit sein.

Eine relativ einfach zu behebende Ursache für Urinabsatz außerhalb der dafür vorgesehenen Kiste ist die Geschlechtsreife. Geschlechtsreife Kater markieren ihr Revier mit sehr penetrant riechendem Urin. Sie spritzen bevorzugt an senkrechte Flächen wie z. B. Wände oder Möbel. Aber auch schon 1–2 Monate vor der Geschlechtsreife setzen manche männliche Katzen »Pfützen« auf Teppiche, Polstermöbel oder sogar ins Bett. Kätzinnen urinieren häufig während der Rolligkeit in die Wohnung. Dieses unerwünschte Verhalten kann bei beiden Geschlechtern durch eine Kastration beseitigt werden.

Einer weiteren Ursache für Unsauberkeit ist etwas schwerer zu begegnen. Die sensible Tiere reagieren auf Vernachlässigung, falsche Behandlung **199**

(z. B. »Erziehungsmaßnahmen«), Veränderungen in der Familie oder Einschränkung ihres Reviers durch einen Artgenossen. Das Absetzen von Urin oder Kot irgendwo in der Wohnung ist dann ein instinktives Verhalten, um sich gegen Bedrohungen abzugrenzen. Es kann gar nicht oft genug gesagt werden: Strafen jeglicher Art verstärken das Fehlverhalten bei der Katze! Eine auf psychischen Gründen unsaubere Katze ist **unglücklich**. Vermehrte Zuneigung (auch wenn es angesichts verschmutzter Möbel oder Teppiche manchmal schwerfällt) helfen dem Tier, sich mit neuen Umständen abzufinden.

Ist eine weitere aufgenommene Katze Ursache für die plötzliche Unsauberkeit, müssen Sie zusätzliche Schlaf-, Spiel- und Aufenthaltsplätze schaffen, damit jedes der Tiere ein eigenes Territorium besetzen kann. Ein zweiter Kletterbaum mit mehreren Etagen zur Reviervergrößerung kann in manchen Fällen das Problem schon lösen. Geben Sie dem Tier viel Zeit, sich an den »neuen« Artgenossen zu gewöhnen. 6–8 Wochen, bis die Rangordnung geklärt ist und die Unsauberkeit aufhört, sind nicht selten.

Um den Geruch von Katzenurin zu neutralisieren, gibt es spezielle, sehr wirksame »Deo-Sprays«, die keine Flecken auf Polstern und Teppichen hinterlassen. Fragen Sie Ihren Tierarzt. Meist hat er ein solches Präparat vorrätig. Er kann es Ihnen aber auf jeden Fall besorgen.

200

Anknabbern von Pflanzen

Das Anknabbern von Zimmerpflanzen kann man durch eine Erziehungsmaßnahme aus der Ferne (»Wasserstrahl aus der Blumenspritze«) unterbinden. Gleichzeitig muß man eine Alternative in Form von Katzengras zur Verfügung stellen.

Das Anknabbern von Zimmerpflanzen ist eine Untugend vor allem junger Kätzchen, die Sie unterbinden sollten. Eine Reihe von Zierpflanzen sind für Katzen unverträglich, manche sogar giftig (siehe auch Seite 188). Wenn Sie Ihre Katze in flagranti ertappen, vertreiben Sie sie mit einem Strahl aus der Blumenspritze. Das Tier wird das unangenehme nasse Gefühl mit den Blumen und nicht mit dem Menschen in Verbindung bringen. Mehrmaliges Wiederholen dieser Abschreckungsaktion führt in den meisten Fällen zu dauerhaftem Erfolg. Die Pflanzen werden mit Verachtung gestraft. Bestreuen der Blumen mit gemahlenem Pfeffer soll angeblich ebenfalls das Anknabbern verhindern. Man kann es ja einmal versuchen.

Bieten Sie Ihrem Tier eine Alternative zu den verbotenen Pflanzen. Grobfaseriges Katzengras aus dem Zoofachhandel zum Selbstziehen, gekeimte Gerste oder Grünlilien eignen sich als Pflanzennahrung und Brechhilfe für Katzen.

Zerkratzen von Möbeln

Das Krallenschärfen ist ein natürliches Verhalten jeder gesunden Katze. Wenn sie keinen freien Auslauf hat, müssen in der Wohnung Kratzgelegenheiten (Kratzbrett, Kratzbaum) geschaffen werden.

Polstermöbel, Rauhfasertapeten und Holzschränke werden von unseren Samtpfoten gerne zum Schärfen ihrer Krallen mißbraucht. Hier gilt ebenso wie beim Anknabbern von Zimmerpflanzen: Mit der Blumenspritze diese Untugend unterbinden und eine Alternative zur Verfügung stellen. Das Schärfen der »Waffen« ist ein instinktives und für die Psyche der Katze notwendiges Verhalten. Daß es bei Wohnungskatzen, die Möbel und Polster dazu verwenden, sehr lästig sein kann, ist nicht die Schuld der Tiere, sondern das Problem des Menschen, der für eine artgerechte Haltung seiner Katze verantwortliche ist. Das Krallenschärfen kann durch keine Erziehungsmaßnahme abtrainiert werden. Es kann nur auf eine angebotene Alternative abgelenkt werden. Wenn Sie Ihre Katze frühzeitig daran gewöhnen, wird sie – vielleicht! – ihre Krallen an dem dafür bereitgestellten Kratzbrett oder Kratzbaum schärfen und Ihre Möbel verschonen. Eine solche Gelegenheit zum Schärfen der Krallen läßt sich ganz leicht selbst basteln. Ein Stück Teppich an ein Brett genagelt oder mit Kordel um einen Pfosten gewickelt genügt schon. Sie können auch fertige Kratzbretter oder -bäume in den unterschiedlichsten Preislagen im Zoofachhandel erwerben. Wohnungskatzen, die es gewohnt sind an der Leine spazierengeführt zu werden, schärfen gerne ihre Krallen an Baumstämmen.

Damit die Kratzgelegenheit auch angenommen wird, nehmen Sie Ihr Kätzchen auf den Arm und streichen vorsichtig mit der Unterseite der Pfoten darüber. Zwischen den Pfotenballen sind Schweißdrüsen. Sie sondern einen für uns Menschen kaum wahrnehmbaren Duft ab. Wenn die Katze dann zu einem späteren Zeitpunkt den Kratzbaum beschnuppert, wird sie ihn als ihr Eigentum identifizieren und in den meisten Fällen zu dem vorgesehenen Zweck benutzen. Jetzt, nachdem der Kratzbaum angenommen wurde, kann man mit Hilfe des erwähnten Wasserstrahls aus der Blumenspritze beginnen, dem Tier das unerwünschte Krallenschärfen an Möbeln zu »vermiesen«.

Übrigens: eine operative Entfernung der Krallen ist eine grausame Verstümmelung und deshalb auch in Deutschland dank des Tierschutzgesetzes verboten. Das Selbstbewußtsein eines so verstümmelten Tieres verschwindet, sobald es bemerkt, daß es seiner Waffen beraubt ist. Schwere psychische Störungen sind die Folgen einer solchen Operation. Auch eine Katze hat das Recht auf körperliche Unversehrtheit!

201

Ängstlichkeit

Überängstliche Katzen haben in ihrem Leben schlechte Erfahrungen gemacht. Das Vertrauen eines solchen Tieres zu gewinnen, erfordert viel Geduld.

Eine überängstliche Katze hat in der Regel schlechte Erfahrungen in ihrem Leben gemacht. Das Vertrauen eines solchen vorgeschädigten Tieres zu gewinnen, dauert meist sehr lange. So kann es vorkommen, daß ein Kätzchen bei einem neuen Besitzer wochenlang unter einem Schrank sitzt und nur zur Futterschüssel huscht. Versuchen Sie dann nicht, das Tier mit Gewalt aus seinem Versteck herauszuziehen. Gehen Sie möglichst langsam durch die Wohnung und vermeiden Sie Lärm und Hektik. Sprechen Sie das Tier mit leiser Stimme immer wieder an und warten Sie einfach ab. Wenn es merkt, daß von Ihnen keine Gefahr droht, wird es irgendwann von selbst auf Sie zugehen. Aber wie gesagt, das kann Wochen dauern. Sie dürfen nicht die Geduld verlieren. Meist bleiben ängstliche Katzen anderen Personen gegenüber, die nicht zur Familie gehören, ein Leben lang mißtrauisch und verkriechen sich, wenn ein Fremder die Wohnung betritt.

Aggressivität

Bewußte Aggressivität bei Katzen hat in den meisten Fällen berechtigte Ursachen. Mangelndes Einfühlungsvermögen im Umgang mit den sensiblen Tieren, Rangordnungsprobleme und gesundheitliche Störungen können Aggressionen hervorrufen.

Nicht jedes grobe Spiel mit ausgefahrenen Krallen ist bewußte Aggressivität. Viele junge Kätzchen wissen einfach noch nicht, daß die menschliche Haut nicht so robust ist, wie die fellbedeckte ihrer Geschwister. Wenn Sie mit Ihrem kleinen Vierbeiner spielen, sollten Sie ihm deutlich zeigen, wenn er Ihnen wehgetan hat. Unterbrechen Sie das Spiel sofort und zeigen Sie dem Tier Ihre Wunde, indem Sie gleichzeitig laut »jammern«. Die intelligente Katze merkt dann sehr schnell, daß sie mit Menschen vorsichtiger umgehen muß.

Nicht jede Katze ist eine Schmusekatze. Liebesbezeugungen wie z. B. auf den Arm nehmen, Herumtragen oder intensives Streicheln werden von manchen Tieren nicht immer akzeptiert. Sie wehren Sie gegen solche »Zumutungen« durch Abwehr. Wie intensiv diese Abwehr ist, richtet sich nach dem Charakter des Vierbeiners. Gutmütige Tiere versuchen einfach wegzugehen; temperamentvolle Katzen können aber auch zubeißen und kratzen. In einem solchen Fall handelt es sich nicht um

Plötzliche Agressivität bei sonst friedlichen Katzen hat für den aufmerksamen Beobachter meist nachvollziehbare Ursachen.

ein Fehlverhalten der Katze, sondern des Menschen. Besonders Kindern sollte man daher frühzeitig erklären, daß eine Katze kein Spielzeug, sondern eine kleiner Persönlichkeit ist, der man seinen Willen nicht aufzwingen darf.

Wenn zwei Katzen miteinander aufwachsen, gibt es auch später im Erwachsenenalter selten Streit. Anders ist es, wenn eine neue Katze zu einer bereits vorhandenen hinzukommt. Hier bedarf es oft der Unterstützung des Menschen, um die beiden Tiere aneinander zu gewöhnen. Der »älteren« Katze steht es zu, der »Neuen« ihren Platz zuzuweisen und sie auch einmal, wenn sie sich zuviel herausnimmt, durch Fauchen oder Ohrfeigen zu-

rechtzuweisen. Unterstützen Sie das Selbstbewußtsein der Platzhalterin durch besondere Zuwendung und bedauern Sie das neue Kätzchen nicht. Machen Sie auf keinen Fall den Fehler, sich in Rangfolgeangelegenheiten einzumischen. Der »Neuen« fällt es zu, sich anzupassen und in die gegebene Rangfolge einzufügen. Wenn Sie sich nicht einmischen, besteht für keines der Tiere ein Grund zur Eifersucht. Sind die Rangfolgeverhältnisse einmal geklärt, kann sich eine lebenslange Katzenfreundschaft entwickeln.

Wie gesagt, wenn Katzen zusammenleben, kann es auch einmal Ohrfeigen hageln. Das ist harmlos. Bei aggressiveren Auseinandersetzungen können sich die Tiere jedoch auch ernste Ver-

Jede Katze ist eine eigene kleine Persönlichkeit.

letzungen zufügen, vor allem wenn sie sich, wie in einer Wohnung, nicht ausweichen können. In einem solchen Fall müssen Sie die Streithähne voneinander trennen und in verschiedenen Räumen unterbringen. Setzen Sie die Tiere täglich um, d. h. in den Raum, in dem die jeweils andere Katze tags zuvor gelebt hat, damit sie sich an den Geruch des Artgenossen gewöhnen. Auch die Futter- und Wasserschüsselchen sollten Sie ab und zu austauschen. Nach ein paar Tagen können Sie die Katzen unter Aufsicht zusammenlassen. Es ist wichtig, daß jede Katze dann ein eigenes Futter- und Wasserschüsselchen sowie eine eigene Katzentoilette zur Verfügung hat. Ein bekannter Verhaltensforscher (Dr. Brummer) empfiehlt, Streithähne zu baden und naß in einen Raum zu bringen. Die Katzen sind dann so mit Putzen beschäftigt, daß sie ihre Abneigung vergessen und sich als Leidensgenossen akzeptieren oder zumindest dulden. Einen Versuch ist es sicherlich wert.

Plötzliche Aggressivität gegen vertraute und normalerweise geliebte Artgenossen kann man manchmal beobachten, wenn eine Katze nach einer tierärztlichen Behandlung wieder nach Hause kommt. Der fremde und zumeist unangenehme Erinnerungen weckende Geruch führt zu Störungen des sonst harmonischen Sozialverhaltens. Wenn es zu schweren Auseinandersetzungen kommt, muß man die Katzen ein paar Tage voneinander trennen. In der Regel verschwinden die Aggressionen mit dem Geruch nach Tierarzt.

Saugen und Treteln

Saugen an Fingern oder Kleidungsstücken sowie Treteln sind intensive Zärtlichkeitsbezeugungen der Katze und ein Ausdruck für Zufriedenheit.

Manche Kätzchen saugen an den Fingern oder Kleidungsstücken ihrer menschlichen Lebensgefährten oder treteln mit den Vorderpfoten, wenn sie gekrault oder gestreichelt werden. Es handelt sich dabei um ein Überbleibsel aus der Welpenzeit. Beim Saugen an der Zitze der Mutter treten die kleinen Katzen gleichzeitig mit den Vorderpfoten ins Gesäuge (Milchtritt), um den Milchfluß anzuregen. Bei erwachsenen Katzen ist dieses Verhalten als intensiver Liebesbeweis dem Besitzer gegenüber und als Zeichen von Zufriedenheit zu deuten.

Einschläfern

Das Einschläfern eines unheilbar kranken, leidenden Tieres ist ein Akt des Tierschutzes. Die Tötung gesunder Tiere ist nach dem Tierschutzgesetz verboten.

Der Tierarzt hat die Möglichkeit ein unheilbar krankes Tier von seinen Leiden zu erlösen. Die Betonung dabei liegt auf **unheilbar**. Jedes Tier hat das Recht auf eine tierärztliche Behandlung. Finanzielle Aspekte dürfen dabei keine Rolle spielen. Inzwischen gibt es Tierkrankenversicherungen, die, rechtzeitig abgeschlossen, die Kosten weitgehend übernehmen. Schon bei der Anschaffung eines Tieres muß man eventuelle Tierarztkosten einkalkulieren. Wenn man sich das nicht leisten kann, sollte man kein Tier halten! Eine schmerzlose Tötung im Endstadium einer Krankheit sowie bei schweren irreparablen Verletzungen oder Verstümmelungen ist ein Akt des Tierschutzes. Die Entscheidung, wann der richtige Zeitpunkt gekommen ist, fällt um so schwerer, je mehr man ein Tier als Persönlichkeit mit dem Recht auf Leben, Unversehrtheit und eigenem Willen achtet. Man sollte sich in einem solchen Fall fragen, ob man im Sinne des Tieres handelt. Will die Katze wirklich sterben? Hat sie sich aufgegeben?

Oder ist es der Mensch, der die Situation nicht mehr ertragen kann? Ein Kriterium, nach dem man seine Entscheidung treffen kann, ist die Lebensfreude des Tieres. Solange sie erhalten ist, sollte man auch das Leben des kranken Tieres erhalten. Regelmäßige tierärztliche Maßnahmen wie Spritzen oder Infusionen zur Verlängerung des Lebens sind dabei aus tierschützerischer Sicht durchaus zu vertreten. Die seelische Belastung eines Tierbesitzers, der mit einem unheilbar kranken Tier leben muß, ist sehr groß. Das führt unter Umständen dazu, daß er seinen kranken Freund allzu genau beobachtet und ein vorübergehendes Unwohlsein schon als Endstatium der Krankheit überbewertet. Je empfindsamer ein Tierhalter ist, desto früher wird er den Wunsch zum Einschläfern äußern. Der Tierarzt wird die Belastbarkeit des Menschen in seiner Entscheidung über Leben und Tod natürlich mitberücksichtigen müssen, denn der Katzenbesitzer muß ja bereit sein, das kranke Tier zu pflegen.

Immer wieder werden Tierärzte aufgefordert, Tiere einzuschläfern, weil sie nicht mehr in das Leben ihres Besitzers hineinpassen. Sei es weil ein Baby unterwegs ist, sei es weil der Hauswirt nicht mit der Tierhaltung einverstanden ist oder weil ein Tier einfach lästig geworden ist. Das Einschläfern gesunder Tiere ist nach dem Tierschutzgesetz strafbar! Der Tierarzt ist nicht dazu da, mit der Giftspritze die Probleme anderer Menschen zu lösen. Sein Beruf ist es, Krankheiten bei Tieren vorzubeugen und zu heilen. Sicher gibt es ausweglose Situationen, in denen man sich von geliebten Vierbeinern trennen muß, so z. B. wenn ältere Menschen in ein Altersheim übersiedeln müssen und ihre Katze dort nicht aufgenommen wird. Die Katze, so fixiert sie auch auf den Besitzer sein mag, will jedoch nicht sterben. Die Erfahrung hat gezeigt, daß auch alte Tiere sich sehr wohl an eine neue Umgebung gewöhnen können, wenn sie liebevoll behandelt werden. Mit Geduld läßt sich meist ein neues Zuhause finden. Fragen Sie Ihren Tierarzt. Manchmal weiß er einen guten Platz für Ihren Vierbeiner. Oft helfen auf Anzeigen in Regionalzeitungen. Seriöse Bewerber werden Ihnen nicht verwehren, sich die neue Heimat Ihrer Katze anzuschauen, um sicher zu sein, daß sie nicht in falsche Hände gerät.

Ist Ihre Katze gestorben, können Sie sie auf dem eigenen Grundstück begraben, vorausgesetzt, das Grundstück liegt nicht in einem Wasserschutzgebiet und das Vergraben erfolgt nicht in unmittelbarer Nähe öffentlicher Wege und Plätze. Wenn Sie das Tier zur Tierkörperbeseitigung geben, wird es mit Schlachtabfällen und anderen Kadavern zusammen verbrannt. Das ist nicht jedermanns Sache, vor allem dann nicht, wenn man mit dem vierbeinigen Freund eine Reihe von Jahren hindurch ein gemeinsames Leben verbracht hat. Manche örtlichen Tierschutzvereine führen auch Einzelverbrennungen von Haustieren durch. Die Asche wird dem Besitzer in einer kleinen Urne mit nach Hause gegeben. Für welche Möglichkeit man sich entscheidet, hängt letztlich davon ab, welche Einstellung man zu einem toten Körper hat, und wird von Mensch zu Mensch verschieden sein.

Register

BLV Heimtierführer – Kompaktwissen über Ihr Lieblingstier

Siegfried Schmitz
Aquarienfische
Aquarientypen, Einrichtung, Zubehör; über 100 Süßwasserfische für Warm- und Kaltwasser: Merkmale, Heimat, Pflege und Nahrung.

Manfred und Maria Baatz
Hunde
Rund 150 Hunderassen, gegliedert nach Dienst- und Gebrauchshunden, Begleithunden, Jagd- und Windhunden: Abstammung, Geschichte, Wesen, typische Merkmale.

Angela Wegmann
Hunde richtig halten
Entscheidungshilfen für den Kauf der geeigneten Rasse und wichtiges Basiswissen für den artgerechten Umgang mit dem Hund.

Rolf Spangenberg
Katzen
Grundlegendes Wissen für alle, die eine Katze haben oder anschaffen möchten: alles über Katzenrassen und ihr Verhalten, über artgerechte Haltung und Pflege.

Siegfried Schmitz
Kleintiere
Meerschweinchen, Hamster, Zwergkaninchen, Mäuse, Streifenhörnchen, Chinchillas
Handlicher Ratgeber mit allen wichtigen Informationen zu Anschaffung, Zucht, Haltung, Ernährung und Gesundheit der beliebtesten Kleintiere.

Rolf Spangenberg
Welches Tier für wen?
Was man für die richtige Auswahl eines Heimtieres wissen muß
Alle gängigen Heimtiere – von Hund und Katze bis zu Aquarienfisch und Wellensittich; Haltung, Pflege, Futter, Gesundheit, Eignung für Kinder und vieles mehr.

Siegfried Schmitz
Der Wellensittich und seine Verwandten
Die Papageienfamilie im Überblick; bekannte Papageienvögel, die unproblematisch zu halten sind – vom Wellensittich bis zum Graupapagei; Haltung, Pflege, Ernährung, Gesundheit, Artenschutz.

Damit Ihre Tiere sich wohlfühlen

Bruce Fogle

Katzen kennen und verstehen

Körpersprache und Verhalten
Endlich verstehen, wie Katzen denken: liebenswerter und informativer Bildband, der faszinierende Einblicke in das Leben, die »Sprache« und die Verhaltensrituale der Katzen bietet.

George Macleod

Homöopathischer Ratgeber Hunde

Erprobte Rezepturen
Umfassendes Grundlagenwissen zu homöopathischen Behandlungsmethoden für Hunde, gegliedert nach Krankheitserscheinungen: Ursachen, Symptome, Diagnose, Behandlung; homöopathische Mittel und deren gezielte Anwendung.

George Macleod

Homöopathischer Ratgeber Katzen

Erprobte Rezepturen
Umfassendes Grundlagenwissen zu homöopathischen Behandlungsmethoden für Katzen, gegliedert nach Krankheitserscheinungen: Ursachen, Symptome, Diagnose, Behandlung; homöopathische Mittel und deren gezielte Anwendung.

BLV Heimtierführer
Rolf Spangenberg

Katzen

Haltung, Pflege, Rassen
Grundlegendes Wissen für alle, die eine Katze haben oder anschaffen möchten: alles über Katzenrassen und ihr Verhalten, über artgerechte Haltung und Pflege.

Ludwig Wolf Friedl

Was fehlt denn meinem Hund?

Hundekrankheiten erkennen, behandeln, vermeiden
Praxisbuch, um medizinische Daten nachschlagen zu können, Erste Hilfe zu leisten und geeignete Heilmittel selbst einsetzen zu können.

Bruce Fogle

Hunde kennen und verstehen

Körpersprache und Verhalten
Hunde verstehen wie nie zuvor: liebenswerter und informativer Bildband, der faszinierende Einblicke in Leben, Verhalten, »Sprache« und Rituale der Hunde bietet.

In unserem Verlagsprogramm finden Sie Bücher zu folgenden Sachgebieten:

Garten und Zimmerpflanzen • Natur • Heimtiere • Angeln • Jagd • Reise • Sport und Fitneß • Wandern, Bergsteigen, Alpinismus • Pferde und Reiten • Auto und Motorrad • Gesundheit, Wohlbefinden, Medizin • Essen und Trinken

Wünschen Sie Informationen, so schreiben Sie bitte an:

BLV Verlagsgesellschaft mbH • Postfach 40 03 20 • 80703 München
Telefon 089/127 05-0 • Telefax 089/127 05-547